高等教育体育教材

单排轮滑球教程

付进学　王晓亮　编著

北京体育大学出版社

策划编辑 钱春华
责任编辑 赵红霞 钱春华
审稿编辑 李 飞
版式设计 李沙沙

图书在版编目（CIP）数据

单排轮滑球教程/付进学，王晓亮编著. --北京：北京体育大学出版社，2018.5（2025.9 重印）
ISBN 978-7-5644-2912-6

Ⅰ.①单… Ⅱ.①付… ②王… Ⅲ.①滑轮滑冰-教材 Ⅳ.①G862.8

中国版本图书馆 CIP 数据核字（2018）第 106341 号

单排轮滑球教程 付进学 王晓亮 编著

出版发行：北京体育大学出版社
地　　址：北京市海淀区农大南路 1 号院 2 号楼 4 层办公 B-421
邮　　编：100084
网　　址：http://cbs.bsu.edu.cn
发 行 部：010-62989320
邮 购 部：北京体育大学出版社读者服务部 010-62989432
印　　刷：三河市龙大印装有限公司
开　　本：787mm×1092mm 1/16
成品尺寸：260mm×185mm
印　　张：18
字　　数：438 千字
版　　次：2018 年 6 月第 1 版
印　　次：2025 年 9 月第 4 次印刷
定　　价：55.00 元

作者简介

付进学　教授。曾任中国冰球协会委员、裁判委员会主任、亚洲冰球联赛裁判委员会主任、国际级冰球裁判员和国际冰联认证的国际裁判指导员，还曾任中国轮滑协会委员、双排轮滑球国际级裁判员。现任中国轮滑协会轮滑球技术委员会主任、北京市冰上轮滑运动协会副主席。单排轮滑球国际 A 级裁判员和国际一级教练员，速度轮滑国际级裁判。著有《轮滑运动》《轮滑快速入门不求人》《轮滑运动教程》《冰雪运动》等著作。

中国单排轮滑球创始人之一，2003 年受中国冰球协会委派，赴德国参观国际冰联世界单排轮滑球锦标赛，学习比赛方法，同时翻译了国际冰联和国际轮滑联合会的国际竞赛规则。于 2004 年开始在国内培训技术骨干，至 2017 年为全国培训了大批单排轮滑球教练员和裁判员。同时参与并组织国内和亚洲比赛，在三届中国冰球协会主办的全国陆地冰球锦标赛和十届中国轮滑协会主办的全国单排轮滑球锦标赛中担任裁判长，在 2007 年至 2016 年的五届亚洲轮滑锦标赛中担任单排轮滑球比赛的裁判长，并两次在国际轮滑联合会的单排轮滑球世界锦标赛中担任临场裁判。

从 2005 年起在北京体育大学开设单排轮滑球专项课，第一个在全国开展单排轮滑球的教学和训练工作，所培训的轮滑球队多次获得全国比赛冠军，部分学生至今仍是国家队主力队员。

鉴于付进学教授所做的工作和取得的成绩，国际轮滑联合会和国际单排轮滑球技术委员会在 2017 年举办的第一届世界轮滑运动会上，授予付进学单排轮滑球运动杰出贡献奖。

王晓亮　硕士、副教授。现任中国轮滑协会委员，轮滑球技术委员会副主任、北京市冰上轮滑运动协会副秘书长。现任单排轮滑球国际 A 级裁判员和国际一级教练员，冰球国际级裁判员，冰球国家级运动健将，单排轮滑球国际级运动健将。

从 1995 年开始进行冰球训练，曾担任中国国家冰球队主力队员 5 年，在加拿大 TSC 冰球学院学习 1 年，在北京体育大学学习 4 年。在历年的全国单排轮滑球锦标赛中，担任北京体育大学代表队的主教练兼运动员，取得 11 次冠军、1 次亚军的成绩，并担任中国单排轮滑球队主教练兼运动员，取得 1 次世界锦标赛第 11 名和 2 次亚洲锦标赛冠军、1 次亚军。

王晓亮现主要负责北京体育大学单排轮滑球教学和训练专项课，结合轮滑球和冰球训练的特点，积累了丰富的教学和训练经验。王晓亮还参加了两次世界单排轮滑球锦标赛的临场裁判工作，以及世界冰球 B 组锦标赛的裁判工作。

前言

本书为单排轮滑球专项课教材，内容包括单排轮滑球运动发展史，单排轮滑球运动的场地器材，单排轮滑球运动的技术、战术，单排轮滑球运动的教学、训练方法，单排轮滑球运动的竞赛组织、规则和裁判方法。希望学生通过对本课程的学习，掌握单排轮滑球运动的知识和教学技能。

单排轮滑球运动已经在国内广泛开展起来，但现在国内只有一本 2012 年出版的介绍单排轮滑球的教材，有些内容已过时，且已经售罄，本书是单排轮滑球专业教材，同时也可以满足和方便单排轮滑球业余爱好者及中、小学校读者的需要，也可以作为学习单排轮滑球和进行业余训练的教材，希望此书能为中国单排轮滑球运动的开展和普及起到推动作用。

本书是在原单排轮滑球教材的基础上，更新了大量知识性内容，补充了时期性比赛成绩，更新了竞赛规则，修改了守门员的技术内容，增加了大量带有图示的训练方法的内容。第三章动作图片由王晓亮和王帅示范。由于缺少参考资料和时间仓促，定有错误和不足之处，敬请读者批评指正。

目录

CONTENTS

第一章　单排轮滑球运动发展史和现状

第一节　单排轮滑球运动的起源及发展

一、国际轮滑运动的起源和发展

轮滑运动是一项历史悠久并具有国际性质的体育运动。它诞生于18世纪初期，当时在荷兰冬季冰封的河道里用滑冰进行旅行是非常普及的方式，传说荷兰有一名滑冰爱好者，当自然冰融化不能继续滑冰时，为满足自己在夏天也想滑冰的愿望，他冥思苦想，专心设计，自己动手将木线轴安装在皮鞋底下，在平坦的地面上滑来滑去，从而发明了最初的轮滑鞋。他的发明引起了人们的兴趣，轮滑运动即此诞生。

由于轮滑运动是模仿滑冰而产生的，因此最初的轮滑鞋也是模仿冰刀，轮子是成一排的。为了能滑得快、灵活、方便，人们对轮滑鞋不断地进行改造和发明。从最原始的“木制大线轴”，发展到单排两轮、单排三轮、中间大轮两头小轮的三轮、有四个轮子的，还有前面一个轮子后面两个轮子并排呈三角形的，也有前面后面各两个轮子，如现在的双排轮形式的。在轮子的材质方面也在不断发明创新，由最初的木制，到木轮外面加铁片以抗磨，到全铁制轮、铜轮，再到橡胶轮。由最初的铁杆轮轴到滚珠轴承的应用，使轮滑运动不断地发展、进步。当然，上述发展是一个很漫长的过程，轮滑运动的发展也随着器材的变化、更新，呈现有时高潮、有时低潮的状况。

在轮滑运动发展的过程中，有一些人被记录了下来，他们都对轮滑运动的发展起到了重要作用。如1760年伦敦乐器制造商和发明者约瑟夫·默林（Joseph Merlin）制造了一双轮滑鞋，在一次盛大的化装舞会上，他穿着新发明的带有铁轮的靴子，打算边拉着小提琴边庄严地进入舞厅，但他没有做好停止的动作，撞碎了舞厅墙上巨大的镜子，同时也使他的发明撞进了上流社会。

1818年，轮滑优雅地出现在柏林的芭蕾舞舞台上，更使滑轮滑成为当时最时髦的事情。1819年在法国，轮滑鞋的专利授予了蒙修尔·帕迪布来丁（Monsieur Petibledin），他的轮滑鞋是将木板固定于靴底上，并在木板下面固定两个到四个铜制、木制或象牙制的轮子，排列成一条直线。1823年，伦敦的罗伯特·约翰·泰尔斯（Robert John Tyers）注册了新的轮滑鞋专利，他的发明是鞋下有5个排成一条直线的轮子，虽然能滑得较快，但不能像现在的单排轮轮滑鞋那样转弯。

1840年，巴黎也兴起了轮滑运动。1861年巴黎世界博览会上出现的轮滑表演，把轮滑运动推向一个新的阶段。

1863 年纽约人詹姆斯·普利姆普顿（James Plimpton）重新设计制造了以金属轮子代替易损的木制轮子的新型轮滑鞋，这种轮滑鞋就是现在的双排轮形式，它与以前的双排轮轮滑鞋不同的是设计了马脚，马脚的中轴上有橡胶垫，轮子是通过马脚与鞋架相连接。它的特点是便于转弯，还能倒滑，活动自如，安全灵敏，滑行起来具有更多的优越性，深受欢迎。1866 年在纽约建造了室内轮滑场，并组织了纽约轮滑协会。1884 年有人将滚珠轴承应用于轮滑鞋上，使轮子转动更容易，轮滑鞋整体更轻，这样就更加推动了轮滑运动的开展。

1902 年，芝加哥的科利瑟姆公众轮滑场开业，有 7000 人参加了开幕式；1908 年，纽约的麦迪逊广场变成轮滑场后，在美国和欧洲相继开业了几百家轮滑场和轮滑厅，使轮滑运动变得非常普及。不仅如此，由于当时冰上运动开展得更普及和先进，受其影响，轮滑运动也分化出速度轮滑、花样轮滑、轮滑舞蹈等，并进行了各种各样的比赛。

19 世纪 70 年代，喜欢竞争和刺激的英国人发明了脚穿轮滑鞋同时手持曲棍打球的游戏，也就是现今的双排轮轮滑球。基于轮滑项目的发展、竞赛和交往的增多，1924 年，英国、法国、德国、瑞士 4 国的代表在瑞士蒙特勒成立了国际轮滑联合会，从此开始举办速度轮滑、花样轮滑、轮滑球的洲际和世界比赛。

1926 年首先举办的是欧洲轮滑球锦标赛，有 6 个队参加。1936 年在德国举办了首届世界轮滑球锦标赛，1938 年又举办了世界速度轮滑锦标赛，随后又举办了世界花样轮滑锦标赛。此后，这三个项目的世界锦标赛逐渐正规起来。国际轮滑联合会是最早加入世界运动会联合会的组织之一，从 1981 年第一届世界运动会开始，轮滑项目就成为世界运动会的正式比赛项目。

从 1863 年纽约人詹姆斯·普利姆普顿发明设计并制造了双排轮轮滑鞋以后，双排轮轮滑鞋统治了轮滑运动一百多年，所有的轮滑竞赛和各种活动都是使用的双排轮轮滑鞋，发展中仅在材料的更新和制造的精度上有所提高。自 1979 年发明了现代单排轮滑鞋后，双排轮滑鞋在有些项目上逐渐退出了历史的舞台。如速度轮滑，在第三届世界运动会速度轮滑比赛中，还是单、双排轮滑鞋并存，但在以后的所有国际速度轮滑比赛中就看不到双排轮滑鞋了；在花样轮滑比赛中双排轮滑鞋仍然占据主导地位，这是项目技术特点所决定的，但现在已经出现了单排轮轮滑鞋的花样轮滑比赛。

二、现代单排轮滑鞋的产生和发展

1979 年，美国冰球运动员奥尔森兄弟（Scott Olson and Brennan Olson）在其家乡——明尼苏达州的明尼阿波利斯发现了一双早期的轮滑鞋，轮子呈一条直线，而不是普利姆普顿发明的双排轮轮滑鞋。这双鞋引起了他们的兴趣，于是兄弟俩进行重新设计，根据轮滑鞋的原理，采用现代的材料，他们用聚氨酯做轮子，将其安装在冰球鞋下面，再装上橡胶制的制动器，就制成了现代的单排轮轮滑鞋。

1983 年，斯科特·奥尔森成立了专门生产单排轮轮滑鞋和器材的 Rollerblade 公司，使单排轮轮滑运动非常迅速地，首先在美国，继而在全世界普及起来。由于其性能大大好于双排轮轮滑鞋，因此在大部分领域取代了双排轮轮滑鞋，并因此产生了新的轮滑运动项

目，如单排轮滑球、轮滑速降、自由式轮滑、极限轮滑等。

现代单排轮滑鞋的特点：一是鞋靿高，将小腿、踝关节、足部固定为一体，使不会滑轮滑的人初次穿上轮滑鞋也能站立稳定，现代的休闲鞋就具有这个重要的特点；二是选择先进的材料制作，使鞋体轻而舒适，轴承滑度高，轮子耐磨并有弹性，使人滑起来轻松而快速；三是轮子单排设计的形式，在不太平坦、不太光滑，甚至很粗糙的沥青地面都可以轻松滑行，克服了双排轮滑鞋只能在光滑平坦地面滑行的缺点，因此使轮滑运动脱离了专用场地，扩大到了广大的社会空间。

其实在现代单排轮滑鞋诞生之前，已经有一些形式的单排轮滑鞋在流传和使用，如在20世纪的50～60年代，中国的速度滑冰运动员就将单排轮滑鞋架安装在速度滑冰鞋下面，配以橡胶制的轮子，在夏天无法冰上训练时，用其进行专项训练。但这种轮滑鞋在当时无法普及，一是速度滑冰鞋鞋靿矮，一般人穿上这种鞋踝关节立不起来；二是轴承和轮子的材料和制造工艺比较落后，滑动性不好；三是当时的社会和人们的经济状况也不利于该项运动的发展；四是当时轮滑还不是一项体育运动，当时的“滑旱冰”只是人们偶尔玩玩的活动，没有任何比赛。

自从斯科特·奥尔森的Rollerblade公司开始生产单排轮滑鞋后，根据轮滑运动的发展需要，单排轮滑鞋演绎出多种不同的形式，如休闲轮滑、极限轮滑、轮滑速降、单排轮滑球都是在新式单排轮滑鞋产生之后才产生的运动。首先是休闲轮滑鞋，曾经有过塑料鞋壳海绵内袜的形式，现在普及的是软海绵鞋帮，硬塑料鞋底壳。极限轮滑鞋是硬塑料鞋壳，小轮；速度轮滑鞋是碳素鞋壳，轻合金鞋架装大轮；轮滑球鞋是模仿冰球鞋的形式，但鞋头也多为硬塑料制造。各种鞋的轮架有全塑料制造的，也有轻合金制造，轮子则都是用聚氨酯制造，在轮子的硬度、大小上根据需要有所不同。

三、国际单排轮滑球运动的产生和发展

奥尔森兄弟在美国是冰球运动员，他们发明现代单排轮滑鞋时首先使用的就是冰球鞋，而美国是冰球运动非常普及和发达的国家，当他们的单排轮滑鞋首先在美国普及开来后，爱打冰球的孩子们也同样喜欢上了轮滑鞋，因为打冰球需要花钱并只能在规定的时间里才能到冰球馆里练习，可是有了这种轮滑鞋后，孩子们可以不受这些限制随时随地地玩“冰球”。他们在较空闲的街道或马路上截占一段，用物品或球鞋摆成两个球门，手持冰球杆，脚穿轮滑鞋，就打起了“冰球”。所以，在最初的10多年间，人们称这个游戏为Street Hockey，即“街道冰球”。

随着玩这个游戏的人的增多，有的人将游戏搬进了双排轮滑球场和冰球场，并仿照冰球的规则进行一些较正式的比赛，这就产生了一个新的运动项目：单排轮滑球。国际轮滑联合会发现了这个运动项目之后，决定将其作为自己的一个新项目正式开展。于是，国际轮滑联合会委托轮滑球委员会起草制定了规则，于1994年向联合会所属各国协会发出通知，确定于1995年在美国举办第一届世界单排轮滑球锦标赛，同时向各国邮寄了《单排轮滑球竞赛规则》，希望各国协会开展此项目，组队参加世界锦标赛。

第一届世界锦标赛于1995年如期在美国举行，共有12个队参加比赛，比赛取得了成功。同时国际轮滑联合会单独成立了国际单排轮滑球委员会（Comittee International Roller

In－Line Hockey，缩写为 CIRILH），专门负责推广、培训、开展比赛等。此后，国际轮滑联合会每年举办一届世界单排轮滑球锦标赛，并从 2002 年开始举办女子世界锦标赛，也是每年一届，目前基本上是与男子比赛同时同地进行。

国际冰球联合会发现国际轮滑联合会举办的世界锦标赛后，认为这个项目应该属于冰球运动的范畴，应该由国际冰球联合会举办和管理这项运动。国际冰球联合会向所属各国协会发出通知，建议各国冰球协会开展该项运动，并决定从 1996 年开始也举办 Inline Hockey 的世界锦标赛。同时，国际冰球联合会寻求国际奥委会的支持，希望国际奥委会说服各国奥委会将该项运动由该国的冰球协会管理。但是这一行动没有取得多少效果，大多数国家的轮滑协会和冰球协会都按照自己的意志开展活动，也都按照自己所属的国际联合会的要求参加国际活动和世界锦标赛。现在，国际轮滑联合会将自己的项目名称定为 Roller In－Line Hockey，而国际冰球联合会只叫该项目为 In－Line Hockey，但在每次世界锦标赛的名称前都要加上国际冰球联合会的缩写 IIHF，以示与国际轮滑联合会的区别，而国际轮滑联合会的世界锦标赛也在名称前加上 FIRS，称为国际轮滑联合会单排轮滑球世界锦标赛。

第二节　国际单排轮滑球运动开展现状

一、国际轮滑联合会

国际轮滑联合会（Federation International de Roller Sports，缩写 FIRS）成立于 1924 年，经过 90 多年的发展，已经成为一个全球性的单项国际体育组织，管理世界范围内轮滑运动的竞赛、推广和发展。它于 1975 年得到国际奥林匹克委员会（IOC）的承认。进入 21 世纪初，国际轮滑联合会成功地扩大了联合会所包含的运动项目，在原来的速度轮滑、花样轮滑、单排轮滑球、双排轮滑球四个项目的基础上，又增加了自由式轮滑、极限轮滑、高山速降、高山回转、滑板、轮滑阻拦赛等项目。在速度轮滑成为 2012 年至 2020 年奥运会拟增加的五个备选项目之一后，滑板成功地进入 2020 年东京奥运会，成为奥运会的首个正式轮滑比赛项目。国际轮滑联合会还是国际运动联合会（GAISF）的成员和国际世界运动会协会（IWGA）的成员，并且其所属部分项目是四年一届的世界运动会的主要项目。

国际轮滑联合会的官方语言是英语和西班牙语。

2017 年 9 月，国际轮滑联合会代表大会将自己的组织名称正式改为 World Skate，中文名称暂定为世界轮滑联合会，目前世界轮滑联合会还没有正式的缩写名称。

（一）国际轮滑联合会的组织结构

1. 中央委员会

国际轮滑联合会的最高权利机构是中央委员会。中央委员会的总部一般设在主席所在的国家及城市。现任主席是意大利的 Sabatino Aracu。总部就设在意大利的罗马。现任中

央委员会由 1 名主席、1 名第一副主席、4 名副主席（他们是泛美洲、欧洲、亚洲三个洲际联盟主席和国际轮联运动医学委员会主席）和 11 名委员（其中包括 9 名技术委员会主席、1 名非洲联盟主席和 1 名秘书长）组成。

2. 洲际联盟

非洲轮滑联盟 African Confederation of Sports of Roller Skating（ACSRS）

亚洲轮滑联盟 Confederation of Asia Roller Sports（CARS）

欧洲轮滑联盟 Confederation of European Roller Sports（CERS）

泛美洲轮滑联盟 Pan – American Confederation of Roller Skating（CPRS）

大洋洲轮滑联盟 Oceania Confederation of Roller Sports（OCRS）

3. 国际技术委员会

速度轮滑技术委员会 Speed Technical Committee

花样轮滑技术委员会 Artistic Technical Committee

双排轮滑球技术委员会 Rink Hockey Technical Committee

单排轮滑球技术委员会 Inline Hockey Technical Committee（IHTC）

自由式轮滑技术委员会 Freestyle Technical Committee

极限轮滑技术委员会 Roller Freestyle Technical Committee

高山回转和速降技术委员会 Roller Alpine And Downhill Technical Committee

轮滑阻拦赛技术委员会 Roller Derby Technical Committee

滑板技术委员会 Skateboarding Technical Committee

4. 各国家轮滑协会

现在全世界共有超过 110 个国家和地区的 120 个轮滑协会加入了国际轮滑联合会。

（二）国际轮滑联合会的主要职责

召开各国家和地区协会参加的代表大会，研究解决轮滑运动的发展和进步事宜。制定联合会的章程、法律等。承认和接受国际奥委会（IOC）、国际运动联合会（GAISF）、世界反兴奋剂组织（WADA）的章程、法律等。确定、协作、监督那些从国际技术委员会承办锦标赛的国家和地区协会，以使他们能遵守有关规定并办好比赛。宣传轮滑运动，发展扩大队伍，推动轮滑运动的发展。

国际轮滑联合会的主要目标和方向：

自从双排轮滑球在 1992 年巴塞罗那奥运会上被列为表演项目后，国际轮滑联合会的主要目标和方向就是争取在最短的时间内，让轮滑项目成为奥运会的正式比赛项目。发展现代的轮滑运动，争取使其成为人们“生活方式的一部分”。吸引商家和政治家的支持，推动轮滑运动的进步。目前，已经取得了较大的成功，滑板已经成为奥运会的正式项目，速度轮滑成为青奥会和世界大学生运动会的正式项目。

（三）国际单排轮滑球委员会

国际单排轮滑球委员会成立于 1995 年，成立时总部设在美国内布拉斯加州的林肯市。首任主席乔治·皮卡德，美国人，于 2008 年主持完当年世界锦标赛后退休。继任主席法国人吉尔伯特·泊悌尔；委员有澳大利亚人瓦莱丽·莱夫特威奇女士，捷克人托马斯·布雷兹那，墨西哥人罗伯托·奥登乃·查维斯；裁判长是澳大利亚人高登·杨。

2016年吉尔伯特·泊悌尔和高登·杨辞职，国际轮滑联合会主席重新组织了新的国际单排轮滑球技术委员会，成员有：主席是阿尔伯托·拉斯特卢西，法国人；裁判长是安椎·方匝里，意大利人；委员有易度多·罗佳斯·利尔，墨西哥人；拉米·阿提根齐，伊朗人；托马斯·布雷兹那，捷克人。同时，国际单排轮滑球委员会的英文名称由原来的Committee International Roller In-Line Hockey改为现在的Inline Hockey Technical Committee，缩写也由原来的CIRILH改为现在的IHTC。

国际单排轮滑球委员会成功地举办了每年一届的世界单排轮滑球锦标赛，近两年还举办了奥林匹克青少年单排轮滑球锦标赛。此外还举办了很多教练员和裁判员培训班，为世界各地培训了较多的教练员和裁判员。

（四）国际轮滑联合会历年单排轮滑球世界锦标赛成绩

表1-1　国际轮滑联合会历年男子单排轮滑球世界锦标赛成绩

年代	地　点	前三名	其他参赛国家
1995	美国芝加哥	1. 美国；2. 加拿大；3. 芬兰	阿根廷；澳大利亚；奥地利；巴西；捷克；意大利；英国；墨西哥；南非
1996	意大利罗卡拉索	1. 美国；2. 法国；3. 意大利	阿根廷；澳大利亚；奥地利；巴西；厄瓜多尔；英国；西班牙
1997	奥地利	1. 美国；2. 加拿大；3. 奥地利	阿根廷；澳大利亚；比利时；巴西；捷克；厄瓜多尔；法国；英国；墨西哥；西班牙；瑞士
1998	加拿大温尼伯	1. 美国；2. 奥地利；3. 捷克	阿根廷；澳大利亚；巴西；加拿大；法国；英国；墨西哥；西班牙；瑞士
1999	瑞士图恩和维克特拉克	1. 瑞士；2. 美国；3. 捷克	阿根廷；澳大利亚；奥地利；比利时；巴西；厄瓜多尔；法国；德国；墨西哥；西班牙
2000	法国亚眠	1. 美国；2. 瑞士；3. 捷克	阿根廷；澳大利亚；比利时；巴西；法国；德国；英国；以色列；意大利；墨西哥；西班牙
2001	西班牙托莱·维加	1. 美国；2. 捷克；3. 瑞士	阿根廷；澳大利亚；巴西；哥伦比亚；法国；德国；英国；意大利；日本；墨西哥；葡萄牙；西班牙；瑞典
2002	美国纽约的罗切斯特	1. 加拿大；2. 美国；3. 捷克	澳大利亚；法国；以色列；日本；墨西哥；瑞典
2003	捷克皮塞克	1. 美国；2. 捷克；3. 加拿大	澳大利亚；法国；德国；英国；希腊；意大利；日本；韩国；墨西哥；西班牙；瑞典；瑞士
2004	加拿大安大略的伦敦	1. 美国；2. 加拿大；3. 意大利	澳大利亚；哥伦比亚；捷克；法国；英国；日本；韩国；墨西哥；新加坡；西班牙；瑞典；瑞士
2005	法国巴黎的维利查梯龙	1. 美国；2. 捷克；3. 法国	澳大利亚；加拿大；德国；英国；意大利；日本；韩国；墨西哥；西班牙；瑞士

续表

年代	地　点	各队名次
2005	德国杜伊斯堡	第7届世界运动会：1. 美国；2. 加拿大；3. 瑞士；4. 瑞典；5. 捷克；6. 德国
2006	美国底特律	1. 美国；2. 捷克；3. 加拿大；4. 瑞士；5. 法国；6. 西班牙；7. 日本；8. 墨西哥；9. 哥伦比亚；10. 德国；11. 英国；12. 罗马尼亚；13. 韩国
2007	西班牙比尔堡	1. 捷克；2. 瑞士；3. 加拿大；4. 法国；5. 美国；6. 意大利；7. 西班牙；8. 韩国；9. 英国；10. 德国；11. 墨西哥；12. 日本；13. 比利时；14. 哥伦比亚；15. 中华台北
2008	德国 杜塞尔多夫	1. 美国；2. 法国；3. 捷克；4. 瑞士；5. 意大利；6. 加拿大；7. 德国；8. 英国；9. 西班牙；10. 墨西哥；11. 中国；12. 韩国；13. 澳大利亚；14. 比利时；15. 荷兰；16. 伊朗；17. 委内瑞拉
2009	意大利瓦雷泽	1. 美国；2. 加拿大；3. 捷克；4. 瑞士；5. 法国；6. 意大利；7. 西班牙；8. 哥伦比亚；9. 德国；10. 比利时；11. 英国；12. 韩国；13. 澳大利亚；14. 墨西哥；15. 日本；16. 委内瑞拉
2009	中国台湾高雄	第8届世界运动会：1. 美国；2. 法国；3. 捷克；4. 瑞士；5. 意大利；6. 中华台北
2010	捷克贝隆	1. 美国；2. 瑞士；3. 捷克；4. 法国；5. 意大利；6. 加拿大；7. 德国；8. 墨西哥；9. 西班牙；10. 澳大利亚；11. 英国；12. 哥伦比亚；13. 阿根廷；14. 委内瑞拉
2011	意大利 罗卡拉索	1. 捷克；2. 意大利；3. 美国；4. 加拿大；5. 法国；6. 瑞士；7. 阿根廷；8. 英国；9. 西班牙；10. 澳大利亚；11. 德国；12. 墨西哥；13. 哥伦比亚；14. 纳米比亚；15. 伊朗；16. 委内瑞拉；17. 韩国；18. 中国
2012	哥伦比亚 布卡拉曼加	1. 美国；2. 加拿大；3. 捷克；4. 意大利；5. 瑞士；6. 法国；7. 拉脱维亚；8. 哥伦比亚；9. 德国；10. 巴西；11. 澳大利亚；12. 阿根廷；13. 墨西哥；14. 委瑞内拉；15. 厄瓜多尔；16. 智利
2013	美国加利 福尼亚州 阿纳海姆	1. 捷克；2. 加拿大；3. 瑞士；4. 瑞典；5. 美国；6. 法国；7. 意大利；8. 英国；9. 阿根廷；10. 巴西；11. 新西兰；12. 墨西哥；13. 德国；14. 拉脱维亚；15. 哥伦比亚；16. 澳大利亚；17. 纳米比亚；18. 日本；19. 委瑞内拉；20. 印度；21. 中国
2013	哥伦比亚 卡利	第9届世界运动会：1. 美国；2. 意大利；3. 捷克；4. 加拿大；5. 瑞士；6. 拉脱维亚；7. 法国；8. 哥伦比亚
2014	法国 图卢兹	1. 美国；2. 捷克；3. 加拿大；4. 瑞士；5. 瑞典；6. 西班牙；7. 意大利；8. 拉脱维亚；9. 法国；10. 英国；11. 俄罗斯；12. 德国；13. 波兰；14. 澳大利亚；15. 哥伦比亚；16. 墨西哥；17. 阿根廷；18. 新西兰；19. 巴西；20. 比利时；21. 纳米比亚；22. 印度；23. 中国；24. 委瑞内拉

续表

年代	地　点	各队名次
2015	阿根廷 罗萨里奥	1. 捷克；2. 法国；3. 美国；4. 拉脱维亚；5. 意大利；6. 西班牙；7. 阿根廷；8. 墨西哥；9. 巴西；10. 瑞士；11. 哥伦比亚；12. 委瑞内拉；13. 智利；14. 中国澳门；15. 印度
2016	意大利 阿西阿勾和 罗阿那	1. 捷克；2. 意大利；3. 法国；4. 美国；5. 加拿大；6. 瑞士；7. 阿根廷；8. 拉托维亚；9. 波兰；10. 瑞典；11. 英国；12. 中华台北；13. 西班牙；14. 伊朗；15. 荷兰；16. 墨西哥；17. 哥伦比亚；18. 中国澳门；19. 德国；20. 中国；21. 澳大利亚；22. 印度
2017	波兰 希维德尼察	第10届世界运动会：1. 捷克；2. 法国；3. 瑞士；4. 加拿大；5. 美国；6. 意大利；7. 阿根廷；8. 波兰
2017	中国 南京	1. 法国；2. 意大利；3. 捷克；4. 加拿大；5. 西班牙；6. 拉脱维亚；7. 瑞士；8. 哥伦比亚；9. 美国；10. 阿根廷；11. 瑞典；12. 中华台北；13. 日本；14. 德国；15. 巴西；16. 中国；17. 韩国；18. 印度；19. 中国澳门；20. 中国香港（缺赛）

表1－2　国际轮滑联合会历年女子单排轮滑球世界锦标赛成绩

年代	地　点	前三名	其他参赛国家
2002	美国纽约的 罗切斯特	1. 加拿大；2. 美国；3. 澳大利亚	英国；日本；墨西哥
2003	捷克皮塞克	1. 美国；2. 加拿大；3. 捷克	澳大利亚；法国；德国；英国；日本；墨西哥；新加坡
2004	加拿大安大略 的伦敦	1. 加拿大；2. 美国；3. 捷克	澳大利亚；法国；德国；英国；日本；墨西哥；新西兰；新加坡；西班牙
2005	法国巴黎的 维利查梯龙	1. 加拿大；2. 美国；3. 法国	澳大利亚；捷克；德国；英国；日本；墨西哥；西班牙
年	地　点	各队名次	
2006	美国底特律	1. 美国；2. 加拿大；3. 法国；4. 捷克；5. 英国；6. 日本；7. 墨西哥	
2007	西班牙比尔堡	1. 美国；2. 捷克；3. 法国；4. 英国；5. 西班牙；6. 芬兰；7. 新加坡	
2008	德国杜塞 尔多夫	1. 捷克；2. 加拿大；3. 美国；4. 法国；5. 西班牙；6. 德国；7. 芬兰；8. 英国；9. 纳米比亚；10. 日本	
2009	意大利瓦雷泽	1. 美国；2. 捷克；3. 加拿大；4. 法国；5. 西班牙；6. 澳大利亚；7. 芬兰；8. 意大利	

续表

年代	地　点	各队名次
2010	捷克贝隆	1. 捷克；2. 加拿大；3. 美国；4. 法国；5. 西班牙；6. 斯洛伐克；7. 芬兰；8. 中国
2011	意大利 罗卡拉索	1. 美国；2. 加拿大；3. 法国；4. 西班牙；5. 捷克；6. 英国；7. 芬兰；8. 德国；9. 意大利；10. 澳大利亚
2012	哥伦比亚 布卡拉曼加	1. 加拿大；2. 美国；3. 西班牙；4. 墨西哥；5. 法国；6. 阿根廷；7. 哥伦比亚；8. 巴西；9. 澳大利亚
2013	美国 加利福尼亚州 阿纳海姆	1. 美国；2. 加拿大；3. 新西兰；4. 哥伦比亚；5. 英国；6. 墨西哥；7. 阿根廷；8. 纳米比亚；9. 德国；10. 印度；11. 澳大利亚；12. 中国；13. 巴西
2014	法国 图卢兹	1. 美国；2. 加拿大；3. 西班牙；4. 新西兰；5. 法国；6. 纳米比亚；7. 捷克；8. 意大利；9. 英国；10. 澳大利亚；11. 哥伦比亚；12. 拉脱维亚；13. 德国；14. 巴西；15. 墨西哥；16. 印度
2015	阿根廷 罗萨里奥	1. 捷克；2. 美国；3. 西班牙；4. 芬兰；5. 意大利；6. 阿根廷；7. 哥伦比亚；8. 墨西哥；9. 印度
2016	意大利 阿西阿勾 和罗阿那	1. 加拿大；2. 美国；3. 法国；4. 捷克；5. 西班牙；6. 芬兰；7. 意大利；8. 纳米比亚；9. 瑞士；10. 澳大利亚；11. 中华台北；12. 英国；13. 新西兰；14. 拉托维亚；15. 瑞典；16. 印度
2017	中国 南京	1. 美国；2. 西班牙；3. 加拿大；4. 捷克；5. 意大利；6. 新西兰；7. 法国；8. 澳大利亚；9. 阿根廷；10. 中国；11. 韩国；12. 印度

二、国际冰球联合会

国际冰球联合会（International Ice Hockey Federation，缩写 IIHF）成立于 1908 年，至今已超过 100 年。国际冰球联合会从成立之初就被国际奥委会承认，在 1920 年的第 4 届奥运会上冰球就被列为正式比赛项目，从 1924 年第一届冬季奥运会开始，冰球就成为其中最重要的项目之一。国际冰球联合会现在有会员 70 个，官方语言是英语和德语。

国际冰球联合会的中央机构是理事会，由 1 名主席、1 名终生名誉主席、3 名副主席、1 名秘书长、1 名司库、8 名委员组成。理事会下设 19 个委员会，单排轮滑球委员会是其中之一。

国际冰球联合会从 1996 年开始举办单排轮滑球世界锦标赛，每年约有 20 个左右的国家参加比赛。其分组方法是分为 A、B 两组，A 组是最高水平的 8 个队，B 组水平其次，也是 8 个队，其他参赛的国家将通过资格赛争夺 B 组的最后两个参赛名额。

国际冰球联合会目前仅举办男子世界锦标赛。

表 1－3　国际冰球联合会历年单排轮滑球世界锦标赛成绩

年代	地　点	名　次
1996	美国明尼苏达州明尼阿波利斯	1. 美国；2. 加拿大；3. 芬兰；4. 德国；5. 俄罗斯；6. 瑞士；7. 意大利；8. CSSR；9. 奥地利；10. 澳大利亚；11. 日本
1997	美国加利福尼亚州阿纳海姆	1. 美国；2. 加拿大；3. 瑞士；4. 俄罗斯；5. 捷克斯洛伐克；6. 芬兰；7. 德国；8. 奥地利；9. 意大利；10. 荷兰；11. 澳大利亚；12. 日本
1998	美国加利福尼亚州阿纳海姆	1. 加拿大；2. 美国；3. 芬兰；4. 瑞士；5. 德国；6. 奥地利；7. 意大利；8. 俄罗斯
1999		未举行
2000	捷克，赫拉德茨－克拉洛韦	1. 芬兰；2. 捷克；3. 美国；4. 德国；5. 斯洛伐克；6. 瑞典；7. 奥地利；8. 荷兰；9. 澳大利亚；10. 巴西；11. 乌克兰；12. 新西兰；13. 阿根廷；14. 智利
2001	美国佛罗里达州埃伦顿	1. 芬兰；2. 美国；3. 捷克；4. 斯洛伐克；5. 瑞典；6. 德国；7. 奥地利；8. 巴西；9. 乌克兰；10. 澳大利亚；11. 新西兰；12. 阿根廷
2002	德国纽伦堡普法芬霍芬	1. 瑞典；2. 芬兰；3. 德国；4. 捷克；5. 美国；6. 斯洛伐克；7. 斯洛文尼亚；8. 奥地利；9. 乌克兰；10. 日本；11. 新西兰；12. 英国；13. 巴西；14. 阿根廷；15. 比利时；16. 智利
2003	德国纽伦堡安贝格	1. 芬兰；2. 瑞典；3. 美国；4. 捷克；5. 德国；6. 斯洛伐克；7. 斯洛文尼亚；8. 奥地利；9. 日本；10. 巴西；11. 澳大利亚；12. 匈牙利；13. 英国；14. 新西兰；15. 阿根廷；16. 南非
2004	德国巴特托尔兹	1. 美国；2. 芬兰；3. 瑞典；4. 德国；5. 斯洛伐克；6. 捷克；7. 奥地利；8. 斯洛文尼亚；9. 英国；10. 巴西；11. 日本；12. 匈牙利；13. 澳大利亚；14. 新西兰；15. 比利时；16. 阿根廷
2005	芬兰库奥皮奥	1. 瑞典；2. 芬兰；3. 美国；4. 捷克；5. 德国；6. 斯洛伐克；7. 斯洛文尼亚；8. 奥地利；9. 匈牙利；10. 日本；11. 英国；12. 巴西；13. 澳大利亚；14. 纳米比亚；15. 葡萄牙；16. 中华台北
2006	匈牙利布达佩斯	1. 美国；2. 瑞典；3. 芬兰；4. 德国；5. 捷克；6. 斯洛伐克；7. 斯洛文尼亚；8. 奥地利；9. 英国；10. 匈牙利；11. 巴西；12. 日本；13. 纳米比亚；14. 澳大利亚；15. 克罗地亚；16. 阿根廷
2007	德国兰茨胡特帕绍	1. 瑞典；2. 芬兰；3. 德国；4. 奥地利；5. 斯洛文尼亚；6. 美国；7. 捷克；8. 斯洛伐克；9. 巴西；10. 新西兰；11. 匈牙利；12. 澳大利亚；13. 英国；14. 日本；15. 纳米比亚；16. 南非

续表

年代	地　点	名　次
2008	斯洛伐克 布拉迪斯拉发	1. 瑞典；2. 斯洛伐克；3. 德国；4. 美国；5. 捷克；6. 芬兰；7. 斯洛文尼亚；8. 奥地利；9. 加拿大；10. 英国；11. 巴西；12. 澳大利亚；13. 日本；14. 匈牙利；15. 新西兰（降级）；16. 保加利亚（降级）
2009	德国因戈尔施塔特	1. 瑞典；2. 美国；3. 德国；4. 芬兰；5. 斯洛文尼亚；6. 捷克；7. 加拿大；8. 斯洛伐克；9. 奥地利；10. 英国；11. 巴西；12. 匈牙利；13. 澳大利亚；14. 日本；15. 南非；16. 中华台北
2010	瑞典卡利斯塔德	1. 美国；2. 捷克；3. 瑞典；4. 加拿大；5. 斯洛文尼亚；6. 芬兰；7. 德国；8. 斯洛伐克；9. 奥地利；10. 克罗地亚；11. 匈牙利；12. 澳大利亚；13. 英国；14. 日本；15. 巴西；16. 阿根廷
2011	捷克帕尔杜比采	1. 捷克；2. 美国；3. 加拿大；4. 瑞典；5. 芬兰；6. 斯洛文尼亚；7. 德国；8. 斯洛伐克；9. 英国；10. 匈牙利；11. 奥地利；12. 澳大利亚；13. 克罗地亚；14. 阿根廷；15. 新西兰；16. 南非
2012	德国 因戈尔施塔特	1. 加拿大；2. 德国；3. 芬兰；4. 斯洛文尼亚；5. 美国；6. 捷克；7. 瑞典；8. 英国；9. 斯洛伐克；10. 匈牙利；11. 奥地利；12. 克罗地亚；13. 澳大利亚；14. 日本；15. 新西兰；16. 保加利亚
2013	德国 德累斯顿	1. 美国；2. 瑞典；3. 加拿大；4. 斯洛伐克；5. 捷克；6. 德国；7. 芬兰；8. 斯洛文尼亚；9. 英国；10. 奥地利；11. 匈牙利；12. 澳大利亚；13. 克罗地亚；14. 日本；15. 阿根廷；16. 保加利亚
2014	捷克 帕尔杜比采	1. 芬兰；2. 加拿大；3. 美国；4. 瑞典；5. 捷克；6. 德国；7. 斯洛伐克；8. 英国；9. 斯洛文尼亚；10. 澳大利亚；11. 克罗地亚；12. 拉脱维亚；13. 奥地利；14. 匈牙利；15. 日本；16. 巴西
2015	芬兰 坦佩雷	1. 加拿大；2. 芬兰；3. 瑞典；4. 斯洛伐克；5. 美国；6. 捷克；7. 德国；8. 斯洛文尼亚；9. 克罗地亚；10. 澳大利亚；11. 英国；12. 阿根廷；13. 匈牙利；14. 拉脱维亚；15. 奥地利；16. 保加利亚
从 2016 年开始改为每两年一届，双数年举行下一年正式锦标赛的资格赛，单数年举行正式锦标赛。		
2017	斯洛伐克 布拉迪斯拉发	1. 美国；2. 芬兰；3. 捷克；4. 瑞典；5. 斯洛伐克；6. 加拿大；7. 德国；8. 克罗地亚；9. 斯洛文尼亚；10. 拉脱维亚；11. 澳大利亚；12. 英国；13. 阿根廷；14. 匈牙利；15. 新西兰；16. 巴西

第三节 亚洲轮滑运动的发展概况和单排轮滑球运动

一、亚洲轮滑运动的发展概况

亚洲是正式开展轮滑运动较晚的地区，由于受西方文化的影响，一些国家在19世纪末20世纪初就已经有了轮滑活动，但正式将轮滑作为体育运动项目来开展却是近50年的事。据目前所知，日本于1953年成立日本轮滑联盟，1955年加入国际轮滑联合会，是亚洲最早的国家轮滑组织。印度、韩国加入国际轮滑联合会后，1978年这三个国家成立了亚洲轮滑联合会。后来，中国、中华台北、中国香港、菲律宾、中国澳门、泰国、巴基斯坦、印度尼西亚等相继入会，亚洲轮滑联合会迅速扩大。1985年在香港举行第一次亚洲轮滑联合会执委会会议，选举了日本的野口嘉郎任主席，三名副主席分别由中国、中华台北、韩国人员担任，会议确定开始举办亚洲轮滑锦标赛（第二任主席是中国的郭敏，2007年开始担任；第三任主席是中国的盛志国，2010年开始担任；现任主席是中国的刘国永，2015年开始担任）。

亚洲轮滑锦标赛每两年举办一次，至今已举办了17届。第1至11届比赛的内容包括速度轮滑、花样轮滑、双排轮滑球。从第12届起增加单排轮滑球比赛，因为同时举办四个项目的比赛对承办国家的接待能力和场地要求较高，因此决定速度轮滑和花样轮滑在双数年举行，单排轮滑球和双排轮滑球在单数年举行。但从2010年开始，又恢复了所有轮滑项目在一个国家同时举行的制度，并在2012年的第15届亚洲轮滑锦标赛上增加了自由式轮滑项目。

表1－4　历届亚洲轮滑锦标赛团体总分名次表

届	时间	地点	速滑	花样	轮滑球	总名次
1	1985年10月 18—20日	日本 冈谷市	1. 韩国 2. 日本 3. 中华台北	1. 中华台北 2. 日本 3. 印度	1. 日本 2. 印度	1. 日本 2. 印度 3. 中华台北
2	1987年9月 17—20日	韩国 松汀市	1. 日本 2. 韩国 3. 中华台北	1. 中华台北 2. 日本 3. 中国	1. 澳门 2. 印度 3. 日本	1. 日本 2. 中华台北 3. 印度
3	1989年10月 18—22日	中国 杭州市	1. 韩国 2. 中华台北 3. 中国	1. 中国 2. 中华台北 3. 印度	1. 中国 2. 澳门 3. 印度	1. 中国 2. 中华台北 3. 韩国

续表

届	时间	地点	速滑	花样	轮滑球	总名次
4	1991 年 12 月 1—4 日	中国 香港、澳门	1. 韩国 2. 中华台北 3. 日本	1. 中国 2. 中华台北 3. 日本	1. 澳门 2. 中国 3. 日本	1. 中国 2. 中华台北 3. 日本
5	1993 年	印度	未举行			
6	1995 年 10 月 17—22 日	日本 长野	1. 中华台北 2. 韩国 3. 日本	1. 日本 2. 中华台北 3. 印度	1. 日本 2. 澳门 3. 中国	1. 日本 2. 中华台北 3. 印度
7	1997 年 9 月 3—9 日	韩国	1. 韩国 2. 中华台北 3. 日本	1. 中国 2. 中华台北 3. 日本	1. 澳门 2. 日本 3. 印度	1. 中华台北 2. 日本 3. 印度
8	1999 年 10 月 18—21 日	中国 上海市	1. 中华台北 2. 韩国 3. 中国	1. 中国 2. 中华台北 3. 印度	1. 日本 2. 中国 3. 印度	1. 中国 2. 中华台北 3. 日本
9	2001 年 10 月 1—5 日	台湾 台东县	1. 中华台北 2. 韩国 3. 印度	1. 中国 2. 中华台北 3. 印度	1. 日本 2. 印度 3. 朝鲜	1. 中华台北 2. 印度 3. 日本
10	2004 年 6 月	日本 秋田	1. 中华台北 2. 韩国 3. 中国	1. 中华台北 2. 中国 3. 印度	1. 日本 2. 中华台北 3. 印度	1. 中华台北 2. 日本 3. 中国
11	2005 年 5 月 10—14 日	韩国 全州	1. 韩国 2. 中华台北 3. 日本	1. 中华台北 2. 印度 3. 中国	1. 中华台北 1. 中国澳门 3. 日本 3. 印度	1. 中华台北 2. 印度 3. 日本

注：1. 此表的轮滑球是指双排轮滑球，第 1 ~ 第 7 届的轮滑球名次是男子比赛名次，没有女子比赛，从第 8 届开始，轮滑球是男女比赛合计得分的名次，不是具体比赛的名次。

2. 1997 年香港回归中国之前和 1999 年澳门回归中国之前，香港和澳门的参赛队伍名称就是香港和澳门，从回归日之后开始称为中国香港和中国澳门。

在 2005 年之前的亚洲国家和地区中，中华台北发展全面，在速滑和花样上占据着优势地位，始终保持团体总分前三名的地位，在几次第二名之后，终于从第 9 届开始连续三次获团体总分第一名。韩国在速滑上一直保持着强国地位；而花样则是中国的优势项目，从始至终保持着第一的地位；双排轮滑球是中国澳门的传统项目，始终处于亚洲最强的地位，而日本由于发展较全面，各项水平都较高，始终处于亚洲较强的地位。

二、亚洲单排轮滑球运动的发展

自从国际上开始有了单排轮滑球运动以来，亚洲的几个主要国家也都开展了各种比赛和活动，其中日本、韩国、中华台北都有大批的青少年在参加这项运动，单排轮滑球已经达到比较普及的程度。他们已经多次组队参加世界单排轮滑球锦标赛，并取得了较好的成绩。此外，在中国香港、新加坡、印度、伊朗、中国等也都开始有了单排轮滑球运动，也举办了一些形式的比赛。

2005 年在韩国举行的第 11 届亚洲轮滑锦标赛上，单排轮滑球作为表演项目也进行了比赛。参加的球队有日本、韩国、中国香港、伊朗和中华台北，最终日本取得了第一名。

2007 年 11 月 28 日—12 月 2 日，在印度的加尔各答市举办了第 12 届亚洲轮滑锦标赛的单排轮滑球比赛，这是亚洲举办的单排轮滑球第一次正式比赛。由于各种原因，参加比赛的国家队不多，比赛结果是中国队取得了男子单排轮滑球比赛的冠军。女子比赛因参赛队不足三个而未举行。

2010 年 1 月 11—14 日，在中国大连举办了本应于 2009 年举办的第 13 届亚洲轮滑锦标赛的轮滑球赛。由于时间仓促等原因，参加比赛的队伍不多，中国队取得了单排轮滑球的冠军。

从几个参加过世界锦标赛的国家和地区的成绩来看，中华台北队、日本队和韩国队成绩最好，其次为中国队。从最近几届亚洲单排轮滑球锦标赛来看，中华台北队、日本队、伊朗队、中国队较强；发展较普及的是中华台北队和日本队，中国青少年队发展较好，但成年队水平不高。

表 1－5　第 12 届以后亚洲轮滑球锦标赛名次

届	时间地点	男子双排轮滑球	女子双排轮滑球	男子单排轮滑球	女子单排轮滑球
12	2007 年 11 月 28 日— 12 月 2 日 印度加尔各答市	1. 中国澳门 2. 日本 3. 印度 4. 巴基斯坦 5. 中华台北	1. 印度 2. 日本 3. 中国澳门	1. 中国 2. 中华台北 3. 伊朗 4. 印度 5. 中国澳门	
13	2010 年 1 月 11—14 日 中国大连市	1. 中国澳门 2. 日本 3. 印度 4. 中华台北	1. 印度 2. 日本 3. 中华台北 4. 中国澳门	1. 中国 2. 伊朗 3. 中华台北 4. 中国香港 5. 中国澳门 6. 印度	
14	2010 年 7 月 18—25 日 中国台湾高雄市	1. 日本 2. 中华台北 3. 印度	1. 中华台北 2. 印度 3. 日本	1. 韩国 2. 中华台北 3. 印度	

续表

届	时间地点	男子双排轮滑球	女子双排轮滑球	男子单排轮滑球	女子单排轮滑球
15	2012 年 10 月 23—31 日 中国合肥市		1. 中华台北 2. 中国 3. 伊朗 4. 韩国 5. 印度	1. 中国 2. 中华台北 3. 伊朗 4. 印度	1. 中国 2. 中华台北 3. 伊朗 4. 印度
16	2014 年 9 月 19—29 日 中国海宁市	1. 中国澳门 2. 印度 3. 中华台北 4. 日本	1. 印度 2. 日本 3. 中华台北	1. 中华台北 2. 中国 3. 韩国 4. 伊朗 5. 中国香港 6. 中国澳门 7. 日本 8. 新加坡 9. 印度	1. 中国 2. 中华台北 3. 伊朗 4. 印度
17	2016 年 10 月 23— 11 月 1 日 中国丽水市	1. 中国澳门 2. 印度 3. 日本 4. 中华台北		1. 中华台北 2. 日本 3. 伊朗 4. 韩国 5. 中国 6. 中国澳门 7. 印度	1. 中华台北 2. 中国 3. 伊朗 4. 印度 5. 韩国

第四节　中国轮滑运动的发展概况和单排轮滑球运动

一、中国轮滑运动的发展概况

（一）中国轮滑运动的起源

中国轮滑运动开展较晚，是 20 世纪 30 年代由西方传入我国的，当时仅限于沿海个别城市才有几个场地，称为滑旱冰，只作为娱乐活动，并不普及。新中国以后，上海、广州等一些城市又开设了一些轮滑场，这些轮滑场除了对爱好者开放外，还经常举办训练班，成立以青少年为主体的轮滑队进行表演，后来，根据我国民间舞蹈的舞姿改编的溜冰舞，受到广大群众的好评。1964 年，轮滑首次被上海杂技团搬上舞台，经过艺术加工，使这个节目成为观众喜爱的保留节目。但是一直到 1980 年，轮滑还没有作为体育运动纳入到竞赛的行列，而仅是一般的娱乐活动。

1980 年，在改革开放的形势下，根据当时体育发展形势的需要，国家体委以中国轮滑协会的名义于当年 9 月加入了国际轮滑联合会，这标志着轮滑成为了中国体育运动项目之一，同时开始酝酿进行全国性的轮滑运动竞赛。此时，全国各地城镇纷纷修建轮滑场，练习轮滑的人数急剧增多，很多地方自发地建立了各种形式的轮滑队，这为举办全国性的比赛创造了条件。

1982 年 5 月在上海举行了全国速度轮滑邀请赛，1983 年 10 月 15 日在北京召开了中国轮滑协会正式成立大会，并举行了全国速度轮滑邀请赛。1984 年在福州再次举办了全国轮滑邀请赛，1985 年在河南安阳举办的全国首届轮滑锦标赛上，增加了花样轮滑的比赛。此后，每年举办一次全国锦标赛。1988 年，澳门的双排轮滑球队来到广州，与香港和广州的轮滑爱好者组成的两个球队举行了首届穗港澳轮滑球邀请赛，由于澳门受双排轮滑球强国葡萄牙的多年影响，水平很高，他们在邀请赛中做了表演和进行了讲课，长春、北京、上海等地的参观者回去后，纷纷成立了轮滑球队。1989 年 6 月，在长白山脚下的白河举行了首届全国轮滑球锦标赛，并选拔组成国家队参加了 10 月的第三届亚洲轮滑锦标赛。至此，我国的轮滑项目全部开展起来，与国际接轨，逐渐成为亚洲轮滑强国之一。

（二）中国轮滑运动的现状和水平

近年来中国轮滑运动发展迅速，水平也提高较快。目前国内有速度轮滑专业队 4 个，业余队伍遍布全国；花样轮滑专业队 1 个，业余队 10 多个；单排轮滑球业余队约 20 个；自由式轮滑队遍布全国大中城市和高校。现在每年全国性的速度轮滑比赛有 5 次以上，其他项目的全国比赛至少有一次，地方性的比赛则更多、更频繁。

由于普及程度提高，水平也在不断提高。中国速度轮滑在亚洲已经位列韩国和中华台北之后的第三位，在 2009 年世界速度轮滑锦标赛中，取得了 1 枚青年女子马拉松金牌，速滑名将郭丹，也在近几年获得了几次世锦赛冠军；中国花样轮滑在亚洲始终处于领先地位，但由于花样轮滑成长期长，参与的人数和队数逐年减少，目前仅处于世界锦标赛的中下游水平；中国单排轮滑球在亚洲属四强之一；自由式轮滑在中国目前普及面最大，参与人数最多，水平也提高非常快，在近几年的世界锦标赛中，中国队都取得了一半或近一半的金牌；双排轮滑球在中国存在了十几年，目前已经没有人和单位练习这个项目；现在，因为滑板已经成为 2020 年东京奥运会的正式比赛项目，国家有关部门和中国轮滑协会正在全力以赴地开展和提高该项运动水平，由于滑板是中国轮滑协会新开展的项目，目前水平还不高。

二、中国单排轮滑球运动的发展

中国单排轮滑球运动开展较晚，在已经举行了世界单排轮滑球锦标赛 8 年之后的 2003 年，中国冰球协会应国际冰球联合会的要求，派出 3 人前往德国参观了 2003 年国际冰联单排轮滑球世界锦标赛，学习了比赛方法及有关的知识，同时翻译了国际冰联单排轮滑球竞赛规则，为在中国开展该项目做了准备。同时，中国冰球协会将该项目的中文名称定为“陆地冰球”，既可与中国轮滑协会的单排轮滑球在名称上有所区别，同时也形象地

标志了该项目与冰球的姻缘关系。

2004 年 5 月，中国冰球协会在北京举办了首届陆地冰球裁判员、教练员培训班，培养了一批技术骨干，并于 7 月在沈阳举办了第一届全国陆地冰球锦标赛。2005 年又在北京首都体育馆举办了第二届全国锦标赛。2006 年在大连举办的第三届锦标赛上还增加了女子比赛。

表 1－6　全国陆地冰球锦标赛名次

年	地　点	名　次
2004	沈阳八一滑冰馆	1. 哈尔滨前卫；2. 北京体育大学；3. 哈尔滨体校；4. 北京宏丰俱乐部；5. 上海极速之炎陆地冰球队；6. 广州协和高中队
2005	北京首都体育馆	1. 哈尔滨前卫；2. 北京体育大学；3. 北京宏丰俱乐部；4. 广州协和高中队；5. 天津飓风队；6. 上海极速之炎陆地冰球队；7. 北京京虎俱乐部
2006	大连开发区十中	男子：1. 哈尔滨前卫；2. 北京浩沙俱乐部；3. 北京体育大学；4. 大连开发区；5. 北京新源科技；6. 广州协和高级中学；7. 唐山 女子：1. 哈尔滨前卫；2. 哈尔滨体育学院；3. 北京体育大学；4. 广州协和高级中学；5. 珠海二中；6. 广州 76 中学

在中国冰球协会进行陆地冰球比赛的同时，中国轮滑协会也在积极筹备开展单排轮滑球活动，2005 年制定了单排轮滑球运动员等级标准，并被国家体育总局批准执行；2006 年翻译了国际轮滑联合会的单排轮滑球竞赛规则，并于 2007 年开始出版使用。2007 年 7 月 26—31 日由广州珠江职业技术学院承办的首届全国单排轮滑球锦标赛顺利举行，男子有 10 个队参加比赛，女子有 3 个队参加比赛。2007 年 11 月 28 日—12 月 2 日中国轮滑协会派队参加了首届亚洲轮滑球锦标赛，取得了冠军的好成绩。2008 年 4 月 16—20 日，中国轮滑协会又在北京体育大学举办了第二届全国单排轮滑球锦标赛，有 7 男 4 女共 11 支队伍参赛，比赛进行得顺利而成功。赛后，中国轮滑协会选拔组建了国家轮滑球男队进行集训，参加了 7 月 5—12 日在德国杜塞尔多夫举行的 2008 年世界单排轮滑球锦标赛，获得了第 11 名的成绩，并获得了国家队世界杯第三名。2009 年 5 月 28 日—6 月 3 日在北戴河举办了第三届全国锦标赛暨第四届全国体育大会预选赛。2010 年 1 月 28—31 日广州协和中学承办了第四届全国锦标赛，并增加了青少年组的比赛，共有 27 支队伍参赛，达到了国内开展单排轮滑球项目以来的最大规模。2010 年 5 月 18—20 日，轮滑球首次进入全国性综合运动会：第四届全国体育大会顺利在安徽省合肥市举行，使单排轮滑球运动进入了一个新阶段。2010 年 7 月，由当年女子冠军队广州市协和队和亚军北京体育大学队联合组成的女子国家队参加了在捷克举行的世界女子轮滑球锦标赛，获得了第 8 名的成绩。在 2012 年的全国锦标赛上，又增加了少年组的比赛，使全国锦标赛包含了成年组、青年组和少年组的全部组别。现在中国轮滑协会每年举行一次全国锦标赛，各地方性的比赛也越来越多。

表1－7　全国单排轮滑球锦标赛名次

时　间	地　点	名　次
2007年 7月26—31日	广州增城 广州珠江职业技术学院	男子组：1. 北京体育大学队；2. 大连陆冰体育俱乐部队；3. 北京浩沙陆地冰球队；4. 东莞劲道体育用品公司队；5. 北京新源科技队；6. 深圳队；7. 天津外国语学院队；8. 广州协和高中队；9. 上海队；10. 广州珠江职业技术学院队 女子组：1. 广州协和高中一队；2. 广州协和高中二队；3. 广州珠江职业技术学院队
2008年 4月16—20日	北京体育大学	男子组：1. 北京体育大学鹏翰队；2. 哈尔滨常军商务队；3. 大连陆冰体育俱乐部一队；4. 天津外国语学院队；5. 北京新源科技队；6. 大连陆冰体育俱乐部二队；7. 唐山队 女子组：1. 北京体育大学米高队；2. 大连陆冰体育俱乐部队；3. 广东省协和队；4. 广州市协和队
2009年 5月28—6月3日	秦皇岛市 北戴河区	男子组：1. 北京亮典华晟队；2. 辽宁省队；3. 广州市协和队；4. 青岛明奥队；5. 北京新源科技队；6. 天津外国语学院飓风队；7. 河北省唐山市山鹰队；8. 大连开发区十中队 女子组：1. 北京体育大学队；2. 哈尔滨体育学院烟台宏源时装队；3. 广东省协和队；4. 大连开发区第十高中队；5. 广州市协和队；6. 广东省珠海市第二中学队
2010年 1月28—31日	广州市 协和中学	成年男子组：1. 北京体育大学鹏翰队；2. 大连开发区队；3. 广州协和中学队；4. 香港队；5. 深圳南山外国语学校队；6. 美姿贺队；7. 广州市第四中学队；8. 天津外国语学院飓风队；9. 华南理工大学队 成年女子组：1. 广州协和中学队；2. 北京体育大学队；3. 广州市第四中学队；4. 深圳南山外国语学校队；5. 美利集团队；6. 广州市76中学队 青少年男子组：1. 深圳南山外国语学校一队；2. 珠海市第二中学队；3. 广州协和中学队；4. 广州市76中学队；5. 广州市第四中学；6. 深圳南山外国语学校二队 青少年女子组：1. 广州市第四中学队；2. 广州协和中学队；3. 珠海市第二中学队；4. 深圳南山外国语学校一队；5. 美利集团队；6. 深圳南山外国语学校二队

续表

时　间	地　点	名　次
2010 年 5 月 18—20 日	安徽省 合肥市	第四届全国体育大会轮滑球赛： 1. 北京队；2. 辽宁队；3. 天津队；4. 河北队；5. 澳门队；6. 安徽队
2011 年 10 月 28— 11 月 1 日	安徽省 池州市	成年男子组：1. 北京亮典华晟队；2. 北京体育大学队；3. 哈尔滨体育学院队；4. 北京新源科技队；5. 天津外国语大学队；6. 广州 MLGB 队；7. 安徽淮南师范学院队 青少年男子组：1. 大连 108 中学队；2. 广州第四中学队；3. 广东省协和队；4. 珠海第二中学队；5. 广州市协和队、大连第七中学队；6. 东莞华南师大嘉玛学校队 青少年女子组：1. 广州市第四中学二队；2. 广州市第四中学三队；3. 大连 108 中学队；4. 广东省协和队；5. 珠海第二中学队、广州市第四中学一队；6. 广州市协和队、东莞华南师大嘉玛学校队
2012 年 11 月 10—13 日	广东省广州市 骏景中学	成年男子组：1. 中国前卫队；2. 佰德北京体育大学队；3. 广东省协和队；4. 哈尔滨体育学院旺通队；5. 珠江俱乐部队；6. 河南理工大学队；7. 北京新源科技队；8. 广州 MLGB 队；9. 天津外语大学队；10. 华南理工大学队；11. 珠江职业学院队 成年女子组：1. 中国前卫队；2. 广州市协和中学队；3. 广东省协和队；4. 广州四中队；5. 广州四中俱乐部队；6. 广州珠江职业学院队；7. 中山大学南方学院队 青年男子组：1. 大连 108 中学队；2. 广州市协和中学队；3. 广州旋风队；4. 珠海第二中学队；5. 广州骏景中学队；6. 华师嘉玛学校队；7. 岭南画派中学队；8. 广州聚贤中学队；9. 广州南石中学队；10. 大连七中队 少年组：1. 中山大学南方学院队；2. 广州骏景中学队；3. 南阳 17 小学波涛联队；4. 岭南画派中学队；5. 深圳凤凰小学队；6. 广州番禺执信中学附小队；7. 上海七喜俱乐部队

续表

时　间	地　点	名　次
2013 年 7 月 28—31 日	辽宁省大连市108 中学、大连市红梅小学	成年男子组：1. BAUD 佰德北京体育大学队；2. 北京米高队；3. 中国前卫体育协会；4. 广东省琪丰体育用品有限公司队；5. 哈尔滨体育学院队；6. 哈尔滨体育学院队；7. 天津外国语大学轮滑球队；8. 山东烟台海德集团队；9. 北京新源科技轮滑球队；10. 广州市队；11. 上海大闸蟹冰球队；12. 河北唐山山鹰队 成年女子组：1. 中国前卫体育协会；2. 广东省琪丰体育用品有限公司队；3. 天津外国语大学轮滑球队；4. 广州市岭南画派纪念中学队 青年男子组：1. 哈尔滨体育学院浩泰轮滑球队；2. 广州市岭南画派纪念中学队；3. 广州市协和琪丰队；4. 大连市 108 中学队 少年男子甲组：1. 广州市骏景中学队；2. 哈尔滨市第五十五中学队；3. 广州市天河梦之翼轮滑球队；4. 广州市岭南画派纪念中学队；5. 大连金州新区第六中学队；6. 广州市南石中学队；7. 大连六中俱乐部队 少年女子甲组：1. 广州市骏景中学队；2. 广州市南石中学队；3. 大连金州新区第六中学队 少年乙组：1. 北京小狼队；2. 北京市零度阳光俱乐部；3. 大连开发区红梅小学；4. 广州市番禺执信中学附属小学；5. 北京市火龙冰球俱乐部；6. 南阳波涛陆冰俱乐部队；7. 天津黑豹轮滑球俱乐部；8. 大连滑跃兄弟体育策划有限公司；9. 北京喜悦天地体育管理有限公司；10. 广州市天河区棠东小学；11. 上海七喜轮滑球俱乐部；12. 辽宁格斯威沈阳少年轮滑球队；13. 大连陆冰体育俱乐部；14. 广州市天河区棠东小学轮滑俱乐部；15. 大连滑跃兄弟体育俱乐部
2014 年 8 月 27—29 日	辽宁省沈阳市（全国少年锦标赛）	少年男子甲组：1. 北京浩克冰峰队；2. 大连启明星队；3. 广州市岭南画派纪念中学队 少年乙组：1. 北京浩克冰峰队；2. 北京零度阳光俱乐部队；3. 南阳波涛陆冰俱乐部队；4. 广州番禺执信 HAWKS 队；5. 北京市火龙冰球俱乐部队；6. 天津黑豹轮滑球俱乐部队；第 7 名第 8 名两队弃赛没有名次；9. 哈尔滨市继红小学队；10. 徐州市云兴小学队；11. 大连陆冰体育俱乐部队；12. 辽宁雷奥冰球学校一队；13. 香港巨轮体育协会队；14. 徐州市云龙区文体局队；15. 石家庄中义轮滑球俱乐部队；16. 辽宁雷奥冰球学校二队

续表

时　间	地　点	名　次
2014 年 11 月 3—5 日	安徽省池州市	成年男子组：1. BAUD 佰德北京体育大学队；2. 北京体育大学教育学院队；3. 广州协和威腾国际体育有限公司队；4. 天津外国语大学队；5. 江西财经大学队；6. 天津飓风轮滑球队 成年女子组：1. 天津外国语大学队；2. 上蔡县第二高级中学队；3. 广州市协和中学队 青年男子组：1. 广州市协和中学队；2. 大连 108 中学队；3. 上蔡县第二高级中学队
2016 年 11 月 16 —19 日	广东省佛山市 顺德区	成年男子组：1. 美洲狮北京体育大学队；2. 北京体育大学教育学院队；3. 天津市轮滑球代表队；4. 山东地泰菌业有限公司队；5. 广州市 MLGB 霍斯轮滑培训有限公司队；6. 北京 BSU 校友队；7. miracle 轮滑球队；8. 河北传媒学院队；9. 珠海 HL 队 成年女子组：1. 天津外国语大学 - 圣巴轮滑球代表队；2. 肇庆漫通文化科技有限公司 Timber Wolves 队；3. 河北传媒学院队；4. 珠海 HL 队 青年男子组：1. 广州市骏景中学俱乐部队；2. 南阳波涛陆冰俱乐部疾风队；3. 广州市骏景中学队 少年组：1. 黑龙江省齐齐哈尔市铁锋区第二小学队；2. 广州 DRA HAWKS 执信队；3. 南阳第二十一小学波涛陆冰俱乐部联队；4. 广州 DRA HAWKS 祈福队；5. 徐州市云兴小学队
2017 年 8 月 4—7 日	内蒙古 鄂尔多斯市	成年男子组：1. 美洲狮北京体育大学队；2. 北京体育大学社会体育系队；3. 珠海高远轮滑球队；4. 广州 MLGB 队；5. 北京体育大学校友队；6. 北京体育大学希望队；7. 安徽新华学院队；8. 四川追风队 少年乙组：1. 广州 DRA HAWKS 执信队；2. 南阳波涛陆冰俱乐部；3. 徐州市云兴小学队；4. 贵阳第六频道队；5. 南京市建邺区轮滑球队；6. 成都突击者轮滑俱乐部队；7. 合肥科学岛实验小学队；8. 重庆市石柱县南宾小学队

思考题：

1. 单排轮滑鞋的诞生对轮滑运动起到了什么促进作用？
2. 为什么国际上两个联合会争夺这个项目的领导权？结果是什么？
3. 亚洲单排轮滑球锦标赛举行了几次？亚洲球队在世界锦标赛中最好成绩是第几名？
4. 中国单排轮滑球在哪些省市开展得比较好？
5. 请思考中国单排轮滑球如何开展和普及。

第二章　单排轮滑球场地和器材

第一节　单排轮滑球场地

一、场地的规格

单排轮滑球场地是一个四角为弧形的长方形，宽应为 20 ~ 30 米，长应为 40 ~ 60 米。其宽度和长度的比例应为 1∶2。一般情况下，全国正式比赛和国际正式比赛的场地应为 50 米 ×25 米。在不同大小的场地中，其球门线和争球圈的画线应按比例进行调整，场地四角弧形的半径也应相应进行调整。（图 2 –1）

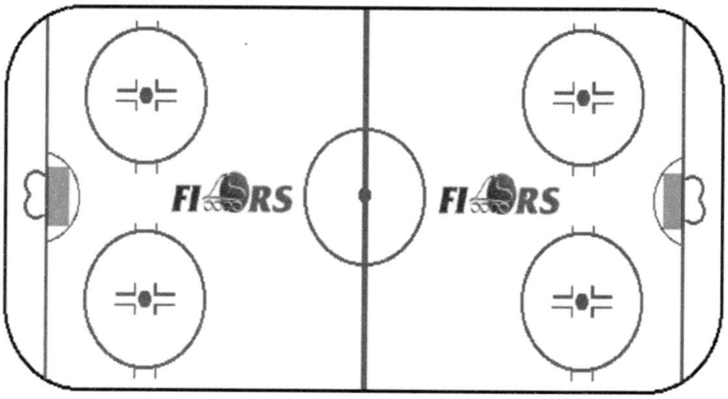

图 2 –1　单排轮滑球场地图

轮滑球场地四周有围墙，围墙向内的面应是平整、光滑的，不能有任何可能使运动员受伤的棱、角、突出物等。围墙的材质可以是木板、硬塑料板等，要求具有一定的弹性。围墙外面的支架必须牢固，能够抵抗运动员快速滑行时的撞击。围墙高 101 ~ 122 厘米，理想的高度是 107 厘米。围墙的四角应为圆弧形，50 米 ×25 米的场地四角圆弧的半径为 5 米。

场地上画有一条红色中线，五个争球点和争球圈，两个球门区，一个裁判区，具体尺寸见第七章第二节轮滑球规则。轮滑球场内有两个球门，具体规格见规则。

在轮滑场的一侧界墙外有记录席和受罚席，在它的对侧界墙外有双方的队员席。具体规格见规则。

二、轮滑球场的地面

图 2－2　室外轮滑球运动地板

轮滑球场的地面可以有多种选择，一般室外场地可以修建水磨石地面，可以修建水泥或沥青地面，上面刷一定层数或厚度的涂料，以保证一定的平整度和合适的滑度。此外，现在已经有专用的室外悬浮式拼装轮滑球地板，是由广州赛琳康体设备有限公司生产的赛格牌运动地板，呈网格式，滑度合适，滑行时轮不打滑，球在上面运动得快；还有可排水、免维护、寿命长的优点（图 2－2）。赛格牌室内轮滑球地板已经经过亚洲轮滑球锦标赛和全国锦标赛的使用检验，完全满足轮滑球比赛的需要。

第二节　单排轮滑球的器材和护具

一、轮滑鞋

（一）运动员轮滑球鞋

单排轮滑球的轮滑鞋有别于其他轮滑鞋，其特点是鞋硬、靿高、轮架短。鞋硬和靿高可以有效地保护脚和踝关节免受球的打击，防止受伤；轮架短是四个轮轴都在鞋底的下面，轮子的总体长度稍超过鞋的长度，滑行时可以灵活地做转弯、急停动作（图 2－3）。现代轮滑鞋的轮子基本都是聚氨酯材料制成，具有较好的韧性和耐磨性，但根据地面条件的不同对轮子的硬度要求也不同。在较粗糙一些的地面一般多用硬度为 81A 的轮子，在木地板及专用轮滑球地板等较滑的地面应用 76A 硬度的轮子。

（二）守门员轮滑球鞋

守门员的轮滑球鞋为了保护脚不被球击伤，在鞋的下半部分围绕鞋体增加了一圈厚塑料。此外，守门员轮滑球鞋的轮子较小，一般直径只有 50 毫米左右，其作用一是可以降低守门员的重心，便于做防守动作；二是减小了轮子被打坏的概率（图 2－4）。

图2－3　运动员轮滑球鞋

图2－4　守门员轮滑球鞋

二、球　杆

（一）运动员球杆

轮滑球比赛运动员使用的球杆一般有木质、轻铝合金、塑料、碳素纤维等几种材质。现在使用较多的是碳素纤维制成的球杆，优点是轻、结实，但成本较高、价格较贵。在水磨石地面或其他较粗糙的地面练习和比赛时，对球杆刃磨损很大，因此有很多人使用碳素纤维制成的球杆柄，插上塑料制成的杆刃，相对比较耐磨一些。运动员球杆分为左手杆和右手杆，右手握球杆柄端头，左手握球杆中间的称为左手杆，其特点是球杆刃有向右弯曲的弧度。运动员左手握球杆柄端头，右手握球杆中间的称为右手杆，特点是球杆刃有向左弯曲的弧度（图2－5）。

（二）守门员球杆

守门员球杆的材质和运动员球杆基本相同。守门员球杆的特点是杆柄下部和球杆刃比运动员球杆宽，可达9厘米宽，杆柄和杆刃结合部可达11厘米宽。杆柄加宽的部分有71厘米长。守门员如果右手握杆，球杆刃有向右弯曲的弧度；如果左手握杆，则球杆刃有向左弯曲的弧度（图2－6）。

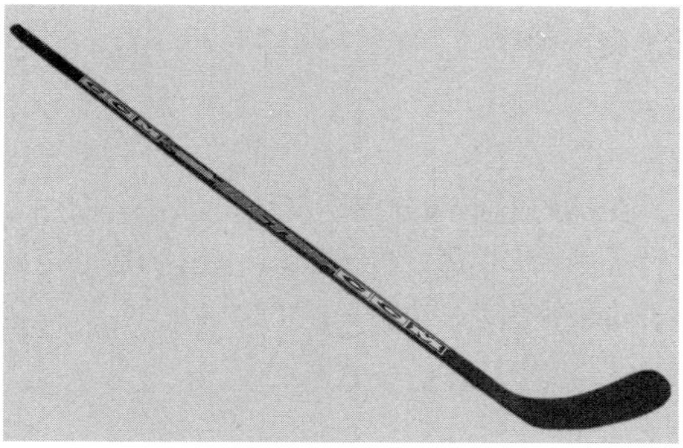

图2－5　运动员球杆

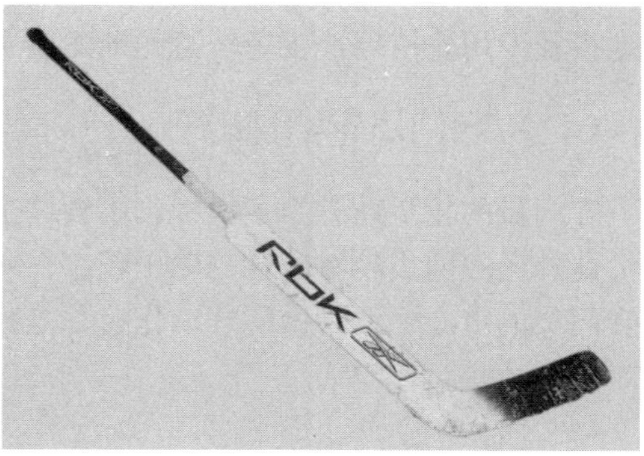

图2－6　守门员球杆

（三）球

单排轮滑球比赛的球为塑料制，呈扁圆形，在两侧的平面上各有5～6个突出圆点，球放在地上时由这些圆点与地面接触和摩擦。因为这些圆点与地面接触面小，摩擦力也小，球可以在地面上滑行得很快（图2－7）。也有的球是用扁平的极硬塑料块镶嵌在球的平面上，因其质硬从而滑度较大。有些国家和地区在没有好的地面条件的场地上，使用的是圆形的塑料球，在球心内注入一定量的水，以增加重量。

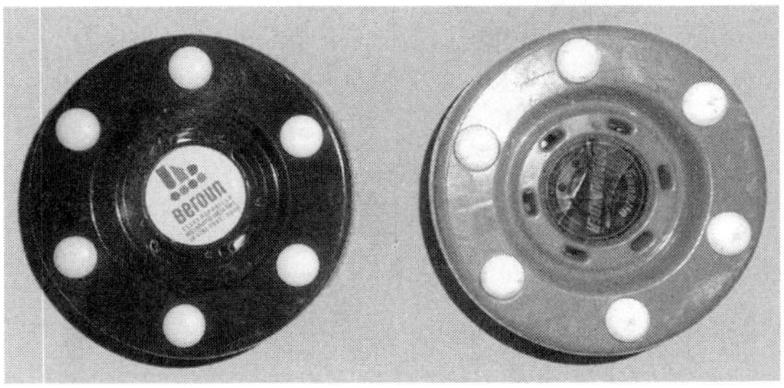

图2－7 球

三、运动员护具

由于轮滑球运动员的滑行速度快、球飞行速度也快，为防止运动员摔伤、被球击伤，运动员需要全身都穿戴保护用具，必备的护具有：头盔、护肘、手套、护身、防摔裤、护腿，如果是青少年或女子运动员还应戴面罩。成年运动员必须佩戴护目镜和护齿。建议穿戴护胸。

（一）头 盔

头盔为塑料制成，内衬海绵垫，保护头部防止摔伤和被球、球杆击伤（图2－8）。对于少儿和女子运动员，要求必须戴全护面罩，目前的全护面罩多为细钢条焊制的笼子式（图2－9）。

图2－8 运动员头盔

图2－9 少儿和女子头盔

（二）护　肘

由尼龙布包裹海绵制成，外面肘弯处和前臂处包塑料硬壳，主要起防止摔伤的作用（图 2－10）。

图 2－10　运动员护肘

（三）手　套

手套的手掌部分为较耐磨的尼龙布或皮制成，手的背部及手指背部都由尼龙布或革制品包裹海绵。手套主要保护手免遭摔、打、撞和摩擦之伤害（图 2－11）。

（四）护　身

护身主要作用是保护运动员裆部，是一个近似三角凹形的塑料罩，内衬海绵，置于一个尼龙裤衩的裆部兜内（图 2－12）。

图 2－11　运动员手套

图 2－12　运动员护身

（五）护　腿

护腿外面是塑料硬壳，分为两部分，上面为圆形凹壳，是保护膝盖的，下面是长方形凹壳，保护小腿前面和侧面，两节硬壳由内衬的海绵及布连接起来（图 2－13）。

（六）防摔短裤

防摔短裤是穿在外裤里面的护具，一般用强弹性尼龙包裹海绵制成，在关键部位加有硬塑料壳，如尾骨、大转子骨等处，在大腿前面和侧面有海绵（图 2－14）。

图 2－13 运动员护腿

图 2－14 防摔短裤

（七）护 胸

护胸是一件较薄的类似棉衣的衣衫，在肩、胸部、肋部有硬塑料片及海绵，以防肩的摔伤和胸部受到球或球杆的打击（图 2－15）。但由于穿着护胸比较热，很多运动员不愿意穿，且由于在运动员比较注意自我保护的情况下这两个部位不太容易受伤，所以在规则中没有把护胸列为必备护具。

（八）防摔外裤

规则规定单排轮滑球比赛时运动员必须穿长外裤。外裤分为单裤和防摔外裤，单裤就是一条用较耐磨的布料制成的比较肥大的外裤，套在防摔短裤和护腿的外面；防摔外裤是在裤子的里面做一些口袋，装上保护髋关节等部位的护具片和海绵，这样在裤子里面就不用穿防摔短裤了，滑行起来也凉快些（图 2－16）。

图 2－15 护 胸

图 2－16 防摔外裤

四、守门员护具

对于守门员来说，必须有更厚的保护才能使其避免受伤，另外规则中允许守门员穿戴较宽大的护具，以利于其防守球门，但对各种护具的尺寸都有一定的规定。

（一）头　盔

守门员头盔有不同形式，但必须都带有全护面罩，面罩的下颌处较长，以保护颈部。此外守门员头盔的塑料质地较厚且非常坚固，抵抗得住球的大力打击（图2－17）。

（二）守门员护颈

守门员护颈是以尼龙面料内含海绵制成，用以保护守门员的颈部和锁骨部位（图2－18）。

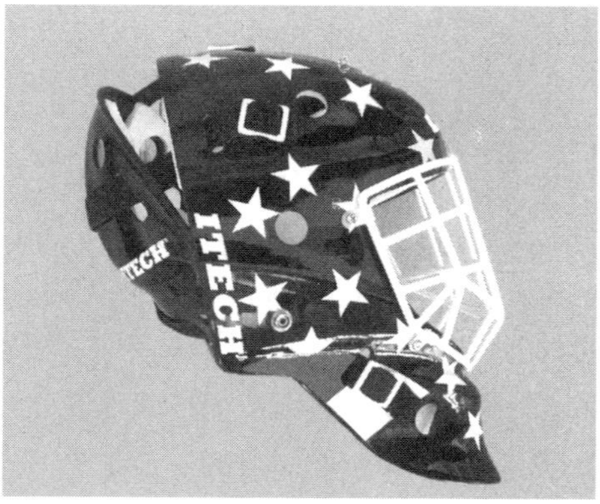

图2－17　守门员头盔

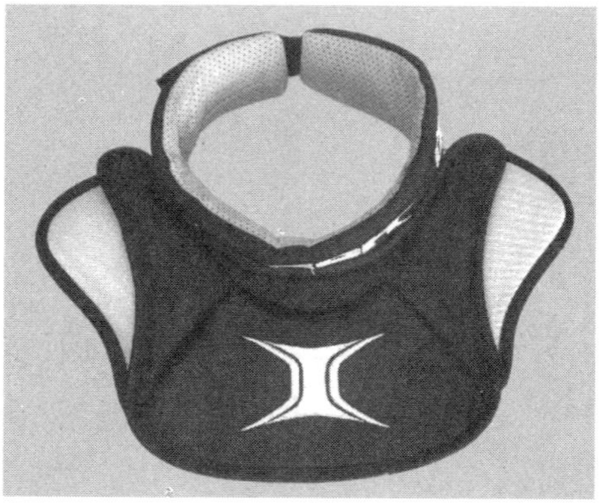

图2－18　守门员护颈

（三）守门员护胸

守门员护胸是必备护具，是一件较厚的长袖圆领棉服，在身体前面部分，除了有海绵类材料外，还有缝在面料内的排列整齐的大或小的塑料硬片，以抵抗球的大力打击，两袖也是同样的设计（图2－19）。

（四）守门员护身

守门员护身是保护守门员裆部的护具。（图2－20）。

图2－19　守门员护胸

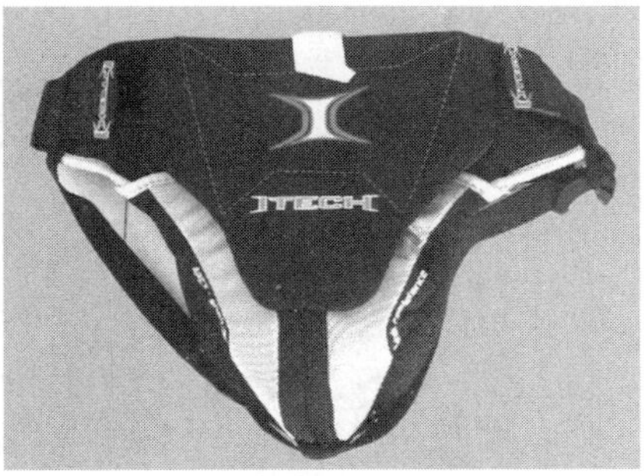

图2－20　守门员护身

（五）守门员短裤

守门员短裤是保护髋关节和两大腿的重要护具，一般为尼龙布面料，内缝塑料板和海绵类材料以抵抗球的击打，在腰和髋关节周围全部有保护，大腿部分主要保护前面，最下面有裤腿可以固定在膝盖处，以防守门员在跪挡时膝部暴露遭球击打而受伤（图2－21）。

（六）守门员护腿

守门员护腿是进行防守的主要护具之一，比较宽大而笨重，但其宽度在规则中规定为30厘米。护腿的面料一般为比较耐磨的革制品，内充填较轻但又耐击打的材料，以保护腿部避免受伤（图2－22）。

图2－21　守门员短裤

图2－22　守门员护腿

（七）守门员挡手

守门员挡手就是握杆的手戴的手套，其手背是一个长方形的厚垫，对射到握杆手一侧的中高球可以用手背的挡手将球挡出。该挡手内侧是一个很薄但很耐磨的皮手套，固定在该长方形的厚垫上（图2－23）。

（八）守门员抓手

抓手是守门员非握杆手戴的手套，在手套拇指一侧和另四个手指一侧分别延长出约

20 厘米长的宽垫，用结实的绳将这两片宽垫缝制连接，形成一个兜状的半张开的网兜，对射到该侧手的中高球，将网兜张开，将球抓入袋内。该抓手一般用结实的革制品缝制，在手掌一侧内有较硬的衬垫，以免抓球时球将手击痛（图 2 – 24）。

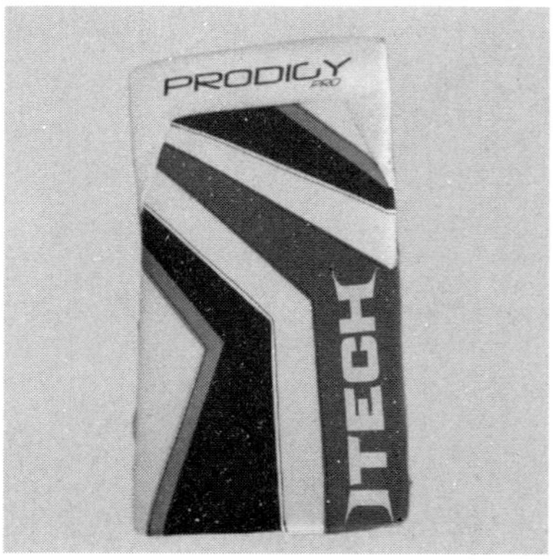

图 2 – 23　守门员挡手

图 2 – 24　守门员抓手

思考题：

1. 单排轮滑球队员的必备护具有哪些？
2. 如果单排轮滑球场地的尺寸小于标准场地，场地上的各种点、线比例应怎样画？
3. 单排轮滑球运动员球杆的尺寸规定是多少？
4. 为什么守门员轮滑鞋的轮子比较小？

第三章　单排轮滑球基本技术

第一节　滑　行

一、滑行准备姿势

（一）动作方法

抬头、挺胸、上体前倾、膝部弯曲，使肩、膝、脚尖在一条垂直线上；双脚平行并与肩同宽，双手握杆，杆刃放在地面上（图3－1－1～图3－1－2）。

图3－1－1　滑行准备姿势（侧面）

图3－1－2　滑行准备姿势（正面）

（二）注意要点

1. 在比赛中始终保持正确姿势非常重要，正确的基本蹲姿使重心稳定，在与对手身体接触时不会轻易被挤撞倒或失去重心；另外，正确的基本姿势是滑行加速和变换动作的基础，没有正确的基本姿势很难滑得快而灵活。有的人向前快滑时采用速滑的方法，但那样影响变换方向的灵活性，因为上体过分前倾会使膝关节的蹲屈角度变直。在运球时更是采用正确的滑行姿势才能灵活地变向并加速。

2. 在滑行中保持正确姿势时，要注意肩、臂放松和腰、臀放松。肩、臂放松可以使两臂灵活地摆动配合滑行动作，肩、臂放松还可以在运球时使两臂两手灵活地操纵球杆做各种动作。腰、臀放松可以灵活地变换重心，以便灵活地做左右转弯、压步等动作。

3. 两手握杆时要养成杆刃贴近地面的习惯。无论做什么样的滑行动作，球杆刃贴近地面都会在最短的时间内接到球。另外，养成这样的习惯不会因球杆过高而出现意外犯规的情况。

4. 注意两脚不要分开得过宽和过窄，那样都不利于身体重心的稳定。

二、起　跑

（一）V 字起跑

1. 动作方法

从准备姿势开始，双脚后跟内收，使双脚呈 V 型，重心前移，一脚用内刃向后蹬地，一脚向前迈步，以爆发性的力量和速度向前跑 2 ~3 步（图 3 –2 –1 ~ 图 3 –2 –3）。

图 3 –2 –1　V 字起跑

图 3 –2 –2　V 字起跑

图 3 –2 –3　V 字起跑

2. 注意要点

（1）双脚后跟内收使双脚呈 V 型时，两脚之间的夹角应大于 90 度，以使脚向后蹬地时该脚轮子的内刃向后，蹬地方向与该脚的纵轴线呈垂直角度。

（2）在做双脚后跟内收的同时重心就应前移，当做好 V 型时重心已移至脚的支点前方 30 厘米以上的位置，迫使脚加速蹬地和迈步以便保持平衡，从而使起跑速度加快。跑时膝部应前屈超过脚尖。

（3）起跑的前两三步是以跑为主，步伐小而频率快，两三步以后逐渐过渡到滑行，步伐逐渐变大。

（二）压步起跑

这个技术也称为侧起跑，是一种向任何方向快速移动的技术。

1. 动作方法

从准备姿势开始，重心先向左侧倾移，同时右脚做侧蹬，然后做压步越过左脚，呈外八字落地，然后左脚收回也呈外八字向前迈步并落地，此时进入 V 字起跑的动作阶段，

以爆发性的力量和速度进入起跑状态。（图 3 –3 –1 ~ 图 3 –3 –4）

如果需要向右做压步起跑，动作方法相同，动作方向相反。

图 3 –3 –1　压步起跑

图 3 –3 –2　压步起跑

图 3 –3 –3　压步起跑

图 3 –3 –4　压步起跑

2. 注意要点

（1）压步起跑技术是为了适应比赛中的变化，当需要向侧方甚至后方快速滑去时，最好用压步起跑。它省去了先转身再起跑所浪费的时间，是边跑边转身。

（2）压步起跑有时比 V 字起跑快，是因为侧倒重心比较容易，同时后脚的蹬地是向脚的垂直方向，同时又是身体的侧方，很容易发力蹬地。因此做这个动作时适时地侧倒重心和用力侧蹬是起跑快慢的关键。

（3）轮滑球的起跑要求都是爆发性的，因此起跑的前两三步是以跑为主，步伐小而频率快，两三步以后逐渐过渡到滑行，步伐逐渐变大。

三、直线滑行

（一）动作方法

普通的滑行方法：侧后蹬 – 收腿 – 脚着地 – 支撑滑行，另一腿与之相配合交替做相同的动作。最主要的要点是腿要全力蹬直，腿回收的全部路线都在身体下方，同时始终保持上体稍前倾，膝踝蹲屈的姿势（图 3 –4 –1 ~ 图 3 –4 –6）。

（二）注意要点

1. 滑行中要保持正确的蹲姿，上体和腰臀部要注意放松和灵活，以便随时移动重心改变滑行方向或是做转弯动作等。

2. 切记的要点：用力蹬出，步伐要大，“腿的回收”必须回收到身体中线下方。

3. 两臂配合腿的动作可适当摆动，但不可使球杆横向摆动幅度太大，要注意保持杆刃接近地面。

图3－4－1　直线滑行

图3－4－2　直线滑行

图3－4－3　直线滑行

图3－4－4　直线滑行

图3－4－5　直线滑行

图3－4－6　直线滑行

四、转　弯

（一）急转弯

图3－5－1　急转弯

图3－5－2　急转弯

图3－5－3　急转弯

图3－5－4　急转弯

图3－5－5　急转弯

图3－5－6　急转弯

1. 动作方法

滑行中向左急转弯时，先做好基本准备姿势，开始转弯时重心向左倾移，左脚领先右脚并用外刃支撑重心，膝前屈超过脚尖；右脚用内刃，也支撑较大部分身体重心并克服离心力。双脚滑行的路线呈急转的弧型（图3－5－1～图3－5－6）。

向右急转弯时动作方向相反，动作方法相同。

2. 注意要点

（1）在单排轮滑球比赛中形势千变万化，需要运动员随时变换滑行方向，有时要做非常紧急的转弯动作，因此保持基本的滑行姿势，灵活的身体重心非常重要。

（2）做急转弯时，往往需要在原来的蹲姿基础上进一步降低重心，以便在转弯的过程中帮助克服离心力。

（3）急转弯时最好如动作方法中所说，做成两腿前后分开，前腿弓后腿略直的姿势，这样做的好处是重心比较靠近前腿，当转弯到一定程度时可以马上接做压步加速的动作，保持继续高速滑行。

（4）急转弯时一定不要使肩倒向转弯的方向，那样会使重心不能较大程度地倾斜，不利于急转的动作。急转弯时一定要保持上体正直，臀部倒向转弯的方向，必要时甚至可以上体略倒向外侧，帮助臀部倒向内侧，即称为“反向平衡”的动作。

（二）压步转弯

1. 动作方法

向左做压步转弯时，右脚先用内刃用力向右蹬地，同时重心移到左脚的外刃上，然后右脚从左脚前上方移到左脚的左侧落地，同时左腿用力向右侧蹬直，然后收回到原来的位置（图3－6－1～图3－6－4）。

连续压步动作是在左脚收回时直接用外刃落地，并不要离右脚太远，落地时右脚即已开始侧蹬。

向右做压步转弯时动作方法相同，方向相反。

图3－6－1　压步转弯

图3－6－2　压步转弯

图3－6－3　压步转弯

图3－6－4　压步转弯

2. 注意要点

（1）压步转弯的作用是在转弯或需要曲线滑行时用压步的方法不断地蹬地加速，从而保持高速的滑行。在比赛中这个技术是应用最多的，特别是在运球过人或门侧切入时更是必需的技术。

（2）保持基本的滑行姿势，灵活的身体重心对于压步转弯非常重要。

（3）要想在滑行中不断加速，两腿的每次侧蹬都要充分，这一点非常重要。不用力蹬地就不能产生加速的动力。有的人压步的频率很快，但蹬地用力不够，所以仍不能滑快。

五、停止方法

（一）T型停止

1. 动作方法

准备时屈膝、抬头、挺胸，球杆保持在地面上；停时单腿支撑身体重心，另一腿落后并向后伸直，脚横放与前进方向垂直，用轮子内刃摩擦地面至停止（图3－7）。

2. 注意要点

（1）T型停止又可以叫作“拖停”，通常用于低速行进或用于控制速度，T型停止并不是最有效的停止方法，但却是在适当的速度下的一种有效的技术。

（2）做T型停止时为了提高停止的速度，在开始拖停时可将身体重量适当压向后腿，以增加轮子与地面的摩擦力。

（3）做T型停止时要保持身体正面面对前进方向，这需要控制好髋关节，不能随着髋关节的倾斜而使前脚改变方向。

（二）滑雪犁式停法

这是一种低速时较好的停止方法。

1. 动作方法

滑行中将重心降低，并稍向后留，呈后坐的姿势；膝部弯曲，双脚尖稍内扣，用两脚轮滑鞋的内刃向侧前蹬地减速至停止；在速度较快时可双脚交替蹬地逐渐减速直至停止（图 3－8）。

2. 注意要点

（1）重心降低的幅度与原来的滑行速度及要停止时的快慢有密切的关系。

（2）停止时两腿要控制用力向侧前蹬，不要因惯性使两脚滑到一起造成并拢，那样很容易摔倒。

（3）注意两脚不要内扣过大，但也不要内扣过小使两脚接近平行，两者都不利于做好停止动作。

图 3－7　T 形停止

图 3－8　滑雪犁式停法

（三）冰球急停

冰球急停是一种很难掌握的、但在高速滑行时非常有效的一种停止方法，同急转弯相似，但略有不同。

1. 动作方法

冰球急停开始动作与急转弯开始动作相同，要保持很低的准备姿势，抬头；向左转停时重心迅速移动到左腿一侧，右脚做急转时的 C 字小弧形短暂滑行，同时上体快速地沿身体纵轴做转体动作；当两脚都转到与前进方向垂直时，把身体重心从内侧轮滑鞋转移到外侧轮滑鞋上，双脚侧向摩擦蹬地并分开停住（图 3－9－1 ~ 图 3－9－4）。如果做向右转停时，动作方法相同、动作方向相反。

2. 注意要点

（1）这种急停方法一般适宜在较滑的场地上使用，如木地板、轮滑球专用塑料地板、新的水磨石地面等，不适宜在较粗糙的地面上应用。因为这种停止方法轮滑鞋必然在地面上摩擦侧滑出一定距离，而在粗糙的地面上则无法侧滑。

（2）使用这种急停方法需要有较强的腿部力量，并且需要技术掌握得较熟练，因此应在平时经常练习腿部力量，并经常练习这种急停方法，才可在比赛中熟练应用。

（3）在做急停时应注意上体垂直，防止肩部倾倒角度过大。

图3－9－1　冰球急停

图3－9－2　冰球急停

图3－9－3　冰球急停

图3－9－4　冰球急停

（四）侧滑停止

这是一种侧转体的单腿急停，同样是在高速滑行时非常有效的，却是一种较难掌握的停止技术。

1. 动作方法

在向前滑行中右轮滑鞋脚尖外转，脚内侧指向滑行方向，同时，摆动左轮滑鞋伸向前进方向并右转，用轮子内刃摩擦地面，此时应已经转体看着侧面或后面。保持右腿弯曲，左腿伸展，左脚轮滑鞋与地面进行摩擦直到行进停止。

2. 注意要点

（1）这种急停方法一般也是适宜在较滑的场地上使用，如木地板、轮滑球专用塑料地板、新的水磨石地面等，不适宜在较粗糙的地面上应用。因为这种停止方法轮滑鞋必然在地面上摩擦侧滑出一定距离，而在粗糙的地面上则无法侧滑。

（2）使用这种急停方法需要有较强的腿部力量，并且需要技术掌握得较熟练，因此应在平时经常练习腿部力量，并经常练习这种急停方法才可在比赛中熟练应用。

（3）在做急停时应注意上体垂直，重心后留，蹬地摩擦腿应完全伸直并紧张用力。

六、倒　滑

倒滑就是倒退滑行技术，是一种在比赛中频繁运用的基本滑行技术。

（一）直线倒滑

1. 动作方法

从准备姿势开始；单手握杆，肘内收；上体抬起近乎正直，腿呈半蹲姿势。滑行时一脚后跟外展，脚尖内扣向侧蹬出，腿要充分蹬直，侧蹬结束时脚跟抬起，前轮着地回收腿至重心下，并恢复后跟外展的姿势落地，其收腿路线呈“C”字型；另一腿在支撑滑行时屈膝，并用同样方法蹬出和收回。两脚交替蹬出和收回即可连续倒退滑行（图3－10－1～图3－10－8）。

图3－10－1　直线倒滑

图3－10－2　直线倒滑

图3－10－3　直线倒滑

图3－10－4　直线倒滑

图3－10－5　直线倒滑

图3－10－6　直线倒滑

图 3-10-7　直线倒滑

图 3-10-8　直线倒滑

2. 注意要点

（1）能否连续倒滑的关键之一是无论哪只脚蹬地时另一只脚的脚跟都要指向蹬地的相反方向，即向外侧的方向。很多人在收腿后，脚跟呈向内的方向落地，这样在另一腿蹬地时支撑脚与蹬地方向垂直，根本无法滑出。

（2）倒滑时脚蹬地后是不完全离地回收的。如果把两只脚的脚尖和脚跟比喻为四个着地点的话，在倒滑时总是三个点着地。在腿蹬地的后半部分脚跟就已经抬离地面，用前脚掌做最后蹬地并呈弧形路线、前轮着地回收。在回收的后期另一腿已开始侧蹬地，回收脚的脚跟外转着地时另一脚的脚跟也就该抬起做最后的蹬地动作并回收。所以轮滑球的倒滑总是三点着地。

（3）倒滑时重心要比较靠后，上体抬起。如果重心比较靠前或上体前屈，当脚下滑行速度加快时就会向前摔倒。

（二）倒滑压步

倒滑压步是在倒退滑行中用交叉压步的方式加速和左右变换滑行方向的技术，在比赛中运用也很频繁。

1. 动作方法

在倒滑中要向左压步时，重心在右腿蹬地时较大幅度地左移，超过左脚的支撑点，右脚蹬地结束后回收时，脚可离地或不离地，从左脚上或前移动到其左前方落地，然后左脚从右脚后收回。如果继续压步，动作方法相同（图 3-11-1～图 3-11-16）。如果向右压步，动作方法相同，动作方向相反。

图3－11－1　倒滑压步

图3－11－2　倒滑压步

图3－11－3　倒滑压步

图3－11－4　倒滑压步

图3－11－5　倒滑压步

图3－11－6　倒滑压步

图3－11－7　倒滑压步

图3－11－8　倒滑压步

图3－11－9　倒滑压步

图 3 – 11 – 10　倒滑压步

图 3 – 11 – 11　倒滑压步

图 3 – 11 – 12　倒滑压步

图 3 – 11 – 13　倒滑压步

图 3 – 11 – 14　倒滑压步

图 3 – 11 – 15　倒滑压步

图 3 – 11 – 16　倒滑压步

2. 注意要点

（1）能否做好倒滑压步和较大幅度的变换滑行方向，最主要的是能否较大幅度地移动重心，而移动重心的关键是利用腰、腿的力量向侧移动臀部，臀部移动超过脚的支点，压步很容易就能做出来了。

（2）倒滑压步时仍应保持好倒滑时的基本姿势，上体抬起，目视前方或对手。

（3）如果倒滑是防守对方的一对一过人时，要目视对手的眼睛，判断对手的目的，并根据对手的速度调整自己的速度，根据对手的移动方向进行左或右压步，使自己逐渐接近对手，迫使对手无法通过，只能向边上滑，或抓住机会破坏对方对球的控制。

（4）倒滑时易犯的错误是没有保持好基本姿势，上体前倾，脚下速度加快时上体易向前倾倒，也就很难做好压步动作。

七、转　身

在轮滑球比赛中，有时根据球的位置变化和技战术的需要频繁地转身，以便保持总是面对球的方向或是面对进攻或防守的方向。

（一）正滑变倒滑

1. 交替步转身

（1）动作方法

从向前滑行开始，如向右转身，先把重心移到左脚上，收右脚靠近左脚，稍提高重心。转身时，先向右转头、肩、上体，带动左脚向右滑约45°，同时继续向右转体，右脚（浮脚）外转135°落地，重心从左脚移到右脚上，左脚收回靠近右脚落地，开始倒滑（图3－12－1～图3－12－6）。如果向左转身，动作方法相同，方向相反。

图3－12－1　交替步转身

图3－12－2　交替步转身

图3－12－3　交替步转身

图3－12－4　交替步转身

图3－12－5　交替步转身

图3－12－6　交替步转身

（2）注意要点

①在从快速正滑时进行转身，一定先把上体抬起，使上体呈接近直立的姿势。

②转身时，一定要提高重心，特别在两脚交换重心时，重心稍高以便于完成交换。

③支撑脚预先滑转的45°可以小些，如果小于45°，则浮脚转动就要大些；如果支撑脚没有滑转，则浮脚转动的角度就需达到180°左右。

④浮脚转动后的落地方向一定要与滑行方向一致，否则会绊倒自己，或者使转身后的重心不稳。

⑤交替步转身的关键是转身时重心在两脚间的交换要及时、连贯，如果动作脱节，则

很难做好转身。

2. 提踵转身

（1）动作方法

在向前滑行中，上体抬起，两脚靠拢近于平行，无论重心在哪只脚上，突然双脚同时提踵，使身体重量集中在双脚的前半部分，与此同时上体做180°的转体转臂动作，带动双脚也转动180°，从而完成转身动作。如果双脚近于平行，向左或向右转身都可以，如果当时双脚前后开立，则应向后脚一侧转身。例如左脚在前，右脚在后时，应向右侧做转体动作（图3－13－1～图3－13－4）。

图3－13－1　提踵转身

图3－13－2　提踵转身

图3－13－3　提踵转身

图3－13－4　提踵转身

（2）注意要点

①要准确掌握提踵和转体的配合时机，因为提踵的时间非常短，因此要在提踵的瞬间完成转体动作。

②提踵只是把身体重量瞬间移动到脚的前部，并不是把轮滑鞋后边的轮子都抬离地面很高，只是微微离地即可。

③转身时应以腰、臀发力转动，并一下就要转动到位，也就是转到180°。如果只用头、肩发力来转，没有用力转动臀部，有时不能转动到位，会造成脚转过来落地与前进方向不一致，自己就容易摔倒。

④在转身前如果向某侧稍做转弯滑行，紧接着做提踵转身动作会更方便和顺利。向左转弯接做向左转身，向右转弯接做向右转身。

⑤在熟练应用这种方法后，单脚支撑滑行时也可以做单脚的提踵转身，这种技巧在比赛中经常也会应用到。

3. 压步滑行中转身

（1）动作方法

从正滑压步开始，如向左转，右腿蹬地后，内收从左脚上交叉压步，左腿在下蹬地。右脚落地后重心移至右脚，同时，向左转头、肩、躯干，带动左腿转动180°，左脚落地后重心移至左脚。收右脚靠近左脚，变为倒滑压步。向右压步转身的动作方法与向左转身相同，只是方向相反。

(2) 注意要点

①应在做压步的同时就开始转头、转肩，如果转身动作开始得晚或太慢，则会使动作脱节，既不连贯又不稳定。

②转身后左脚落地的同时右脚就应抬起，如果抬起慢了则容易摔倒。

(二) 倒滑变正滑

1. 直线倒滑变正滑

(1) 动作方法

直线倒滑变正滑的方法只有交替步转身方法。从倒滑开始，如向左转，先把重心放右脚上，收左脚，靠近右脚，右膝稍伸提高重心。转体时，重心向右倾斜，右脚后跟外转滑行45°，头、肩向左转，带动身体转动，左脚（浮脚）向左转135°落地，重心迅速移至左脚，抬起右脚靠近左脚，开始正滑（图3－14－1～图3－14－9）。如果向右转身变正滑，动作方法相同，方向相反。

图3－14－1

图3－14－2

图3－14－3

图3－14－4

图3－14－5

图3－14－6

图 3－14－7

图 3－14－8

图 3－14－9

图 3－14　直线倒滑变正滑

（2）注意要点

①转身时，一定要提高重心，特别在两脚交换重心时，重心稍高便于完成交换。

②支撑脚预先滑转的 45°可以小些，如果小于 45°，则浮脚转动就要大些；如果支撑脚没有滑转，则浮脚转动的角度就需达到 180°左右。

③浮脚转动后的落地方向一定要与滑行方向一致，否则会绊倒自己，或使转身后的重心不稳。

④交替步转身的关键是转身时重心在两脚上的交换要及时、连贯，如果动作脱节，则很难做好转身。

2. 倒滑压步转身

（1）动作方法

从倒滑压步开始，如向左转，右腿蹬地，重心落到左脚滑行，接右脚内收从左脚上交叉压步，左腿在下蹬地。右脚落地后重心移至右脚滑行，此时，以右脚为轴，向左转头、肩、躯干，带动左腿转动 180°后左脚落地，重心迅速移至左脚。收右脚靠近左脚，变为正滑（图 3－15－1～图 3－15－9）。倒滑向右压步转身的动作方法与向左转身相同，方向相反。

图 3－15－1

图 3－15－2

图 3－15－3

图 3－15－4

图 3－15－5

图 3－15－6

图 3－15－7

图 3－15－8

图 3－15－9

图 3－15　倒滑压步转身

（2）注意要点

①转身动作与腿的转动要协调配合，如果太慢或不连贯，则会使动作脱节，既不连贯又不稳定。

②转身后左脚落地的同时右脚跟就应抬起，如果抬起慢了则容易摔倒。

八、跳　跃

（一）向前跳跃

在轮滑球比赛中，有时需要躲避摔倒的人或对手的阻截的球杆，这就需要熟练掌握跳跃技术。

1. 动作方法

从向前滑行开始，如以左脚向前跨跳，重心先置于右脚上，右腿深屈，然后爆发用力伸展蹬地，蹬地方向向后。左膝向前上方高抬，双臂上摆协调用力，身体跳离地面。腾空后，用左脚四轮平落地向前滑出。如果右腿收腿快或来得及收腿，可双脚同时落地向前滑出。落地时着地的单腿或双腿一定要屈膝，以降低重心并加以缓冲，可稳定和调整重心以便平稳滑行。

2. 注意要点

（1）此技术属于跨跳动作，由于滑行时是向侧后蹬地，因此有时跳的方向会是侧前方。向左前方跳用右腿蹬地，向右前方跳用左腿蹬地。可根据情况需要决定跳的方向和方法。

（2）起跳前一定要深屈腿，以便能用力向下蹬地。如果仅是正常滑行时的屈腿角度起跳，很难跳到需要的高度，并且不好控制身体的平衡和稳定。

（3）需要躲避的人或物体较高时需要跳得较高，因此在跳起后还可做收腿屈膝动作，以便越过需要躲避的人或物。

（4）如果可能，尽可能用双脚落地，或后脚紧随前脚落地，以便落地时维持平衡。

（二）向侧跳跃

在轮滑球比赛中，有时在滑行中需要躲避突然遇到的人或物体，为避免相撞，需要掌握向侧跳跃的技术。

1. 动作方法

从向前滑行开始，如需向左做跨跳，重心先向左倾斜，右脚稍左转内扣，右腿爆发用力伸展向右蹬地，双臂上摆协调用力，身体与前进方向呈90°跳离地面。腾空后身体稍向左转，左脚尖转向跳跃方向四轮平落地向前滑出。如果右腿收腿快或来得及收腿，可双脚同时落地向前滑出。落地时着地的单腿或双腿一定要屈膝，降低重心并缓冲，并可稳定和调整重心以便平稳滑行。如需向右做跨跳，动作方法相同，动作方向相反。

2. 注意要点

（1）此技术属于突然性跨跳动作，主要为躲避人或物，因此有时来不及做充分的准备，但如果技术掌握熟练，紧急情况下会自然做出，因此平时要多练习这类技术。

（2）向侧跨跳不一定需要跳很高，但要尽可能跳远些，以便能躲开人或物。

（3）落地前调整好脚的落地方向非常重要，如果脚尖方向与身体移动方向不一致，落地时很容易摔倒。

（4）如果可能，尽可能用双脚落地，或后脚紧随前脚落地，以便落地时维持平衡。

第二节　球杆技术

一个优秀的轮滑球运动员，不但要熟练掌握各种滑行技术，还要熟练地掌握运球、过人、传接球、射门等球杆技术。

一、握　杆

图 3－16　握杆

（一）动作方法

轮滑球球杆的握法分为左手杆和右手杆两种握法。右手杆握法是左手握住球杆上部顶端，右手在下握住距离球杆顶部 30～45 厘米的位置；左手杆握法是右手握住球杆上部顶端，左手在下握住距离球杆顶部 30～45 厘米的位置（图 3－16）。上面的手大拇指和食指应抓住球杆正面并形成 V 字型。肘关节与肩膀放松，这样可以使球杆运用更自如。控制球时转动手腕向地面扣住球，并且抬起头，尽量不要看球。

（二）注意要点

1. 双手握杆距离大小取决于运动员的身高和要做的动作。高个运动员握杆距离自然要宽些，个矮的运动员握杆距离就窄。自然拨球运球时应保持正常握杆距离，当要大力击射球门时则握杆距离就必须要变宽。

2. 手掌握杆不应太紧，手臂也不要过于贴近身体，这样都会限制手臂控制球杆的活动范围，同时也容易使手臂疲劳。

二、拨球与控球前进

（一）拨　球

1. 基本拨球动作方法

在身体前面握住球杆，肘关节应能够自如地来回活动。每次将球从一处拨到另一处，都要转动手腕，使杆刃倾斜扣住球。杆刃拨球时要用“推”和“拉”的方法，而不是来回地击球或打球。拨球的动作应柔和，但动作速度该快时一定要快，动作幅度根据需要可大可小。拨球动作应快慢结合，大小结合，各个方向变化结合，各种方法结合。

2. 注意要点

（1）拨球时两手之间距离要适当，握距过宽，则限制了拨球动作的灵活性和拨球的幅度、范围，过窄又不便于用力。

（2）上手过于贴近体侧会限制动作的灵活性。上手应能在腹前左右自由地活动，既便于做大幅度的拨球，也便于做各种各样的拨球动作。

（3）初练拨球时易握杆太紧，来回翻转手腕僵硬、不灵活，并使手和小臂疲劳。握杆松紧度应适当，以能使手腕灵活地翻转为宜。

（4）拨球时应转动手腕使杆刃有一定倾斜度，使其向地面扣住球，不使球滑脱离开杆刃，特别是用杆刃的背面（圆弧面）拨球时更应注意扣住球。此外，用杆刃扣住并“推”拨球，还可防止球立起来滚动，因为轮滑球比较容易翻转和滚动，使人不易控制。

（5）拨球的“推”“拉”方法，需要多练习才能找到手感，包括速度感、距离感、方向感。拨起球来应该柔和，球应像粘在杆刃上一样，没有什么声音。不好的拨球是来回击打球，声音比较大，特别是在短拨快拨时，更容易出现来回击打球。

（6）拨球时应尽可能抬头观察，不看球或少看球，或者只用余光看球。应练习手通过球杆对球的位置、速度有准确的感觉。

（7）在复杂的情况下，要保持球在身体附近，尽可能使球不轻易地被对方队员破坏。

图 3－17－1　左右拨球

图 3－17－2　左右拨球

图 3－17－3　左右拨球

图 3－17－4　左右拨球

3. 左右拨球动作方法

在身体前方将球左右拨动，短拨时幅度 30～40 厘米，中拨时 40～100 厘米，长拨时 1 米～2.5 米（图 3－17－1～图 3－17－4）。

4. 前后拨球动作方法

在身体的侧面拨球，拨球方向与滑行方向平行。方法是：上手握杆端位于腰际，身体略向该侧转体，两手握杆距离稍近，在身体该侧做前后拨球（图 3－18－1～图 3－18－2）。不仅要在下手的同侧做前后拨球，还应在上手的同侧前后拨球。拨球的幅度也分短拨、中拨、长拨，但幅度均比左右拨球小。

图 3－18－1　前后拨球

图 3－18－2　前后拨球

5. 斜线拨球动作方法

在身体前面，包括侧前面，将球从左后向右前方拨，然后用杆刃扣住球，再拨回来，或者从右后向左前方向来回拨。两种斜线拨球之间可以用一个前后拨球来变换。拨球幅度可视情况大小变换。

6. 拨球－踢球配合

在轮滑球比赛中，有时为了躲避对方球杆的阻截，利用拨球－踢球配合的方式进行运球。方法是：在前后拨球或斜线拨球时，根据对方阻截的位置方向，将球突然拨向自己的某只轮滑鞋，该只脚有意识地将球踢向某个自己球杆便于接球的方向，继续运球。一种基本的配合方式是将球从侧前方拨向自己的脚，用脚踢或反弹球向另一侧的前方；另一种配合方式是在前后拨球时把球拨到自己的侧后方，然后用立起来的杆刃尖将球拨向自己的对侧脚，该脚用踢或反弹球至身体前面。再用杆接住球，然后继续运球。

（二）控制球前进

1. 推　球

（1）动作方法

双手握杆推球：将球置于下手一侧，当前方无人时，用杆刃将球轻轻向前推出，然后加速追上。单手握杆推球：比赛中前方无人时，球置于身体前面，用上手握杆，肘关节外展，使杆刃与前进方向垂直向前推球。在突破时可连续向前推球前进。

（2）注意要点

①向前推球主要应用于前方没有对方队员阻截的情况，为便于快速前进而采用的控制球前进的方法。在应用时要根据对方队员距自己的距离，适当用力向前推球，推的力量小，就需要反复连续推，往往影响滑行的速度；推的力量过大，距离太远，容易失去对球的控制，易被对方抢截掉。

②推球时注意不要把球推或戳立起来滚动，那样就比较难控制了。

2. 拨球前进

（1）动作方法

与原地拨球不同的是，拨球前进要随着球向前滑进，左右拨球时的方向是向侧前拨。向左前滑步时向左前拨，向右前滑步时向右前拨，以便提高滑进速度。转弯滑行时的拨球，一种方法是短拨球，一种方法是用杆刃向地面扣住球推其前进。急停时要先用杆刃扣挡住球，然后将球拨向将要去的方向。

（2）注意要点

①与滑行方向一致的拨球是在距对方稍远，或向对方无人区域大步滑进时应用。与对方较近，为防止对方伸杆阻截，则要用幅度较小的拨球，以便在对方伸杆时能及时将球拨开。

②在拨球前进时，要持续抬头观察场上情况，随时准备传球或射门。不要贪带球，以免失去好的进攻机会。

③压步转弯时多采用短拨球的方法，脚下压步加速，手上拨球速度也要加快。运球急转弯时多采用杆刃向地面扣住球推其转弯前进，转弯越急，杆刃扣压球的角度越大，以防止球从杆刃上滑脱。

3. 倒滑拨球

（1）动作方法

上体直立，抬头，用余光看球。根据对手离自己远近和倒滑方向可用单手或双手两种方法握杆。手腕翻转，用杆刃向左右侧后方拨球，或用杆刃扣住球向后拉杆。

（2）注意要点

①倒滑运球时易犯的错误是左右平行拨球，没有向后拨、拉球，造成丢球。应该每次拨球时都先用杆刃扣住球，然后再向后拨或拉球。

②倒滑运球时通常是在找传球对象，因此应抬头，注意目光看人，看场上情况，只能用余光看球，一有机会就迅速将球传出。

4. 过人技术

当距对方队员有一定距离，或有空当可以前进，或向对方无人区域前进时，可以采用推球和各种拨球方法相结合来控制球前进。当与对方队员较近，或对方队员阻挡了前进路线，或对方队员前来阻截时，则必须采用以拨球技术为基础的虚晃过人技术。

（1）拉杆过人动作方法

首先采用一种虚晃的假动作，以球作为诱饵。在接近对方时，先向下手一侧拨球，欺骗对方上前抢截，然后迅速将球拉到另一侧，脚下侧滑一大步并加速滑行，使身体位于对方队员和球之间以保护球。再继续加速绕过对方，过人后用双手握杆，以便传球和射门（图 3－19－1～图 3－19－4）。

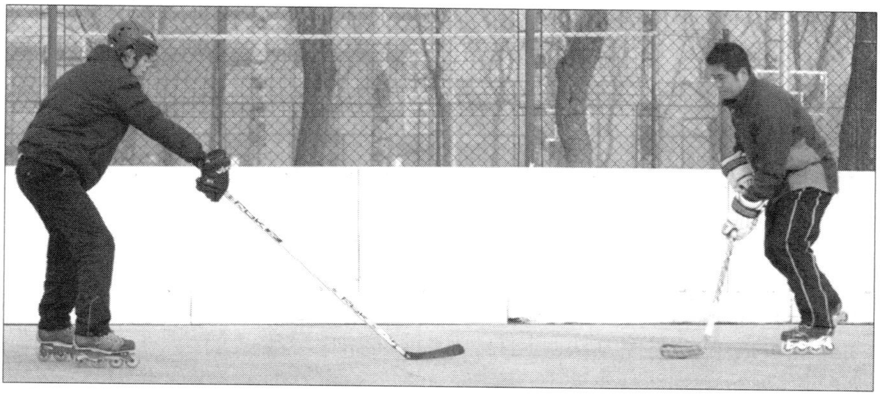

图 3－19－1　拉杆过人

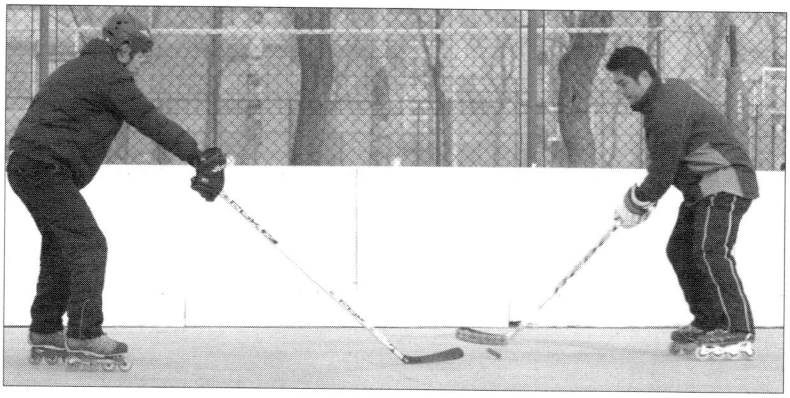

图 3－19－2　拉杆过人

图3－19－3　拉杆过人

图3－19－4　拉杆过人

（2）透球过人动作方法

首先采用一种虚晃的假动作，以球作为诱饵。在接近对方时，或先向一侧拨球，或快速短拨球，使对方不易判断你的意图。当对方比较接近你并上前来抢截时，突然将球从对方的脚下，或杆与腿之间的空当拨到对方的身后去，同时自己脚下加速从对方的身旁绕过，并迅速再控制球，此时对方再转身已经来不及了。

（3）界墙反弹球过人动作方法

沿界墙向前运球遇到对方的阻截时，做一个拉杆过人的假动作，当对方前来阻截时，突然将球斜传或打向界墙，使球反弹到对方的身后，同时自己脚下加速绕过对方再去控制球。

（4）运球过人注意要点

运球过人时遇到对方通常有三种处理方法：一种情况是对方滑向你来抢截球，这种情况比较好过，当对方扑上来不易再改变方向时，突然将球拉或拨到另一侧，使对方扑空，而你可继续运球前进。第二种情况是对方处于原地站立或滑行速度很慢时，只要将球拉、拨到对方球杆够不到的地方，利用自己的滑行速度也可轻松越过。第三种情况是对方面对你进行倒滑防守，速度略慢于你，你变向他也变向，始终正面对着你，这种情况最难越过，此时就需要在最适当的时机做出假动作虚晃对方，使其上当，然后利用拉杆或透球的方法越过对方；如果对方不上当，你确实无法越过时，在保护好球不被对方破坏的前提下向场边前进，或传球给自己的同伴。

拉杆过人的前提是自己要比对方滑行速度快，同时拉杆的幅度大，只有这样才能使对方破坏不到你的球。有的运动员拉杆很好，但脚下速度不快，使对方有机会追上进行阻截并防守。

透球过人也是需要杆对球的控制非常熟练，因为透球多是在距离对方非常近时才能做，如果做早了对方会比你先得到球，而在距离对方非常近时又必须躲避对方球杆对球的破坏，因此假动作和透球动作要巧妙、及时，同时快速滑行绕过对方也必须有突然性。透球所用的力量大小也必须合适，力量大、球打得远，可能自己就得不到了，力量小了球还在对方的脚下或控制范围之内，自己也可能得不到。

运球过人的同时必须要养成随时准备传球的习惯，因为自己同伴的跑位可能比你所处的位置更有利于进攻。过多的运球有时会耽误良好的进攻机会，并且容易被对方围攻抢截。一定不要运球到没办法继续运的时候再想着传球，那时可能已经没有机会传了。

三、传接球

传、接球是完成进攻战术配合的主要手段，只有快速、及时、灵活、准确、熟练地传接球，才能有效地完成进攻战术配合。

（一）传　球

传球最重要的问题一是传球的时机，二是传球的准确性。运动员应该知道什么时候该传球，什么时候不该传球，也应该知道传球的方向和位置，否则传球不准，同伴接不到球，也就达不到传球配合的目的。

1. 传球注意事项

（1）传球前一定要观察好传球的目标，不能盲目传球，也不能只按照一个大概的方向随意地传，那样也是很不负责任的。传球的目标通常是由接球人示意给传球人，一般都以球杆示意，要求你传到他的左侧还是右侧，有时用球杆示意你传到他要滑过去的空当。

（2）一般情况下应多做短传球，少做长传球，因为长传球被断截和失误的机会多。除非战术配合需要长传球，但也要尽量传准。

（3）在自己守区门前传球要谨慎，如有对方队员时尽量不传，特别是不能横传。

（4）在攻区进攻时，对方两名后卫处于最后的位置时也要注意尽量少横传，需要横传时要有把握再传，以免被对方截断形成一打零的局面。

（5）如果同伴被对方盯住，不必马上传给他，稍控制一会儿，等他摆脱防守后再传。

（6）传球时一定要找准提前量，不能把球传到滑行中的接球人的身后，也不要把球传到人多的地方，那样容易被对方阻截或破坏接球人的接球。

2. 正手平传

（1）动作方法

是一种基于“平推”动作的正手传球。先抬头看人，确定传球目标。如身体侧对目标，将球位于下手侧的脚前外侧。传时，用杆刃扣住球，从外侧脚前平推、扫至内侧脚，同时身体重心也从外脚移到内脚，球从杆刃中部旋转至杆刃尖，指向接球队员球杆传出。如果是身体正面面对传球目标，先把球拨到体侧，用上手向后拉，下手向前推的方法将球传出（图 3－20－1～图 3－20－3）。

图 3－20－1　正手平传

（2）注意要点

①对于较远距离的长传球，要用较大的力量，因此身体重心要移动，腿要有蹬地的动作，身体也要用一定的力量，手臂的用力就更要大些。对于短距离的短传球，只用手臂的力量即可，而且还要控制力量的大小。

②平传的球，手臂有一点抽拉或甩的动作，使球旋转传出，这样的球在地面上不容易翻滚，便于接球。如果只用平推的动作，球没有旋转，则有时会翻滚。

③扫－推－方向，一气呵成的动作，将球传向要去的方向，整个动作应连贯。如果动作不连贯，或者杆刃没有扣住球，都会影响传球的准确性和效果。

图 3－20－2　正手平传

图 3－20－3　正手平传

3. 反手传球

（1）动作方法

握杆的上手放在体侧，将球拨到该侧脚前，用杆刃的反面后半部分控制球。传球时，杆刃扣住球，两手相向移动，用腕力，用扫－推－方向的动作传球，使球旋转传出（图 3－21－1～图 3－21－4）。尽量不要过多转体，身体重心随传球向前脚方向移动。

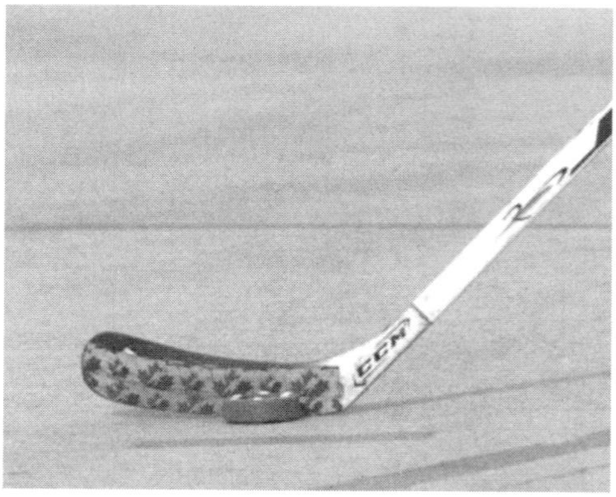

图 3－21－1　反手传球

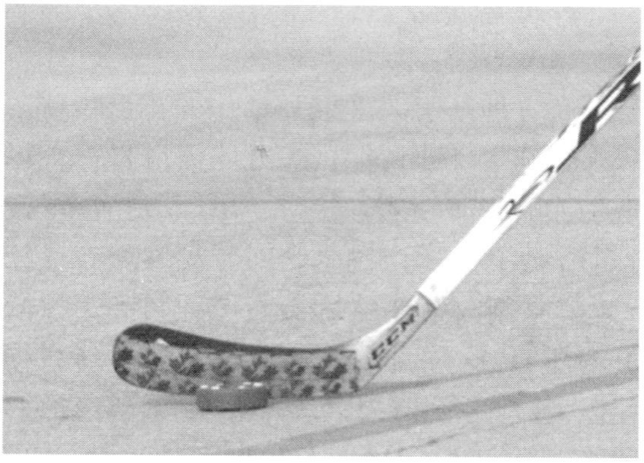

图 3－21－2　反手传球

图 3－21－3　反手传球

图 3－21－4　反手传球

（2）注意要点

①由于是用杆刃的圆弧面传球，所以传球前一定要用杆刃的后半部分控制球，杆刃倾斜扣球。另外，用杆刃的圆弧面传球，方向不易控制，不适于做长传。

②由于上手在体侧，因此必须转体用力，不能向斜前方传球，只适用横传和向侧后传。如果要向前方反手传球，只能调整自己的身体方向。

③有些人不善于反手传球，来球后都调整到正手传球，错过了最佳传球时机。应该全面掌握各种传球技术，以适应战术配合的需要。

4. 弹　传

（1）动作方法

弹传是一种基于手腕发力的正手传球。弹传时，重心落在哪只脚上都可以，一般是落在离球近的脚上。球杆刃先向后预摆 10～30 厘米，然后用急促的抖腕，使杆刃中部击球，球顺杆刃转出，沿地面滑到同伴的杆刃处。

（2）注意要点

①弹传具有很强的突然性和隐蔽性，动作小而突然，如果杆刃向后摆动过大或预备动作时间较长，易使对方知道传球意图，对方就会做好阻截或断球的准备。

②弹传也要尽量使球旋转，如果直接用力击球，没有使球旋转，球很容易翻滚，不易

接住。

5. 传腾空球

（1）动作方法

传腾空球的方法是基于弹传的技术，主要是为了使传的球能越过对方的球杆、轮滑鞋等障碍物。传球的方法是在弹传时，球杆刃轻微后倾不要扣球，杆刃“短促”击球并随之向上移动。反手传腾空球方法基本相同，比较正手更容易使球飞离地面，但准确性不易掌握。

（2）注意要点

①杆刃击球后随球上移的动作非常重要，是决定球能否离开地面的重要因素。

②传腾空球的目的是要越过对方的球杆等障碍，因此没有必要把球传得很高，一般离地 10～30 厘米即可。传球力量的大小也非常重要，一般使球飞行距接球人 2/3 的距离就应落地。

6. 挑　球

（1）动作方法

球放体前，重心落于后脚。用杆刃前半部触球。挑球时，两臂向上用力，快翻手腕。重心移向前脚，顺势向上挥杆，将球挑起并指向目标。反手挑球时球从后脚挑起，比正手还容易些。

（2）注意要点

①挑球多应用于从守区向对方半场挑球，以解被对方压半场进攻之围，有时也可以用挑球的方法将球传给位于对方球门附近的本方队员。由于挑起的球一般高于对方的头部，对方无法截断该球（如用球杆在肩以上断球，则属高杆击球违例），因此有较好的效果。但在正常比赛中不宜多用。

②挑球前杆刃一定要先贴住球，不能离开球，否则用击打的方式无法将球挑高。

③将球挑起的关键是快速翻腕动作，使杆刃将球铲起，借上挥手臂的用力，将球挑向目标。

④挑球时一定要注意附近有无对方队员，特别是有无对方前来对球阻截的队员，如果有，应设法避开对着他的方向挑球，因为一旦球挑到对方的脸上或打中对方没有护具的上半身上，容易使对方受伤。此时应躲开对方的阻截再挑球或将球传给同伴。

7. 留　传

留传并不是真正意义上的传球，但作用与传球一样，它是在运球前进途中将球停住留给从后面跟上的队友。

（1）动作方法

运球向前滑行时，将杆刃放置在球前方并把球停住，而自己继续向前滑行。

（2）注意要点

①留传的前提就是你要与后面跟进的队员有较高的默契配合，应该知道他是否在跟进。如果没有把握，你在留传球之前一定要再观察确认一下他是否在跟进。

②容易犯的错误是把球向后传给跟进的队友，这样很容易出现失误。记住：这不是传球，只是停球。

8. 界墙反弹传球

（1）动作方法

界墙反弹传球包括界墙反弹球和绕过对手并接住球两个动作。这种传球既可以用于传给自己也可以传球给队友。利用界墙反弹传球可以用平传或弹传的方式，要根据传接球队员之间的距离和中间防守队员的位置，选择好传向界墙的角度，一般来说从一定角度传向界墙的球将以同一角度反弹出。另一种利用界墙反弹传球的方法是利用界墙角的圆弧，将球顺着界墙打，球将沿着界墙角的圆弧传到位于界墙角另一侧的同伴处。

（2）注意要点

①利用界墙反弹传球时，传向界墙时的角度一定要小于45°，多数情况下都在30°及以下。如果传向界墙的角度大，则反弹的角度也大，容易被对方截断。

②自己为自己利用界墙反弹传球时，主要是为了过对方队员，也要像运球过人时一样，先做假动作，然后突然将球打向界墙，自己突然加速绕过对方，再去接球。

③虽然从理论上讲界墙反弹球应该是入射角等于反射角，但在实际应用时会受到球的旋转和界墙材质特性的影响，有时反射角会小于入射角。因此，要根据场地的实际情况和自己的传球经验来选择适当的传球角度，以使球能准确地反弹到接球人的球杆处。

（二）接　球

1. 正手接球

（1）动作方法

接球前，两肩放松，双手自然柔和握杆，杆刃平放在地面上，抬头看来球的方向，判断来球的方向、速度，以便做出相应的动作接球。如在原地接球，要使杆刃与来球方向垂直，杆刃向来球方向伸出，接触球后，手腕用力使杆刃扣住球，同时向后移动杆刃做缓冲，以防球弹出。如果在滑行中接球，杆刃与来球方向呈一定角度，接球稍缓冲后即将球推向前进方向或马上再传出。

（2）注意要点

①接球时的缓冲很重要，好的缓冲可以使球贴在自己的杆刃上，使自己很好地控制住球。如果没有适当的缓冲动作，有时会使球从杆刃上弹离，如果弹得较远则容易被对方先得到。在人员密集的地方即使弹离得不远，在你去拿球时也易被对方抢到或破坏掉。

②接球人要对来球有所判断，如果来球传到你的反手侧，要尽快做出反应，调整自己的接球位置或姿势并接球；如果你在滑行中来球传到你的身后，应急停并转身用杆接球。

③接球后对球的处理也非常重要，因此在接球前就应观察场上情况，如果其他同伴有好的进攻机会，接球后应马上传出，千万不要让球在自己手里耽误时间。如果没有合适的传球对象或机会，也要选择好自己的行动方案，以便接球后即能开始实施。

2. 反手接球

（1）动作方法

双手握杆，用杆刃的中后部对准来球，球接触杆刃时，手要握紧球杆并用杆刃扣住球，用腕力缓冲控制住球。

（2）注意要点

①尽量不要用杆刃弯曲部分接球，因为杆刃弯曲部分的弧度不易于控制球。

②反手接球的缓冲更重要，因为杆刃弧度的关系比较难以扣住球，而合适的缓冲能帮助控制球。

3. 轮滑鞋接球

（1）动作方法

当球传到脚下时，可用轮滑鞋的内侧或外侧将球停住或将球反弹到杆刃处。如果要停球，脚要稍做缓冲动作，以防球弹跑；如果想直接把球反弹到杆刃处，可转动接球的脚，使球能直接反弹到杆刃处。对于力量大的来球一定要做缓冲，无论是停球还是反弹球。

（2）注意要点

①由于轮滑球有一定的弹性，如果不做缓冲接球，肯定会弹得较远。

②如果想把球反弹到杆刃处，只利用来球的力量反弹就足矣，一定不要主动踢球。

③如果在滑行时传来的球到脚下，此时应减慢速度，将一只脚准备好接球，滑行中的接球不能停球，只能改变脚的方向使球弹向滑行的前进方向。

4. 接腾空球

（1）动作方法

接离身体较近的腾空球时，用手指先接触球，一触球即做缓冲动作，可在瞬间握住球，但必须马上将球扔在地上，迅速用杆控制球。不要用手掌接球，那样容易将手击痛。当球传到距离身体较远、且球低于肩的高度以下时，可用球杆刃将球截落在地上，然后控制住。

（2）注意要点

①用手接腾空球，一要注意防止方法不对，手被打疼甚至受伤；二要注意握球只能是瞬间的，超过 1 秒钟就必须把球放下，否则会因用手握球被判罚；三要注意球不要用手打或传给同伴，那样会被判手传球，因此只能直接把球放下自己去控制。

②对于高于肩部高度的球只能用手去接或打，绝不能用杆去打，那样是犯规的。

四、射　门

（一）射门基础和相关问题

1. 对球杆刃的了解和运用：前尖、中部、后跟。

2. 手的位置：在击射和弹射时下手要下移，靠近杆柄的中部。

3. 球的位置：以自己双脚的位置将球所在或移动的区域分为 A、B、C 三个区域，下手所在的一侧为 A 区，两脚之间的区域为 B 区，上手所在的一侧为 C 区。

4. 移动重心：射门时移动重心可以帮助发挥较大的力量和提高射门的速度。

5. 射球的高低取决于球离开杆刃时杆刃与地面的夹角和初速度。因此想射低球时，下手腕要内旋，并用杆刃顺着地面鞭打球。要想射高球时，则下手腕旋外，并顺势向上挥杆。

6. 射门前一定要先看球门，以便找准守门员防守的弱处射门。

7. 射门的目标和角度：守门员防守较弱的是球门的四个角，其中握杆手同侧的下角最弱。

8. 射门有利区：射门最有利的区域是球门前 8 米内的扇形区域。在有可能的情况下应尽量运或传球到这个区域内射门。

（二）腕射（拉射）

腕射，也叫拉射，是最基本的射门方法，初学者应多练，掌握好。

1. 动作方法

如上手同侧肩对球门，先将球拨到后脚前方，也就是 A 区。用杆刃后半部扣住球，两手适力握紧球杆，凭手对球的重量感控制球。目视球门，寻找机会和目标。射球时，杆刃顺地面扫球，从 A 区开始，到 C 区球离开杆刃尖，球杆顺势挥起，指向目标；同时后腿蹬地，使重心随射球动作移至前脚。射球时，下手用力做推扫动作，最后上手做抖转手腕动作使球加速，使球从杆刃后半部旋转至前尖飞出，并旋转奔向目标。如想射高球，下手向上翻腕，如射低球，则向下扣腕，使杆刃尖顺地面向下扣。当身体正面面对目标时，先把球拨到体侧，上手用力后拉，下手向前推，最后抖转手腕射球（图 3－22－1 ~ 图 3－22－3）。

2. 注意要点

（1）射门前只看球，不看球门，仅凭方向感和位置感射门是很多人易犯的错误。

（2）下手的用力推和上手最后的抖腕是使射球有力和速度快的关键，但后腿蹬地移动重心是使射球更有力和射得远的保证。

（3）腕射的要求是球从 A 区开始，通过 B 区，到 C 区球才离杆。容易犯的错误是球从 B 区开始射，因为加速的距离不够，致使射球力量小，准确性差。

图 3－22－1　腕射（拉射）

图 3－22－2　腕射（拉射）

图 3 -22 -3　腕射（拉射）

（三）弹　射

弹射主要使用前臂和腕力，是隐蔽性、突然性较强，得分较高的正手射门方法之一，是介于腕射和击射之间的一种技术。弹射分为两种，一种是前臂击射，另一种是拉弹射。

1. 前臂击射

（1）动作方法

弹射时，重心位于后脚上，球放于 B 区，也就是两脚之间的前面。开始射时杆刃先后摆不超过膝部的高度，然后臂伸直用力加速向前挥杆，用杆刃中后部击向球，同时，身体重心随着向前挥杆动作从后脚移向前脚。

（2）注意要点

①前臂击射一般在距球门 5～10 米的距离应用，可用于打快拍，也可以在个人运球中突然起拍，总的要求是动作较小、较快、比较突然而有力。

②球的位置在很大程度上决定射球的高低。球在 B 区内比较靠近前脚，球容易击射较高，反之，如果球比较靠近后脚，射球会比较低。所以射球时一定要先调整好球的位置，以便尽可能射得准确些。

③虽然击球动作不大，但后脚蹬地帮助移动重心是非常重要的，实际上移动重心是借助身体的力量，会使射球更有力。

2. 拉弹射

（1）动作方法

弹射前是一个运球中的杆刃尖的拉球动作，多数情况下是将球向后或侧后拉，将球从 A 区拉或拨到 B 区，在拉球的途中突然前臂和手腕发力，用杆刃中后部击向球。同时，身体重心随着向前挥杆动作从后脚移向前脚。

（2）注意要点

①这种射球动作比前臂击射动作小，但更突然，射球前的拨、拉球动作给人一种继续运球的假象，但突然的起拍射球有时会取得偷袭的效果。因此，这种射球没有什么准备动作，要尽可能做得连贯、突然。

②这种射球的起球点也是在 B 区，身体也要随之做移动的动作。

③这种射球的力量大小主要取决于前臂和手腕的力量和速度，因此平时加强手臂的力

量练习对提高射球的速度和力量非常重要。

（四）挑　射

在门前近处时将球挑向球门的上部效果比射下部效果好。挑射分为挑射和铲挑射两种方法。

1. 挑　射

（1）动作方法

将球向前推的过程中突然转腕做向上挑的动作，挑时球在杆刃中部，杆刃向后倾斜，做向前上推、挑、掘的动作，起球点在 B 区或 C 区。

（2）注意要点

①挑射与铲挑射的区别是挑射前到挑射结束，杆刃是始终贴着球的，如果在挑球前杆刃离开了球，就不是挑射而是铲挑射了。

②挑射的推和掘是同时进行的，只有这样才能做好挑射。易犯错误是只挑不推，原地向上掘，虽然也能挑起来，但没有向前的力量，也不易射准，而且有时还会挑不起来。

③反手挑球时球应在杆刃的中后部，利用杆刃中后部较平的面挑球。

2. 铲挑射

（1）动作方法

铲挑射是球不在杆上控制，杆刃与球有 20 ~ 30 厘米的距离。铲挑射时杆刃后倾，用杆刃的下沿中部击打球的底部，然后杆刃的动作向前上，做铲、掘的动作。铲挑射时一般都是球在 B 区或 C 区时使用。

（2）注意要点

①挑射与铲挑射的动作方法区别主要在于动作的开始，一个是推掘，一个是打掘，也就是在杆刃对球发力以后动作方法就都一样了。

②铲挑射一般都应用于球门前，力量不需要大，而需要打得巧、打得快。因为很多情况下门前混乱，守门员已跪下或躺下，此时打地面球很难进门，而将球挑起来进球的可能性会更高。

（五）击　射

击射是各种射球方法中力量最大、球速最快的射门方法，多应用于远距离射门。

1. 动作方法

击球前，将球拨至 B 区，下手移到接近杆柄中部，两手紧握球杆，看准目标。开始时，稍向侧后转体，球杆后摆至肩高，然后利用后腿蹬地加回转体动作迅速向前挥杆，用杆刃的后半部击蹭在球后几厘米的地面上，使球杆变形而产生弹力，然后打在球后部，使球从杆刃后半部转至前半部飞出，此时重心已移到前脚上，而身体继续转动，顺势向前挥杆指向目标。

2. 注意要点

（1）击射是利用全身动作的力量，包括后腿蹬地向前移动重心加转体，两臂大幅度地挥动，同时还要准确地击打在球上。如果仅靠两臂大幅度地摆动来击球，力量将会不足，球速也会较低。

（2）击射时两手握杆的距离一定要加大，至少加大 10 ~ 15 厘米，同时手握杆要紧，这样击球才有力量，否则必然击球无力。

（3）击球的高低与球的位置和杆刃的倾斜角度有关。击球时球靠近后脚，也就是靠近 A 区，容易击出低球，如果球靠近前脚，也就是 C 区，容易击出高球。杆刃接触球时向前倾斜，击出的球都是地面球，与地面垂直容易击出半高球，如果杆刃向后倾斜，则必然击出高球。

（4）由于击射动作大、准备时间长，在应用时要注意附近有无对方队员，以免在做准备动作期间球被对方破坏。另外要练习动作尽量快、时间短，同时还要果断，该击球时就击球，以免贻误战机。

（六）反手射

反手射是用杆刃的圆弧面射球，一般应用于距球门较近的距离，因为反手射球力量较小，但突然性较强，因此守门员不易判断射球方向。

1. 动作方法

射球前将球拨至后脚前，重心在后脚上，用杆刃中后部控制球。射门时，后脚蹬地，重心前移，腰部转动，两手握杆用力做向前推扫的动作，球到前脚时根据需要射球的高低，适当地翻转手腕加一点挑的动作，使球离地离杆飞出，两手也顺势向前挥杆。

2. 注意要点

（1）反手射球由于杆刃的反向弧度，较难控制球，因此做射球的推扫动作时必须用杆刃的中后部控制球。如果用杆刃中部或中前部控制球，在推扫时球会顺杆刃的弧度滑脱，难以射向球门的方向。

（2）射球起点在 A 区时（注：反手射球时的 A 区是上手一侧，C 区是下手一侧）推扫动作和距离较长，球离杆后球杆挥摆较低较平，多用于离门稍远时的射门。射球起点在 C 区时，做直接挑射动作，射球较高，球离杆后球杆挥摆较高，多用于离门稍近时的射门。

（七）快拍射门

快拍射门是对传来的球不加停球而直接射门，主要是提高射门的突然性，使对方防守队员和守门员来不及移动阻截。快拍射门分为快拍击射和快拍腕射两种方法。

1. 快拍击射

（1）动作方法

与击射或前臂击射动作方法相同，最主要的是掌握来球的时机和位置，所以首先应根据来球的方向和路线调整自己的位置，以便使球能到达击射时的最佳位置；第二应根据来球的速度和距离，提前开始挥杆，当球到达位置时挥杆击打到球。

（2）注意要点

①快拍击射比较难以掌握，第一难是难以掌握提前挥杆的时机，挥杆早一点或晚一点都不行，稍不准确就打不着球；第二难是难以掌握球的位置，多数来球都不能恰好到达你击射所需要的位置，所以当看到来球时要迅速调整自己所站的位置，以便对准来球；第三难是难以掌握射门的准确性，这需要有较好的原地击射的技术基础，并在此基础上多加练

习才能逐渐提高。

②快拍击射易犯错误也有三点：第一点是过早挥杆准备，球杆停在空中等待来球，这样再击球的力量将大大降低。第二点是为了能打中球，只做很小的挥杆动作，致使射球的力量也是大大降低。第三点是在没有站稳的情况下进行击射，甚至是在移动中进行击射，这样既不容易打到球，也更不能保证击球的准确性和力量了。

2. 快拍腕射

（1）动作方法

与腕射动作方法相同，最主要的也是掌握来球的时机和位置，如果来球偏离射球位置不远时，可以用杆先接住球并将球拨、拉到合适位置，并紧接着起拍射门。如果来球偏离射球位置较远时，应先根据来球的方向和路线调整自己的位置，以便使球能到达射球时的最佳位置。快拍腕射的关键是杆刃接触球到球射出，是一个连贯的动作，速度尽可能快。

（2）注意要点

①快拍腕射的关键是杆刃接触球到球射出，是一个连贯的动作，速度尽可能快，使对方防守队员和守门员来不及移动阻截。如果做不好这个连贯动作，动作容易被分解成接球和射门两个动作，这就使对方有了准备的时间。

②在做这个连贯动作时不容易用上较大的力量，远距离射门时威胁较小，因此快拍腕射多应用于中近距离射门。

（八）垫　射

1. 动作方法

垫射是需要两名运动员相互配合的一种隐蔽性很强的射门方法。一般是前锋站在球门前或侧前，后卫向前锋所站位置大力击射地面球，让前锋用球杆刃斜触球，改变球的方向，使对方守门员判断失误，或由于球的突然改变方向而来不及防守。后卫击射时一定要击地面球，前锋垫射时要根据来球的方向和速度迅速地伸杆去垫球。

2. 注意要点

（1）前锋不应过早地站在对方门前伸杆等球，易被对方队员将你的球杆架起。

（2）垫射时杆刃倾斜度不宜太大，否则易使球飞起过高而超过球门。

五、防守性球杆阻截

比赛中当对方队员控制球，我们想要将球抢夺过来或破坏对方对球的控制，必须使用球杆进行阻截。用球杆进行阻截的方法有以下三种：

（一）戳球阻截

当你面对对方带球球员进行倒滑防守时，戳球是一种很有效的球杆阻截技术。

1. 动作方法

倒滑时根据对方的速度掌握自己的速度，要比对方速度稍慢一点。握杆手靠近身体，肘部弯曲，杆刃接近地面。当对方与自己的距离接近、自己球杆伸出能触到对方球时，单手握杆突然向球运动的方向快速伸展手臂，发挥球杆的长度戳球，将球从对方球杆处打掉，破坏对方对球的控制（图 3－23－1～图 3－23－2）。

图 3－23－1　戳球阻截

图 3－23－2　戳球阻截

2. 注意要点

（1）恰当的掌握倒滑速度是戳球成功的重要因素之一，倒滑速度快了，来不及做戳球阻截球就到了自己的门前，对方就有机会起拍射门了；倒滑速度慢了，对方会利用高于你的速度拉杆过人，使你的防守失败。

（2）在倒滑的同时还要注意对方方向上的变化，要判断和防备对方是否有欺骗你的假动作。

（3）要注意不要过早暴露戳球的意图，如果你在戳球之前已将手臂伸出，对方会有所防备从而躲过你的戳球。

（4）戳球时要手臂突然伸出，不要全身用力，以免自己身体失去平衡。

（二）挑杆阻截

挑杆阻截是一种非常有效的抢球技术，尤其是防守球员从后方靠近对方带球球员时，经常用挑杆的方法偷球。

1. 动作方法

从后方靠近对方带球队员并尾随其滑行，当靠得足够近时，突然用球杆从下方挑起对手的球杆，然后迅速放下球杆至地面将球拨走（图 3－24－1～图 3－24－4）。

图 3－24－1　挑杆阻截

图 3－24－2　挑杆阻截

图 3－24－3　挑杆阻截

图 3－24－4　挑杆阻截

2. 注意要点

（1）接近对手时，不要过早地伸杆，以免暴露了意图，对方会有所防备并躲开你的球杆或转向你球杆无法偷球的地方。

（2）要加速滑行，否则很难得到靠近对方的有利位置。

（3）挑杆和偷球动作要突然，隐蔽性要强，成功的可能性才大。

（三）扫球阻截

扫球阻截是一种有效的阻截技术，是用球杆靠近地面横扫打击对手球杆或球，从而将球打跑。

1. 动作方法

首先靠近对方带球球员并跟随他滑行，当靠得足够近时，弯腰、屈膝并用杆做横扫的动作扫向对手的球杆和球（图 3－25－1～图 3－25－3）。

图 3－25－1　扫球阻截

图 3－25－2　扫球阻截

图 3－25－3　扫球阻截

2. 注意要点

（1）扫球阻截也是一种跟随对方队员进行抢球或破坏对方队员控制球的方法，所以应用时最好从侧后面接近对方，与对方队员正面相遇则不宜用这种横扫动作，因为做这种动作时要停下来，很容易被对方拉杆而过。

（2）运用扫球阻截时要尽量靠近对方，在有把握的情况下才能弯腰、屈膝去扫对方的球杆，如果打不着，对方将把你甩到后面很远，你再追就比较难了。

（3）扫球的时候要尽可能使你的球杆超前一点，扫的面积大一些，以防由于对方的滑行速度快或拨球幅度大而躲过你的横扫动作。

第三节　守门员技术

守门员在比赛中主要在球门附近活动，虽然活动范围不大，但他是全队防守的最后一道防线，全队的胜负在很大程度上取决于守门员的技术和发挥，因此他在全队中有着极其重要的地位和作用。守门员基本技术包括站立姿势、滑行、防守方法。

一、守门员的条件

（一）应具有良好的滑行技术

轮滑球守门员虽然仅在球门前较小的范围内活动，但他最重要的防守手段是能灵活、快速地前后、左右移动，因此他必须具备良好的滑行技术。虽然他在守门时所需要的滑行技术与前锋、后卫的大步滑行和转弯等不同，但短距离内的快速移动是建立在基本滑行技术基础上的，因此他也要熟练掌握基本滑行技术。

（二）对守门有自信心和兴趣

在运动场上，有的人喜欢进攻，而有的人喜欢防守，不同的人对场上位置有不同的看法和爱好。对守门员的要求是必须对守门有浓厚的兴趣，并且有不怕打、不怕累的顽强意志品质和充足的自信心。因为守门员总是处于被攻击的状态，如果怕打，受不了频频射门的攻击，就不具备成为守门员的条件。守门员还总是要处于全神贯注的防御状态，因此需要注意力集中、头脑冷静、有耐性、有能抵御任何射门和战胜对手的自信心。

（三）灵敏性要好，反应要快

灵敏性好、协调、反应快是守门员必须具备的身体素质条件。轮滑球比赛运动员滑跑速度非常快，大力击球时的球速将近每小时200公里。比赛中战局转变快速，攻守转换频繁，因此守门员必须判断快、分析快、动作快而协调，以便防住每一次攻击。这就要求守门员必须具备灵敏、协调的素质和快速反应能力。

（四）良好的速度力量和耐力

守门员的着装非常笨重，重量相当于普通队员着装的3～4倍，如果没有很好的爆发力则带动不了笨重的护具，不能及时快速地做出防守动作，也就守不住球门，因此守门员应具有很好的速度力量。在与高于己队水平的球队比赛时，全场大部分时间都压在自己半场，队员可以互相替换休息，而守门员要一直在场上抵御对方的轮番进攻，没有良好的体力根本无法坚持，因此要求守门员必须具备超强的体力。

二、守门员的基本站立姿势

单排轮滑球球门比较低，守门员通常都用比较低的站立姿势。

基本动作要领：压低身体重心，上身微微前倾，双脚展开到比肩稍宽的位置，双手展开尽量平行，膝关节前倾，重心压在脚踝的位置（图3－26－1～图3－26－2）。

注意事项（易犯的错误）：注意身体下蹲时，重心不要向后坐，以免加大大腿的负担。

适用的场景：良好的站立姿势可以让守门员在比赛中充分地做好防守准备。它是一切守门技术的基础。

图 3-26-1

图 3-26-2

图 3-26 守门员站姿

三、守门员的站位和滑行

守门员的基本站位区域应该在球门区内，在防守时应总是站在球与球门之间的连线上，尽可能多地封堵对方射门的角度。守门员的站位是根据对方球的位置变化而变化的，因此守门员的移动也非常重要。守门员的移动必须快捷而且到位，以便封堵住尽可能多的球门面积。在站位和移动上，守门员应该有很强的战术意识，能够根据场上情况提前判断球的发展。

（一）方位感

守门员首先要有非常强的方位感，在频繁的移动中对自己处于球门前的位置应非常清楚，能根据对方球的位置变化找准自己应站的位置。

（二）对球的判断

对方一个队员前来攻门时，守门员要根据对方与自己的距离先判断他可能的射门方式，当双方距离较远时，对方直接射门的可能性大，对方可能用击射、弹射射门，此时守门员应该站好位置，封堵好球门的角度，做好抓、挡球的准备；距离较近时，由于对方直接射门的角度被大面积封堵，他晃门的可能性较大，守门员应做好防守晃门的准备，随时要能根据对方的变化做出相应的防守动作。

如果对方不止一个人进攻，那就要在防守对方有球队员的同时还要兼顾无球队员，做好随时向无球队员方向移动的准备，以防对方传球攻门。

（三）各种情况下的站位

守门员选择适当的站位位置是基本的战术意识，对于不同距离、不同方位的有球队员，应采取不同手段防守球门。

对于在球门正面的对方有球队员，应站在球门区的正中间，如果他有传球给别人的可能，要守住门区内的位置；如果他没有传球给别人的可能，守门员可适当前移（不能太远），以便封堵更大的角度和球门面积。

对于在球门侧前方的对方有球队员，应站在他与球门中心之间的位置，可以根据对方情况适当前移，但多数情况下不要轻易离位，以防对方的传球，因为自己身后的空当很大。

对于在球门侧面的对方有球队员，应把自己的单排轮滑球鞋、护腿和身体紧贴球门柱，此时的注意力一半用于防守对方的射门，另一半用于在防止对方向门前的传球，如果对方向门前传球，能伸杆破坏传球就破坏它，同时迅速回移，防守对方门前队员的射门。

对于在球门后的对方有球队员，根据对方靠近哪一侧，就把自己的单排轮滑球鞋和护腿紧贴在哪一侧的球门柱上，首先防止对方掖门，同时半回头观察对方的动向；如果对方移向另一侧，守门员也要移向另一侧，仍先用单排轮滑球鞋和护腿贴住门柱，防止掖门。千万不要回转身体去观察，以防对方传球至门前时来不及转回身。

四、守门员的防守技术

（一）用球杆挡球

用球杆挡球，以基本站立姿势开始，身体重心向挡球手或抓球手方向移动，球拍紧贴于地面，用手腕控制球杆的角度，带动球杆向球的方向移动，利用手腕的变化将球弹到球门侧后方的安全位置。通常指用球杆刃部分挡地面球，少数情况下也可用杆刃以上的宽柄部分挡高度为髋以下离开地面的半高球。守门员握杆柄的哪些部位，应根据不同的姿势来确定，并且在做防守动作时不断滑动握杆手来调节握杆的部位，以使动作更加灵活、协调。杆刃应放在脚前 5 ~ 10 厘米，稍前倾，既可以缓冲来球的力量，又可防止球向上反弹。用杆刃挡左右下角球时，手臂和球杆移动要快，必要时可蹬地，移动重心配合。挡左右下角球时，可通过偏斜杆刃将球反弹到球门侧面或后面。挡球时握杆手尽量发力，不要让球拍底部离开地面。此技术在比赛中防守任何地面的射门时都会用到（图 3－27－1～图 3－27－6）。

图 3－27－1

图 3－27－2

图 3－27－3

图 3－27－4

图 3－27－5

图 3－27－6

图 3－27　用球杆挡球

（二）用抓手抓球

对于射向抓球手一侧的踝以上高度的球，可以用抓球手套抓球。抓球手套任何时候都要张开，保持准备抓球的姿势。身体重心向抓球手方向移动，肩部带动上臂，尽量用手套的网兜来进行准确抓球。抓球时身体不要向抓球方向转身，这样会影响抓球手角度，从而使球弹入球门。抓球时要做适当缓冲，抓住球后手套立即合拢，掌心向上翻转，以防球滑出。抓球时可以用球杆衬托在抓球手后做保护，或者当抓住球时迅速将手合拢到胸腹前，用胸腹做保护（图3－28－1～图3－28－4）。抓到球后，如果附近没有对方队员，可将球放下，用杆将球传给本队队员，或将球打到门后或界墙角。此技术用于对方球员射门至抓球手方向。

图3－28－1

图3－28－2

图3－28－3

图3－28－4

图3－28　用抓手抓球

（三）用挡手挡球

对于射到握杆手一侧的膝以上高度的球，可以用握杆手的手套，也就是挡手挡球。身体重心向挡球手方向移动，肩部、上臂带动手腕，当对方球员射出的球触碰到挡球手时，手腕向外反转，将球弹到球门侧后方的安全位置。用挡手挡球时，要有向外或向上倾斜的角度和送球的动作，把半高的来球和稍低的来球弹向门侧和门后，把较高的来球弹向后上方，使其越过球门上部到门后。挡球时手腕不要向外侧旋转过大，以防将球弹入己方门内而导致失分。此技术用于对方球员射门至挡球手方向时（图 3 – 29 – 1 ~ 图 3 – 29 – 4）。

对于射向守门员身体附近的球，可以用臂、肩、胸、腹来挡。在挡球时，力求用抓球手帮助把球按住，或争取把球挡向门侧，不给对方补拍射门的机会。如果挡出的球落在门前，要尽快跪腿，同时尽快去按压球，防止对方的补射。

图 3 – 29 – 1

图 3 – 29 – 2

图 3 – 29 – 3

图 3 – 29 – 4

图 3 – 29　用挡手挡球

（四）蝶式跪挡

蝶式跪挡是身体姿势类似于蝴蝶形状，以准备动作开始，压低身体重心，上身微前倾，利用展腹及髋关节内扣的动作使双腿护腿内侧快速落于地面。主要特征是紧凑、笔挺和舒展。用于以下三种动态情况其中之一出现时：守门员不清楚球的运行轨迹；比赛时球在门前或没有足够的时间做出反应；或对方球员晃门及地面球出现时的有效防守方法。动作方法是双膝内收，两小腿外展，护腿内侧支撑，护腿面向前，背挺直，抓手张开，球杆刃位于两膝中间。身体下落的瞬间球拍不要离开地

图 3 – 30　蝶式跪挡

面，身体不要向后倾，基本站立和做完动作后尽量保持上身的高度一致。这个动作主要用来拦截射向球门两侧但相对比较靠近守门员身体位置的低角度射门。面向侧前面的射球时，该侧的脚要伸过球门柱。比赛中用于位置较低的射门以及对方球员距离守门员比较近时的射门（图 3－30）。

（五）蝶式侧跪

有时对付晃门或侧前面来的对方运球队员，在做出判断他向某一侧晃门时，也可以采用半蝶式，或称单跪式的防守动作，此动作以蝶式防守为基础，向两侧延伸进行防守，胯部的重心下降，腿部向外展开时上身重心要与下肢同时移动，即一腿向侧前踢出去防守判断的来球方向的球，同时另一腿跪地，防备对方的回拨射门。身体重心下落时要保持护腿内侧与地面完全贴合，延伸方向的膝关节尽量内扣使动作顺畅（图 3－31－1～图 3－31－2）。此技术用于比赛中射门线路超出守门员蝶式防守的范围时，能起到良好的防守补充作用。

图 3－31－1

图 3－31－2

图 3－31　蝶式侧跪

（六）门后接球

这个技术动作要求守门员看清场上的情况，快速做出判断，在攻队队员过中线将球顺界墙打入攻区至球门后时，守门员应在判断清楚场上情况下立刻接球以保证控制球权（图 3－32－1～图 3－32－6）。如果早判断并早于球到达底线，还可以用身体靠近底线，双脚靠紧界墙挡住球，然后用球杆控制球，双脚一定要靠紧界墙，以保证球不能沿界墙溜过去（图 3－32－7～图 3－32－9）。

图 3 –32 –1

图 3 –32 –2

图 3 –32 –3

图 3 –32 –4

图 3 –32 –5

图 3 –32 –6

图 3 －32 －7

图 3 －32 －8

图 3 －32 －9

图 3 －32　门后接球

（七）横向移动

以基本准备动作开始，压低重心，并在后腿向身体侧方蹬地时同时移动上身重心，支撑腿膝关节、脚踝和轮刃尽量垂直于地面，保证相对平顺的地面摩擦，移动到目标位置后，前腿单脚急停，后腿同时快速收回，以开始时的准备动作结束。身体重心尽量压低，移动过程中上身保持稳定，不要有明显的起伏，球拍一直保持在地面上（图 3 －33 －1 ~ 图 3 －33 －5）。此技术用于小范围的移动，以及球门内侧的移动。

图 3－33－1

图 3－33－2

图 3－33－3

图 3－33－4

图 3－33－5

图 3－33　横向移动

（八）出　杆

这是阻截技术，持杆的挡球手快速从球杆中部滑动到球杆根部把手，握紧球杆，单手将球拍底部贴着地面快速推出。将对方的球破坏掉；出杆还可以在守门员放弃某种纵向防守来获得额外的杆柄移动宽度，为守门员提供紧凑、较宽的身体姿势。需要注意的是单手出杆时身体的重心不要过分前倾，比赛中若不能成功破坏对方的进攻，身体过分前倾会影响接下来的补救动作速度。比赛中对方球员带球位置距离守门员比较接近或从门后向门前传球时，此技术可以破坏对方的进攻，达到防守目的（图 3 – 34 – 1 ~ 图 3 – 34 – 5）。

图 3 – 34 – 1

图 3 – 34 – 2

图 3－34－3

图 3－34－4

图 3－34－5

图 3－34　出杆

（九）出　迎

以基本准备动作开始，目视前方目标位置，压低腿部重心，前腿呈弓步支撑动作，同时后腿向身体后方蹬地推进身体向前移动，移动到目标位置后，前腿单脚急停同时后腿快速收回，以开始时的准备动作结束。在移动过程中，球拍底部要一直与地面贴合，不要抬起来。比赛中对方准备进攻时，此技术可让守门员快速移动至最佳防守位置。

（十）传　球

握杆的挡球手将球杆抬高至整个球拍底部与地面贴合的位置，同时抓球手握住球杆中部使球杆固定，将球传出。挡球手的位置抬得过低或过高，都会影响球拍与地面贴合的角度，降低出球效果。此技术可在比赛中将球传给己方球员，或者将球打到安全的位置（图 3－35－1～图 3－35－6）。传球后迅速退回到球门前的适当位置。

图 3 –35 –1　传球

图 3 –35 –2　传球

图 3 –35 –3　传球

图 3 –35 –4　传球

图 3 –35 –5　传球

图 3 –35 –6　传球

（十一）混合式防守

以球门侧方防守动作开始，在门柱方向的肩、胯、腿、单排轮滑球鞋外侧与门柱贴合的情况下，调整髋关节平衡，使另一条腿的护腿内侧下落贴合于地面。单腿跪下时应注意髋关节位置，保证身体重心平衡。此技术可以良好应对比赛中门侧的防守，以及对方球员从门侧将球传到门前时，守门员可快速做出蝶跪滑的动作进行防守（图3－36－1～图3－36－7）。

图3－36－1　混合式防守

图3－36－2　混合式防守

图3－36－3　混合式防守

图3－36－4　混合式防守

图3－36－5　混合式防守

图3－36－6　混合式防守

图 3 -36 -7　混合式防守

（十二）扑倒压球

这是在进行了第一次封挡以后，球落在自己的附近，为防止对方补射而采取的保护性措施。当球落在附近，应尽快将球用手压住或将球压住后拉到自己身体下面来，用身体将球压住，以使裁判员吹哨重新争球（图 3 -37 -1 ~ 图 3 -37 -4）。但是在自己附近没有对方队员时，或对方不可能马上滑到附近时，应用手或球杆把球传给自己同伴，如果继续压球，将会受到延误比赛的处罚。

图 3 -37 -1　扑倒压球

图 3 -37 -2　扑倒压球

图3－37－3　扑倒压球

图3－37－4　扑倒压球

思考题：

1. 单排轮滑球的两大方面技术都包括哪些具体内容？

2. 在不同滑度的地面如何应用急停技术？

3. 哪几种射门方法比较适合近门快射？

4. 做好挑杆阻截和扫球阻截最主要的前提是什么？

5. 运动员在比赛中是否需要总是保持合适的滑行准备姿势？如果没有做到这样，会出现哪些方面问题？

6. 拨球技术都有哪些注意要点？

7. 作为一个好的守门员都应具备哪些条件？

8. 守门员的位置是哪三个因素的综合？

第四章 单排轮滑球基本战术

单排轮滑球运动的战术就是比赛双方在相互进攻与防守的争夺中，根据双方的实际情况而采取的个人行动和集体配合方法，即运用集体的力量争取比赛胜利的方法和手段。

实施战术的基本原则是：全队团结一致、协调配合、机动灵活、勇猛顽强的战术思想和战斗作风。

实施战术的基础是运动员的个人技术水平、身体素质和战术思想水平。运动员运用技术的过程总是包含战术的内容，战术是通过运动员的技术运用和相互配合来体现的，因此，提高全队的战术水平首先要提高运动员的思想、技术和身体训练水平，在此基础上再加强相互配合的集体战术训练。

轮滑球的战术可分为防守战术和进攻战术，无论防守战术还是进攻战术都包含着个人战术和集体战术。实际上，个人战术就是个人技术的具体应用，如防守时的盯人、阻截，进攻时的运球过人、接应跑位、射门、假动作等，都属于个人战术。两人或两人以上协同配合完成的防守和进攻技术动作都属于集体战术。个人战术是集体战术的组成部分，集体战术就是个人战术的综合。在比赛中，个人战术应服从集体战术的需要，根据集体战术的需要来运用个人战术，只有全队的协同配合才能组成有效的防守和进攻战术。

战术主要可分为：个人战术、防守战术和进攻战术三大部分。

第一节 个人战术

个人战术的定义：个人战术就是运动员在全队总的战术方案指导下，个人所采取的积极行动。

个人战术的内容涉及很广，包括个人在各区的位置及任务、假动作、接应与跑位、运球过人、盯人、阻截等。

一、队员的位置、任务和活动范围

比赛中，队员应根据自己的位置按照集体战术的要求，在进攻或防守时，运用不同的方法和己方队员密切配合，完成进攻或防守的任务。

（一）守门员

守门员的主要任务是防守本队球门。在进攻和防守时要密切同后卫和前锋配合，提醒本队队员在场上选位和盯人。守门员的主要活动范围是在球门区内，不能轻易离开球门的防守位置。但在判断准确、选好时机、有把握的情况下或在紧急、特殊情况下也可以离开球门区接球、抢断球、扑倒压球，以解除对方对球门的威胁。

守门员在防守时要精神高度集中，仔细观察和判断场上的形势和发展。对对方射门要有预感，根据不同的射门地点、角度来选择自己的位置，并不断地随球移动，以封住对方的射门角度。

守门员在单独作战时，要善于运用假动作引诱对方队员暴露真实动作目的，同时也要尽力识破对方队员的假动作，争取防守的主动权。守门员在面对控球队员的同时，对他可能传球的对象也要加以注意和判断，一旦识破对方的传球目的，就要快速移动去封堵真正的射门队员。在球门附近有对方队员或有被对方队员抢球的威胁时应将球压住，造成比赛停止，重新争球。

守门员获得球权后要迅速把球传给处于有利位置的同队队员，以发动快速进攻。但在没有把握的情况下，应把球打向门侧或门后，绝不能在球门前处理球。

（二）后　卫

在轮滑球比赛中，虽然 4 名队员根据战术的需要，经常需要全攻全守，经常会交叉换位和锋卫换位，但在整体上和大多数时间，前锋和后卫在位置、任务、活动范围、技战术方法上还是有明确分工和很大不同的。

后卫是主要的防守队员。后卫要具备全面的滑行技术，起动和滑行的速度要快，特别要熟练掌握各种倒滑技术；要有较好的判断能力，占据最佳的进攻或防守的位置；要掌握多方面的阻截和抢球方法，具备较强的单独作战能力；后卫还要熟练地掌握传球和各种射门技术，特别是较远距离的大力射门，以适应组织进攻和加强进攻的需要。

在守区防守时，两名后卫要防守住门前的有效射门区，盯住在己方门前的对方队员，必要时要阻挡对方的射门；当对方运球从门侧或门后向门前进攻时要主动迎面阻截，迫使对方远离门前，必要时可到门侧或门后去抢球，此时另一名后卫应退守门前进行盯人或占位防守。后卫在守区得球后，视野要扩大，根据战术的需要组织进攻，原则上以传球为主、运球为辅。快攻出球时要快而准确地传给前面处于有利位置的同队队员，不是快攻时要稳、准地传球，保证对球权的控制，以便组织有效的进攻。门前有对方队员时不能从门前传球或运球，只有当门前没有对方队员时或有另一后卫在后面跟进保护时才能从门前运球出守区。

进攻时，后卫和前锋要成为一体，锋卫不能脱节。要选择有利的位置，随时准备接应前锋的回传球，也要随时准备抢、断对方队员打出来的球，做到攻中有防，防中有攻，攻防的转变要快。

在攻区进攻时后卫要压住阵脚，他的任务一是与前锋及另一后卫密切配合，相互跑位和传球，寻找对方防守漏洞，组织有效进攻。二是密切注意对方防守动向，特别是与己同侧的对方前锋，不给他断球和抢球的机会，防止对方反攻。三是在必要和可能时，与前锋换位，拉动对方的防守出现漏洞，或者伺机插到门前，接队友的传球直接射门。

在攻区丢球后，后卫应迅速占据有利位置，首先防守对方可能出现的快攻，看住对方最靠前的队员，绝不能让对方出现 1 打 0 的情况；其次，在面对对方运球队员时，采用适当倒滑或迂回紧逼的方法，将对方逼向边路，有把握时对运球进行破坏或阻截，绝不要轻易扑抢，以防被对方拉杆过人，形成1打0。后卫在防守时既要注意防人，也要注意观察场上的变化情况，盯人的同时也要特别注意球的移动，全面兼顾，机动灵活。

图4－1是后卫在守区防守时的主要活动区域，虽然不完全局限在这个区域内活动，但在防守时两名后卫主要在此区域内进行防守。

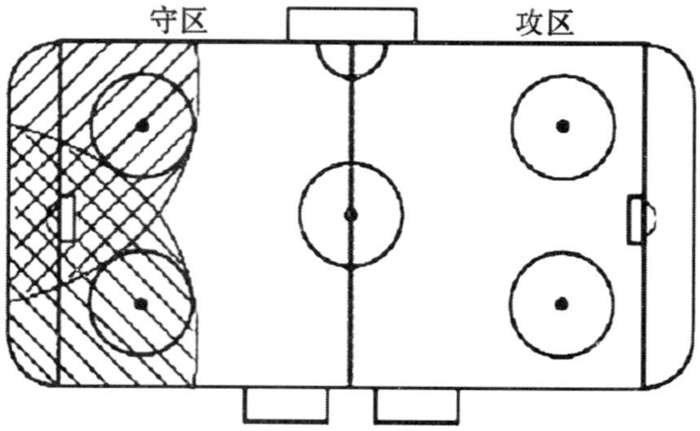

图4－1　后卫在守区防守时的主要活动区域

图4－2是后卫在攻区进攻或防守时的主要活动区域，虽然不完全局限在这个区域内活动，但在进攻或防守时两名后卫主要在此区域内进行活动。

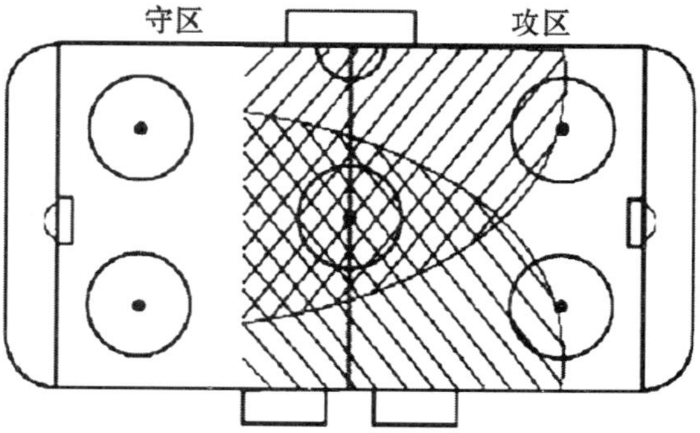

图4－2　后卫在攻区进攻或防守时的主要活动区域

（三）前　锋

前锋是主要进攻的队员，但在全攻全守打法的今天，他也必须参与全部防守，因此他必须是能攻善守、攻守兼备的运动员。

前锋应具备充沛的体力，良好的身体素质；要有顽强的意志品质，善于独立作战；掌握熟练、快速而灵活的滑行技术，良好的控球技术，熟练、准确的射门技术，以及抢截技术和团队配合意识。

在守区防守时，两名前锋在防守自己负责的区域时，重点看住对方与自己同侧的后卫，首先不能让他从两名前锋中间或前锋与后卫之间突破攻门，因此两名前锋之间或前锋与后卫之间要衔接紧密，不给对方留有空当；其次尽量不让对方从正面大力射门，必要时可迎面前去阻截，用腿或身体阻挡对方射门；前锋面对对方运球的后卫在没有把握时不要轻易去扑抢，以免被对方晃过而形成空当，应该在不能被对方晃过的前提下将对方逼向边路或界墙，然后伺机抢截。除了防守好自己的位置外，还要注意为邻近的前锋或后卫补位，一旦邻近的前锋或后卫被对方晃过或冲出去抢截，自己应后退到自己和邻近前锋或后卫位置的中间，防守两个人的位置。

己方在守区得球时，前锋的任务首先是看自己有无可能接球或运球以形成快攻，造成瞬时的一打零或多打少。如有可能，应积极跑动促成快攻；如无快攻可能或后卫传球受阻，自己应按战术要求跑位去接应后卫，有组织地进攻。

在攻区进攻时，前锋要发挥自己控球机动灵活、独立作战能力强的特点，抓住战机进行攻门。两名前锋要紧密配合，积极跑动，创造战机。同时也要与后卫紧密配合，锋卫不能脱节，要团结一致，按照战术部署进行阵地战。在攻区进攻中，前锋在有密切配合的前提下要有积极攻门的意识，并要有更加积极的补门意识，以抓住更多的得分机会。

在攻区射门后或失球后，前锋应按照战术部署行动，如果要进行攻区积极性防守，前锋应积极进行抢截，让对方后卫不能及时顺利传球，如有可能争取将球抢下，如不能将球抢下，也要延迟对方的进攻。如果对方已将球传至前锋或本方已采取退缩式防守，前锋应积极回撤，组织好守区防守阵型进行防守。

图 4－3 是前锋在守区防守时的主要活动区域，虽然不完全局限在这个区域内活动，但在守区时两名前锋主要在此区域内进行活动。

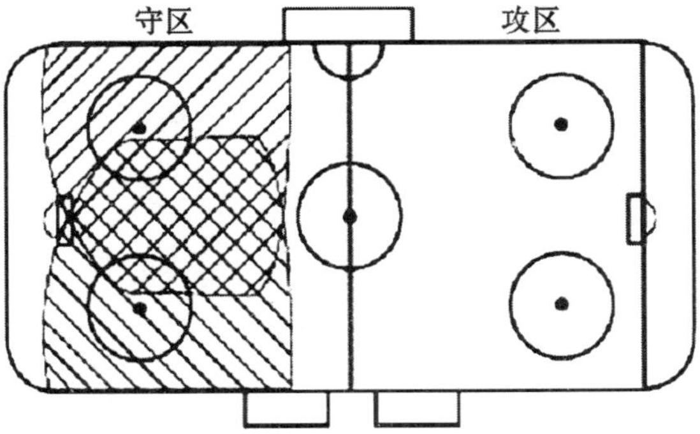

图 4－3　前锋在守区防守时的主要活动区域

图 4－4 是前锋在攻区进攻或防守时的主要活动区域，虽然不完全局限在这个区域内活动，但在攻区时两名前锋主要在此区域内进行活动。

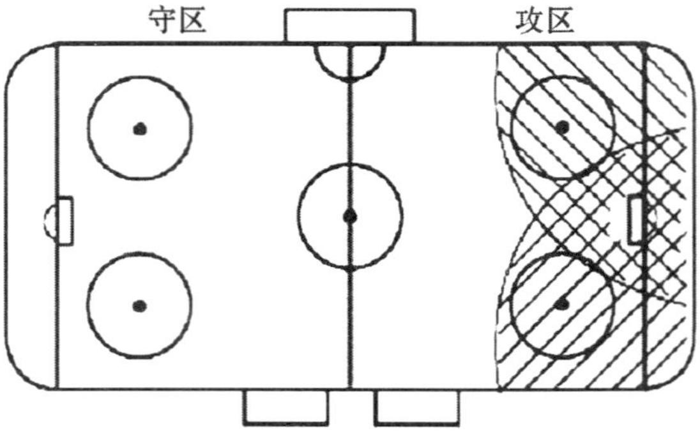

图4－4　前锋在攻区进攻或防守时的主要活动区域

二、控制球和运球过人

（一）控制球

在轮滑球比赛中，双方都要尽可能多和尽可能长时间地控制球，只有控制球才能掌握进攻的主动权。控制球的方法主要有两种，一种是个人拨球、运球，不让对方抢到球；另一种是传球，通过传球使球掌握在己方手里。在个人战术中，主要指的是个人拨球和运球。个人拨球的技巧是控制球的基础，要求控制球者拨球要十分熟练、多变、善变，能根据对方抢球者的速度、方向、距离和球杆伸出的时机及时将球拨到对方抢不到的地方。在比赛中运动员总是在移动，在移动中拨球就是运球，因此要求运动员应能在各种不同滑行速度下熟练拨球。在防守时控制球，要求运动员能熟练、善变地拨球，以躲过对方的抢截，还要求运动员善于运用自己的身体掩护球，将自己的身体置于球和对方队员之间，使其无法抢到球。在进攻时控制球，就是运球进攻时，不仅要保护好球，还要善于运用身体的假动作、球杆的假动作、传球的假动作等晃过对方，创造进攻得分的机会。

（二）运球过人

在进攻战术中，运球过人是一种极为重要的个人战术。轮滑球比赛的防守很多情况下采用盯人方法，特别在攻区球门前附近，紧逼盯人更为密集。运球过人是突破对方紧逼盯人，实现快速反击，在局部地区造成多打少，创造射门机会的有效方法；运球过人还是从守区进入攻区的主要手段，是打乱对方防守布局的锐利武器。只有熟练地掌握运球过人的战术，并与传球相结合，同队队员之间彼此连接，密切配合，进攻才会有威胁，才可能创造更多的射门机会。此外，通过运球过人可以变换进攻速度，调节比赛节奏。

运球过人的方法很多，主要有快速拨运或推运球过人、运用身体虚晃假动作过人、利用界墙反弹球过人、拉杆过人、透球过人等。

1. 快速拨运或推运球过人

面对前来阻截或倒滑速度较慢的防守者，利用自己的快速滑行速度，将球拨到身体一侧，用身体掩护球，快速超过对方队员；或利用自己的高速滑行速度，推球绕过对方，使对方来不及阻截或转身追赶不及。这种方法主要在自己高速度滑行，而对方是原地站立或倒滑速度很慢时应用。

2. 身体虚晃假动作过人

在一对一面对倒滑速度与自己速度相近的对手时，可以采用身体虚晃假动作迷惑对方。在向前运球至距对方 2～3 米时，上体突然向左或右侧倾倒，使对方误认为你要从这一侧绕过，但自己的重心不要移过去，当对方把重心移向那一侧时，自己迅速向另一侧移动重心，从另一侧加速绕过对方。

3. 拉杆过人

拉杆过人实际是一种球杆虚晃假动作的方法，自己在高速运球前进，遇到对方前来阻截时，先将球向一侧做一个稍短的拨球，通常都是向下手一侧拨球，使对方认为你要将球拨向这一侧而伸出球杆去阻截球时，你突然将球向另一侧做一个长拨球，拨到单手握杆可以伸到的最远处，使对方即使能迅速转回来伸杆抢截也够不着，而你此时可以单手控制球加速绕过对方。

4. 利用界墙反弹球过人

在沿界墙运球前进时遇到对方阻截，先用左右拨球迷惑对方，在对方接近你即将伸杆抢截时，突然将球向侧前打向界墙，使球从界墙反弹到对方的身后，与此同时，自己脚下加速滑行越过对方，并接到球，使对方来不及转身或转身后也已落后于你。向界墙打球的力量要适当，要使自己越过对方时能马上拿到球。

5. 透球过人

在运球前进时遇到对方阻截或前来抢截，先用拨球迷惑对方，在对方接近你即将伸杆抢截时，突然将球从对方两脚之间或脚与球杆之间轻打向对方的背后或打向对方移动的反方向，然后自己迅速越过对方再拿到球。打球的力量要适当，要使自己越过对方时能马上拿到球。

三、摆脱与接应跑位

摆脱一般是指非控制球的队员采用一定的方法摆脱对方对自己的盯人防守，是个人战术方法之一。当同队的队员控制球时，其他队员，特别是前锋，应当想办法跑位接应队友传球，创造传球配合的有利时机，以便把进攻向对方球门方向推进。在跑位前首先应该摆脱对方队员对自己的盯人防守，摆脱的方法可用突然起动滑跑、突然变速滑跑、突然改变滑跑方向、急停以及配合这些方法的假动作等。

接应跑位是本队组织进攻时必要的方法，无论哪个位置的队员在本队获得球权后，都要采取相应的跑动配合进攻。跑位的作用有三：一种跑位是为了接应传球，以便将进攻向前推进。二是吸引对方的防守注意力，你的跑位会牵制对方的人来盯守你，间接地帮助本队进攻，如果对方没有人来防守你，你就会变成真正的进攻者，接到传球而发动进攻。第三种跑位接应是防守性的作用，是帮助本队控制球者摆脱对方阻截而跑位和接应传球，对控制球者起到保护或掩护作用。

接应跑位的队员首先要观察本队控制球队员的位置和对方防守者的位置，然后根据战术的需要来进行进攻性或防守性的跑位。跑位时也要边跑边观察情况，特别是控制球者的动向，随时准备接他传来的球；如果可能还应提前观察好下一传球目标，以便接到球就能马上传出去，起到出其不意的进攻效果。

四、假动作

（一）定　义

假动作是用来隐蔽自己真正意图的一种虚晃动作，以达到迷惑对方，取得时间、位置、距离等方面的主动权，借以达到自己的真正目的。

假动作包含在运球过人、传球、接球、晃守门员、射门，以及在抢截、摆脱、跑动接应等各种技术当中，但大致可分为无球假动作和有球假动作两大类。

（二）无球假动作

主要分为改变速度的假动作和改变方向的假动作，就是非控制球的队员，运用身体、变向变速、球拍的假动作来摆脱和迷惑对方，主要应用在摆脱、跑位和阻截、抢球方面。

（三）有球假动作

主要有运球过人时的假动作，即身体虚晃假动作和球杆虚晃假动作；其次是射门假动作和晃守门员假动作，即在射门前用球杆拨球时做一个虚晃的动作，隐蔽自己的真实射门动作或时机，让对方守门员产生错误判断，从而达到射球进门的目的。

在比赛中运用假动作可分为三个阶段：第一阶段是准备阶段，在进攻或防守时，当自己与对方相距 1～3 米时，可根据对方防守的薄弱之处，确定使用哪种假动作来迷惑对方；第二阶段是假动作阶段，就是用一个真实而又形象的动作来诱导对方产生错误的判断和动作；第三阶段是过人和摆脱阶段，假动作使对方移向错误方向或失去重心，或运用了错误的动作时，就要快速而突然地改变动作方向，实现过人和摆脱的真实目的。

五、盯　人

（一）定　义

盯人是指防守时一人专门防守对方某一人的防守方法。

（二）分　类

盯人分为紧逼盯人和松动盯人。

紧逼盯人就是紧紧贴近防守目标，用杆压住对方的球杆，同时站好有利位置，不给对方接球、射门等能够运球进攻的机会，对无球者也不给他接球或摆脱的机会。

松动盯人是根据球所在的位置和防守目标的位置选好防守的有利位置，同防守目标保持一定距离，以便在需要时上前阻截。

这两种盯人方法可根据场上的形势灵活运用。一般是对有球队员和离球门较近的进攻队员采用紧逼盯人，对离球较远的进攻队员采用松动盯人；对在门前有较大射门威胁的队员采用紧逼盯人，对离门较远的无射门威胁的队员采用松动盯人。在紧逼盯人时，对方滑到哪里要紧跟到哪里；松动盯人时，既要看防守目标和球的动向，也要注意场上其他队员的活动情况，以便选择合适的位置。

第二节　防守战术

定义：防守战术是指守队队员为夺得球权和保护自己的球门不被对方射中所采取的措施和手段。

某队一旦失去球权就处于防守状态，防守不能被动等待对方进攻，而应采取积极抢截，运动员要掌握好滑行、卡位、紧逼、杆抢球等技术，相互配合进行防守。防守主要有四对四的防守战术，还有少防多的战术。从方法上分可分为盯人防守和区域防守。

一、防守的一般原则

在防守时有一些基本的原则，运动员必须对此明确，经常训练运动员掌握这些原则，提高防守意识，才能提高全队的防守能力。

（一）根据对方的战术方法和特点，结合本队的特点和情况制定防守战术。

（二）全体队员必须明确本队防守战术和自己的任务。

（三）场上队员都要参加防守，前锋帮助后卫，后卫帮助守门员，形成一个完整的防守体系。

（四）运动员要熟练掌握盯人技术，避免漏人或漏空。

（五）采用攻区开始防守时，一失球权，离球最近的队员应果断上去阻截，其他队员迅速监守离自己近的对方队员，从攻区开始积极抢截，延缓对方的进攻速度。

（六）防守中争取在局部造成二抢一的优势。

（七）防守中要不间断地干扰对方运球队员，使他不能随意地传球或射门。

（八）避免在门前争夺球，门前紧逼时，应将球打到边角或门后。

（九）有可能拿到的球要尽可能去拿，不要随便打给对方，而应组织进攻。

（十）门前只有一人时，不得擅离职守，不能放弃门前而到边角去与对方纠缠。

（十一）交换防守对象时，两人必须达到默契。

（十二）在门前要时刻注意补位，注意相互配合。

二、人盯人防守

人盯人防守是最基本的防守方法。失球后，在任何一个区域的防守队员，都必须盯住对方相应的队员进行防守。盯的对象可根据对方的阵型、位置、队员号码而定，一般形式是两个后卫盯住对方两个前锋，两个前锋盯住对方两个后卫。

盯人防守分全场盯人和半场盯人。

全场盯人：全场盯人不分区域，一旦失球立即开始盯人。

半场盯人：失球后撤到守区半场再开始盯人。

盯人防守往往采用紧逼盯人，要给对方在精神上和技术上造成紧张的压力，使之无法运球、传接球，或者造成其传接球失误。

盯人防守适宜于队员防守能力均衡、耐力训练好的球队。如果队员防守能力不均衡，那么防守能力较差的队员往往看不住攻击力强的进攻者，就会出现防守漏洞，使对方突破你的防线。

盯人防守要防止由于盯得不紧而漏掉人，造成防守上的漏洞。如果出现漏防的队员，就近的防守队员应立即上去补防，以使每一个攻方队员都有守队队员最及时的看守。

三、区域防守

单排轮滑球的区域防守可分为攻区防守和守区防守。

攻区防守：在攻区进攻中丢失球权后立即进行抢截，使对方不能有效地或很快地组织进攻。

守区防守：在自己的守区半场，主要是球门前站好队型进行防守，阻止对方攻门，并伺机抢截球进行反攻。

攻区和守区防守常用的战术有两个：一二一阵型和二二阵型。

攻区一二一阵型：1 人在前边对对方控制球队员进行跟抢，迫使对方不能顺利地传出球，不能组织快攻和进攻。2 人在中间，防守对方跑位接应的队员，1 人在后面防守对方突前的队员并承担全队的保护责任（图 4－5）。使用该阵型时 4 个人要积极跑动，争取在攻区内抢截成功，立即就可以开展对球门的进攻。如果抢截不成，要迅速退守，转成守区区域防守。

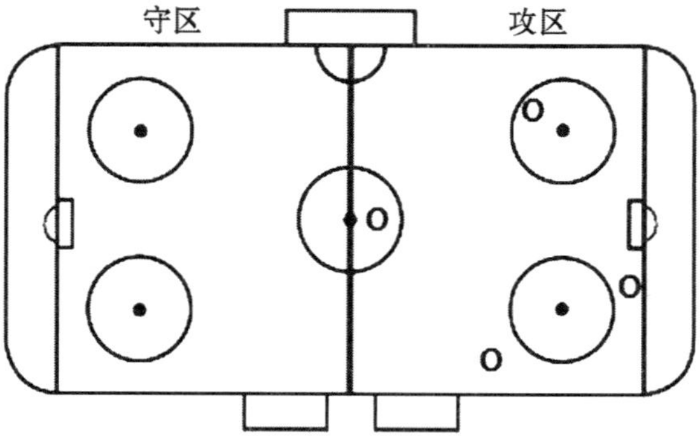

图 4－5　攻区一二一阵型

（战术图示说明：▲ = 进攻队员，○ = 防守队员，→ = 队员滑行路线，－ － = 传球路线。以下图示相同）

守区二二阵型：也就是方形站位，以防守住门前为主。一人总是面对对方有球的人稍突前去阻截，其他三人稍内缩（图 4－6）。这种阵型要注意互相补位，防止被对方局部多打少或二过一等。

二二阵型和一二一阵型有时是互变的，实际上，在守区也经常采用一二一阵型防守，而在攻区也常采用二二阵型防守。主要是根据对方进攻或防守阵形的变化而变化。有时根据需要还可变成二一一或一一二阵型来进攻或防守。

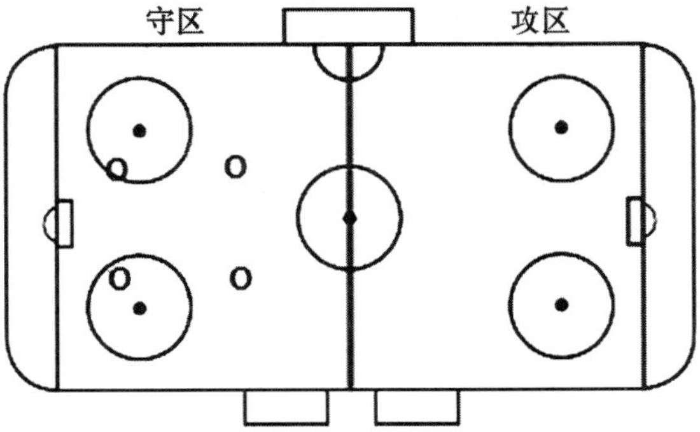

图 4－6　守区二二阵型

四、少防多战术

当本队处于少防多时，应采用守区区域防守。3 名队员应根据进攻队员的阵型选择防守的最佳位置，如进攻队员四个人站成“正方形”，那么防守三人就应站成正三角型（图 4－7），这样防守只准许进攻队员远距离打门，重点防守稍近和近距离的打门。防守时，无论哪名防守队员面对攻队拿球队员，都应缓慢顶上前去，防止对方逼近球门，也防止他大力射门。其他两名队员位于另外三名进攻队员每两人中间的位置，防止其他对手穿插门前或接控球队员传来的球进行快拍射门。当进攻队员呈“菱形”站位时，3 名防守队员仍应采用正三角形站位，位于门侧的两名队员相互兼顾，当面对拿球队员一侧的队员顶上去时，另一侧的队员回收，防守门前的对方队员，而位于前面的队员要防守对方的两名队员，允许对方远射，但不允许运球进入门前区域，也尽量防止对方向门前区域传球，这样防守也是遵循守近放远的原则。

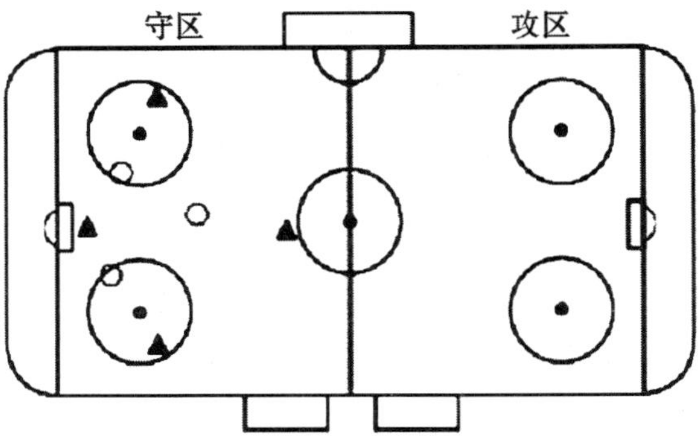

图 4－7　少防多阵型

少防多的原则：

1. 对在射门有利区内的对方控制球队员，应上前阻截，主要是阻挡他射门和往门前传球，对非在射门有利区内的对方控制球队员，可采用松动盯人。

2. 上前抢球或阻截时要坚决，如没有把握抢到球时不要轻易把身体重心投出，避免因为失去重心影响下一个动作。

3. 积极防守，互相补位，每个人的职责都要兼顾两个进攻队员的位置，重点防守对方插上打门和接队员传球后快拍大力射门。

第三节　进攻战术

定义：进攻战术是指队员或全队在比赛中，为了突破对方防守，把球攻入对方球门所采取的有效方法和手段。

进攻战术分为守区出球、攻区进攻、多打少三种战术。

一、守区出球

（一）快　攻

1. 埋伏式快攻

埋伏式快攻就是派一名队员留在对方区域内，可以是在对方球门或底线附近，但一般是在对方后卫附近或身后，一旦得球即可形成 1 打 0 的局面（图 4－8）。

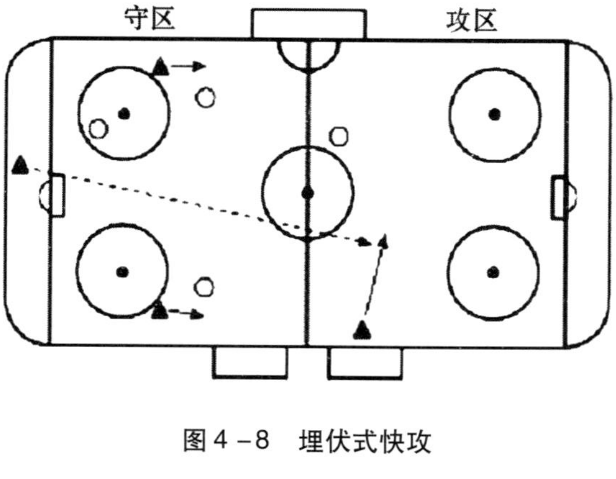

图 4－8　埋伏式快攻

2. 突破式快攻

突破式快攻是指本队得球时，前锋快速插入对方空当接后卫的长传球，形成 1 打 0 的局面或者前锋接球后能够运球过人，突破对方防守形成 1 打 0 的局面。在很多情况下本队另一个前锋也应积极跑动，与接球队员一起形成局部多打少或 2 打 1 的局面，创造有利的得分机会（图 4－9）。

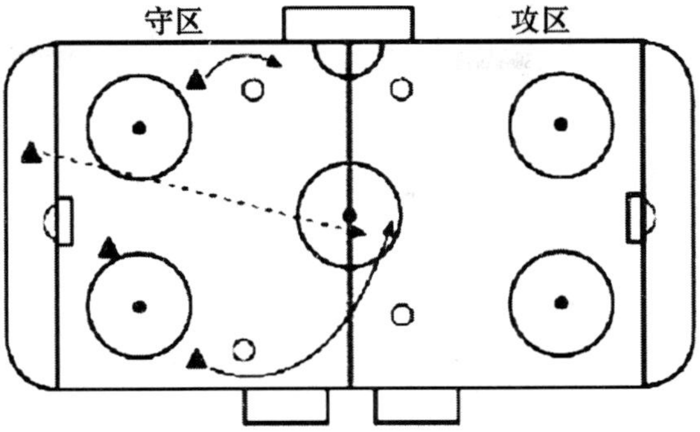

图 4－9　突破式快攻

3. 二打一式快攻

二打一式快攻就是在进攻时，要利用快速的跑位和适时的传球、运球，形成瞬时或局部的二打一局面，创造有利的得分机会（图 4－10）。

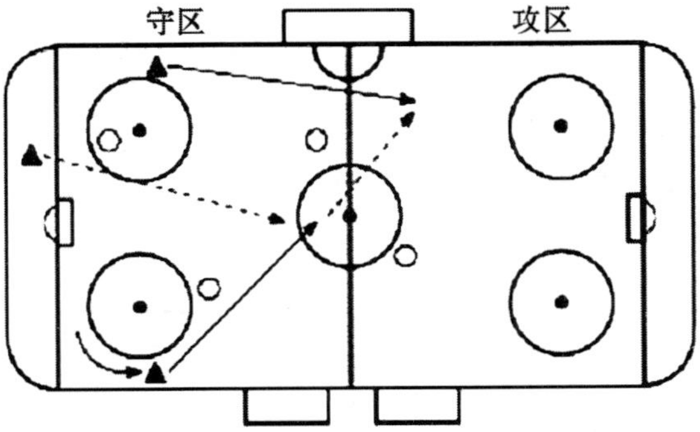

图 4－10　二打一式快攻

（二）整体编队式出守区

按照预先经过训练所设计好的路线控制球稳步推进到攻区。在现代轮滑球比赛中，最常用的组织进攻方式是一名后卫控制球于门后，两侧队员迂回跑动，有适当机会时后卫将球传给某一跑动队员，该队员即运球前进或传给其他跑位的队员，形成相互配合的进攻（图 4－11）。

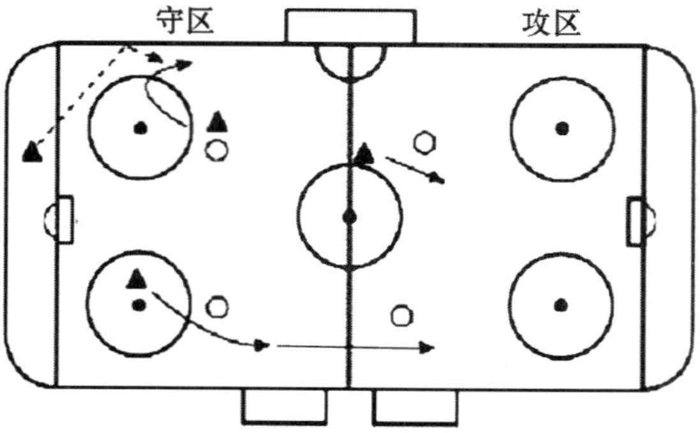

图 4－11　整体编队式出守区

二、攻区进攻

（一）一二一阵型

攻区一二一阵型就是一名前锋位于对方门前，另外一名前锋和一名后卫位于两侧腰的位置，一名后卫断后（图 4－12）。除了断后的后卫轻易不深入攻区外，其他三名队员要经常地跑动、换位，以牵扯和调动对方的防守阵型，使其出现漏洞而进行攻门。

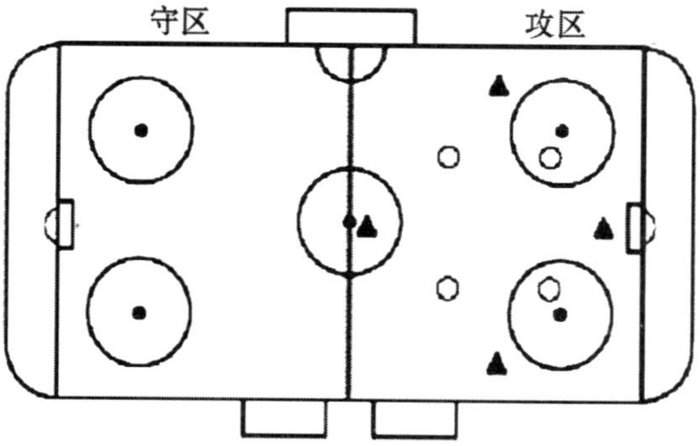

图 4－12　攻区一二一阵型

（二）二二阵型

攻区二二阵型又称方形阵型，是一种最常用、既便于进攻又便于防守的阵型。两名前锋各负责一侧的进攻，但又经常交叉换位，与自己同侧的后卫也紧密配合，加强进攻（图 4－13）。

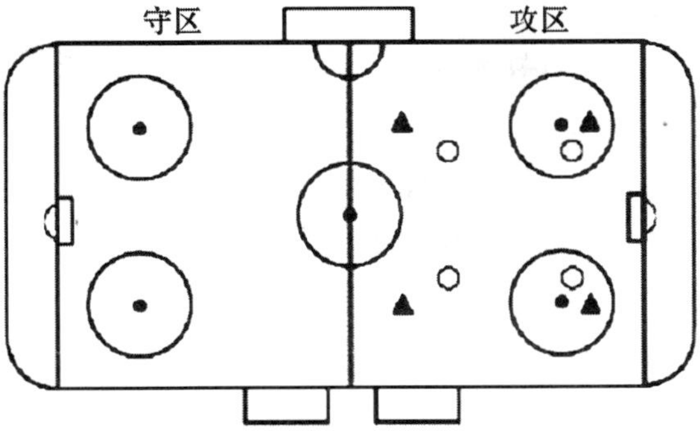

图 4－13 攻区二二阵型

（三）二一一阵型

攻区二一一阵型是一种攻守兼顾的阵型，保持两名后卫在后面以防对方得球后快速反击。这对前锋的战斗力要求较高，需要有一定的独立作战能力（图 4－14）。

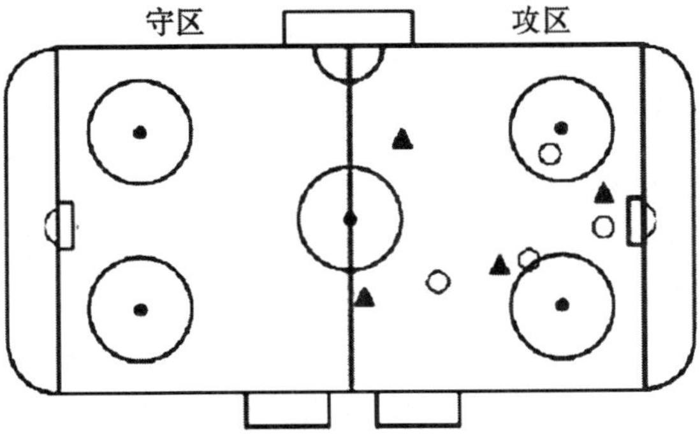

图 4－14 攻区二一一阵型

这三种阵型在进攻中经常可以互变，主要根据对方防守的阵型和特点来变化。在进攻中无论前锋还是后卫，要紧密配合，发挥整体作战的力量。前锋之间、锋卫之间要注意交叉换位、积极地跑动和穿插，以争取造成对方防守的漏洞，进而攻门得分。

三、多打少

对方犯规受罚，本队多打少是得分良机。多打少时一般采用整体编队式的方法稳步控球进入到攻区。

（一）“菱形”站位

“菱形”站位和一二一基本相似，是指突前的队员站在门前遮挡守门员的视线，中间的两名队员站在两个争球点附近的位置，最后一名队员位于中场中间的位置，配合的重点主要以后三名队员为主，利用三个人的传接配合吸引防守队员上前抢断，使中间的队员有较多的准备时间和更大的空间进行快拍大力射门（图 4－15）。

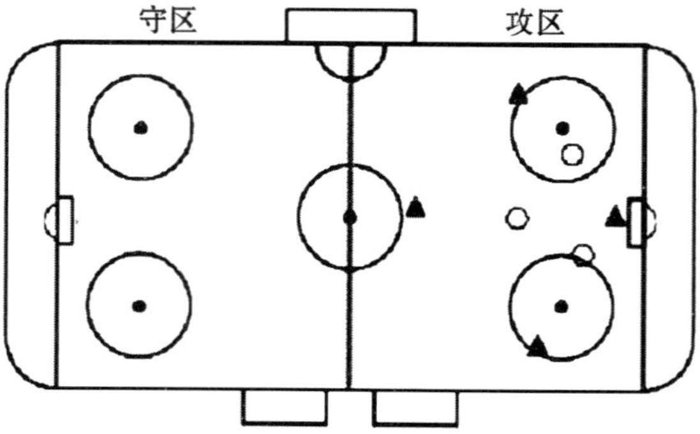

图 4－15　多打少“菱形”站位

（二）“正方形”站位

“正方形”站位，是指突前的两名队员分别站在球门的两侧位置，后面两名球员站在和他们垂直一条线靠近中场的位置。根据防守队员的位置选择进攻重点，如，防守队员以正三角的方式站位，这时进攻队员就应把进攻重点放在靠后的两名队员；如果防守队员选择倒三角的方式防守，那么进攻方就应把进攻中心放在门侧的两名队员。无论选择何种方式的站位都要利用传接球的配合把防守队员调动开，为同伴创造更大的空间进行射门（图 4－16）。

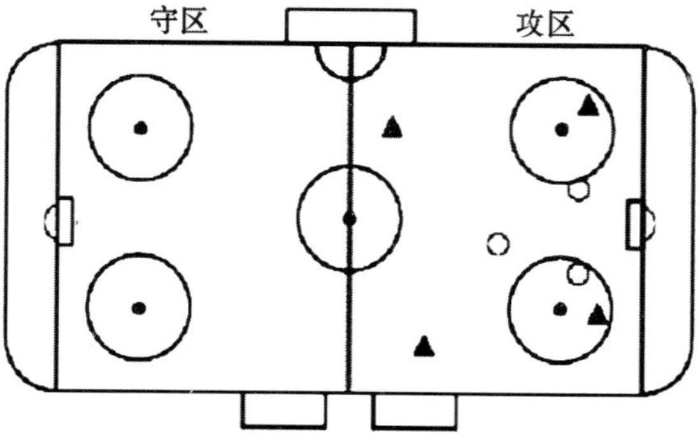

图 4－16　多打少“正方形”站位

思考题：

1. 单排轮滑球实施战术的基本要点和基础是什么？
2. 个人战术的定义是什么？个人战术的基本内容有哪些？
3. 防守的一般原则有哪些？
4. 假动作的定义和分类是什么？
5. 少防多的原则有哪些？
6. 守区出球都有哪些方法？
7. 攻区进攻都有哪些阵型？
8. 多打少进攻时常用哪两种阵型？

第五章　单排轮滑球教学

轮滑球的教学，是教师和学生的双向活动，是通过教师和学生的互动来完成的。在进行教学前，教师应根据教学大纲规定的内容，根据轮滑球项目特点和教学基本规律，根据学生的实际水平，制订详细的教学计划，并通过落实教学计划，使学生尽快掌握轮滑球的理论知识和基本技术、战术。

轮滑球的训练是在教学基础上，经过反复技术练习不断改进提高技术和身体机能水平的过程。由此可见，教学和训练之间有着内在的密切联系，是不能截然分开的。

轮滑球教学与训练是相辅相成和有机联系的，但又有所区别。教学、训练的区别在于两者的具体任务和方法不同，教学的主要任务是使学生掌握必要的知识、技能等，而训练的主要任务是提高技术水平和体能。由于任务不同，采用的方法也有所不同，在某个阶段要把教学放在第一位，把训练放在第二位；而在另一个阶段中，要把训练放在第一位，把教学放在第二位。教学时虽然是以学习和掌握知识、技能为主，但其中也包含有训练的因素，进行训练是以提高身体技能和技术水平为主，但其中也包含有教学的因素，无论是进行教学或者训练，都应贯穿一定的思想教育。

轮滑球的两大基本技术是滑行技术和杆上技术，轮滑球初始教学阶段的任务是根据这两大技术的特点分别制定的，即滑行和杆上技术分别进行教学，但教学的顺序可以在同一时期并列开始。当教学进行到一定阶段，学生的两项技术掌握到一定程度，就可以把两项技术结合起来进行教学。

实践经验证明，技能、技术的形成和提高，大致包括两个主要阶段，即粗略地掌握动作阶段和改进、提高动作阶段，这两个阶段既反映了人们认识的逐步提高和深化过程，也反映出人们的体质机能不断提高的过程。

粗略掌握动作阶段一般是通过讲解、示范、尝试练习，建立动作的概念，体会动作的过程和要领，从而粗略地掌握动作。其特点是大脑皮层的条件联系处于泛化阶段，动作表现紧张、连贯性差、缺乏控制能力，并伴随着一些多余的动作，因此要善于根据学生特点进行讲解和示范，引导学生进行积极思维，培养学生观察和分析动作的能力，并利用各种方法，如徒手或使用各种教具给予保护、助力、阻力，以及固定和限制动作的方向、路线、幅度、速率等，帮助学生迅速掌握动作。

改进提高动作阶段主要是通过反复练习，以及深入动作的示范，从而不断改进和提高动作的质量，逐渐消除动作的紧张、牵强，以及多余的或错误的因素。教师应善于引导学生在反复练习的过程中不倦地钻研，掌握动作的内在联系，在完整技术的教学与训练中，通过动作各个部分、各个要素之间的分析，能使学生清晰了解动作与动作之间、局部动作与整体动作之间的逻辑联系，从而在练习过程中更自觉地掌握和完成动作。

第一节　教学的任务和内容

一、教学任务

轮滑球的教学既是向学生传授技术，又是全面培养人才的过程，因此它包括思想道德教育、意志品质培养、身体素质提高、技术战术及其理论的掌握和运用。教学的基本任务如下：

（一）通过教学、训练、比赛，培养学生良好的思想道德品质和勇敢顽强的意志品质、集体配合的团队精神以及良好的体育道德风尚。

（二）使学生全面掌握并提高轮滑球运动的理论知识，基本技术、战术，并在比赛及其他教学实践活动中能够运用这些知识和技术。

（三）发展学生的力量、速度、耐力、灵敏、柔韧等身体素质，并提高学生的轮滑球专项身体素质。

上述任务互相联系、互相促进、互相影响，应渗透到教学和训练的每一个行动中，因此在教学活动中必须注意贯彻这些任务的精神和要求，才能完成教学的任务。

二、教学内容

轮滑球的教学任务必须通过教学内容来体现。教学内容有以下主要方面：

（一）思想和品德教育

1. 在教学中，始终贯穿思想品德教育，培养远大理想、集体主义的团队精神和无私的奉献精神。

2. 结合轮滑球运动的特点，培养学生勇敢顽强、积极拼搏的竞争精神和优良的体育道德作风。

3. 在教学和训练中，加强组织性、纪律性、安全性的教育。

（二）轮滑球运动的理论

1. 轮滑球运动概述

轮滑球运动发展史，世界轮滑球运动的产生与发展，中国轮滑球运动的发展与现状。

2. 轮滑球运动的技术原理分析

（1）轮滑球各种滑行方法技术原理分析

（2）轮滑球控制球方法技术原理分析

（3）轮滑球传接球技术原理分析

（4）轮滑球各种射门方法技术原理分析

（5）轮滑球守门员技术分析

3. 轮滑球战术方法和运用
4. 轮滑球教学方法
5. 轮滑球训练方法
6. 轮滑球身体训练，包括一般身体训练和专项身体素质训练方法

（三）轮滑球运动的技术

1. 滑行技术

（1）准备姿势
（2）起跑技术
（3）直线滑行技术
（4）转弯技术
（5）急停技术
（6）倒滑技术
（7）转身技术
（8）跳跃技术

2. 球杆技术

（1）握杆方法
（2）拨球与控球技术
（3）传接球技术
（4）射门技术
（5）球杆阻截技术

3. 守门员技术

（四）轮滑球运动的基本战术

1. 个人战术

（1）接应与跑位方法
（2）盯人战术和方法
（3）假动作

2. 防守战术

（1）人盯人防守
（2）区域防守战术
（3）少防多战术

3. 进攻战术

（1）快攻战术
（2）局部的战术配合
（3）进攻阵型

（五）提高身体素质和专项运动能力

1. 通过田径、体操等练习提高力量、速度、速度耐力、柔韧性和协调性等一般身体

素质。

2. 通过篮球、足球等练习提高快速反应能力、灵敏判断能力及集体配合的意识。

3. 通过轮滑球的专门性练习提高轮滑球专项身体素质。

第二节　教学原则的运用

人们在轮滑球教学实践中，不断地总结经验并加以科学概括、逐渐形成了必须遵循的教学原则。这些原则是教学过程客观规律的反映，是指导教学工作的基本要求。教学原则一般有：自觉积极性原则、直观性原则、从实际出发原则、循序渐进原则、巩固性原则、合理安排运动负荷原则。

一、自觉积极性原则

指教师在教学活动中，教育学生明确学习目的，调动学生学习积极性，使学生的学习成为自觉的行为。

在轮滑球教学中，贯彻自觉积极性原则，应注意以下几点：

（一）明确学习轮滑球的目的，端正学习态度。首先要对学生进行学习轮滑球目的、意义的教育，使他们认识到学会轮滑球对增强体质、掌握技术、适应社会需要有重要意义，以促进学习的自觉性和积极性。教学开始时，应向学生宣布教学的目的、任务、内容、要求和考核规定。每课开始要提出任务、内容和要求。每学习一个动作或安排一个练习，要讲明其意义、作用和方法，做到使学生心中有数，有目的地进行学习。

（二）根据课的任务和教材内容，根据学生的实际情况，对学生提出切合实际的要求。在初学轮滑球的学生中，有的胆小怕摔，小心谨慎，有一定的心理负担。因此，在教学中要重视培养学生学轮滑球的兴趣。根据需要和学生的情况，布置可行的练习，提出切合实际的要求，启发引导学生勇敢地进行练习，使学生通过努力能够尽快地进步和提高，一有进步，应及时加以鼓励。课的组织教法要多样化，并穿插力所能及的游戏，调动学生学习的积极性，使课程生动活泼。

（三）组织教学要严密紧凑，要科学地安排教学的方法和合理地使用场地，合理地安排课的密度和运动量，保证教学的安全。

（四）善于了解和掌握学生在课中的心理变化，有针对性地进行思想教育，使学生不断保持旺盛的学习自觉性和积极性（如初学者的怕摔心理；学习较快者的自满心理和盲目求快心理以及某些同学怕累、怕晒的心理等）。要使学生自觉积极地学习，教师的主导作用十分重要。因此，教师要重视课内的思想教育工作，为人师表，教书育人。对学生要严格要求，亲切爱护，一视同仁，坚持原则，以理服人，建立良好的师生关系。

二、直观性原则

指在教学过程中尽量利用学生的各种感官和已有的经验，通过各种形式的感知，使之获得生动的表象，从而促进知识和技术的掌握，启发思维并培养观察能力。

人们认识事物，学习知识、技术和技能，总是始于感性认识。学生首先是通过视觉、听觉来感知动作的形象，然后是通过触觉和肌肉的本体感觉来感知动作的要领、动作方位、肌肉用力的程度和方法，从而建立完整正确的动作形象和概念。因此，正确运用直观性原则，对提高教学质量是很重要的。

在轮滑球教学中，贯彻直观性原则，应注意以下两点：

（一）正确的动作示范

教师进行正确的动作示范，是教学中最好的直观方式，可使学生了解动作的形象、结构和顺序，是技术教学的基本途径。尤其对模仿力强的青少年，更能起到良好的教学效果。

进行动作示范时，应注意以下几点：

1. 注意示范时的队形与示范的位置。按照教学的需要，示范的位置应能使每一名学生都能看到和听到，因此要选择合适的队形，示范的远近要适宜。

2. 示范要主次分明、重点突出。进行示范前，应根据教学内容和任务，让学生明确观看的重点和次序。教师可在完整示范后，进行分解动作示范或重点示范。不能在一次示范中让学生观看过多的动作，以防“走过场”，学生记不住或抓不着重点。

3. 正确技术和错误动作的对比示范。在纠正学生错误动作时，为使学生对动作概念更清楚，教师可在示范正确动作后再示范所出现的错误动作，指出产生错误的原因，使学生对正确技术和错误动作有一个明确的认识和对比。

（二）生动形象的讲解

教师讲解的语言生动形象，能给学生留下深刻的印象，能帮助学生理解动作要领，具有直观的作用。进行讲解时，应注意以下几点：

1. 简明扼要

教师的讲解除要生动形象外，还应力求简明扼要，抓住关键。例如有的动作可用生动形象的词语或口诀概括，既可帮助学生理解动作，又可帮助其记忆。

2. 与示范紧密配合

生动形象的讲解与正确的动作示范互相配合运用，相辅相成，能使学生的直观感知与思维很好地结合起来，达到更好的效果。在运用时，应根据教学阶段及教学对象不同而有所区别。一般在教新动作时，讲解一定要配合足够的示范，复习课时，示范要有重点、有针对性，讲解要有分析。对年龄小、水平低的学生，示范是主要的，示范次数应多些；对年龄大、水平高、理解能力强的学生，讲解示范应并重。

3. 直观教具的运用

在技术教学中，可以穿插使用技术挂图、照片等直观教具。在室内课时，可以运用幻灯、录像、电影、光碟等多媒体教具，生动形象地进行教学。在运用上述直观教具时，应注意选择适当的时机，一般在学生对技术动作有一定的了解和掌握，但又不够准确时运用。过早或过晚使用，都会降低教学效果。

三、循序渐进原则

指在教学中根据学生认知活动的特点，动作技能形成的规律，在安排教学的内容和方法、步骤和运动负荷，都要有条不紊，由易到难，由浅入深，由简到繁，由已知到未知，逐步深化提高，循序渐进。使学生能系统学习，有效地掌握知识、技术和技能。

在教学中贯彻循序渐进原则应注意以下几点：

（一）在安排教学内容、组织教法时，要由易到难，由简到繁，由浅入深，循序渐进，逐步提高要求，以利学生接受。

（二）在巩固已学的知识、技术和技能的基础上学习新教材。课与课之间教学内容要衔接连贯、承上启下。

（三）运动量的安排要有节奏地逐步加大。每课的运动量应由小到大，逐步上升，并保持一定水平，再逐步下降。一个阶段或一个学期的运动量安排，也要遵循这一原则。

四、从实际出发的原则

这一原则是指教学的任务、内容、要求、教学手段和运动负荷的安排等，都应力求适合学生的年龄、性别、身体情况和技术水平，同时应符合场地、器材和气候条件的实际情况。

贯彻从实际出发的原则应注意以下几点：

（一）深入调查研究，掌握学生的全面情况，只有情况明确才能有针对性地安排教学内容和方法。

（二）要从具体的教学条件出发，如场地、设备、器材、气候、安全措施等。

（三）从课的任务出发。在每一次课中，准备活动的内容、教学手段的选择和运用、时间的分配、分组练习的方法和要求等，都要服从课的任务安排。

（四）一般要求与个别对待相结合。对于不同的身体条件和技术水平的学生，应把一般要求和个别对待密切结合，因材施教。

五、巩固性原则

巩固性原则是指在教学中，使学生牢固地掌握所学过的知识、技术和技能，能随时在记忆中再现这些内容，并能在实践中加以运用。巩固所学的知识和技术，还为提高这些技术和进一步学习新的技术创造了条件。

贯彻巩固性原则时应考虑以下几点：

（一）在教学时，要使学生清楚地了解动作技术的正确概念、领会完成动作的方法，并注意发展学生的身体素质，这对学生掌握和巩固技术有重要意义。

（二）反复练习并逐渐增加练习量，是巩固所学技术的基本方法。通过不同的练习形式和大量的重复练习，可以积累数量，提高强度，使技术动作的质量逐渐完善，达到正确的动力定型。

（三）提问是巩固所学知识和技术的又一方法。提问可以检查学生学习的效果，起到加深理解和巩固所学知识和技术的作用，也可以促进新动作的学习。

（四）在教学的适当阶段，组织学生互相观摩动作，是巩固所学技术和技能的重要方法。在互相观摩时，要求观摩者指出技术上的优缺点，这样，既可以提高观摩者分析技术能力、加深对知识和技术的理解，又使操作者可获知自己技术的长处和短处，从而明确努力方向。

（五）通过各种游戏、测验和比赛的方式巩固技术和技能。这种变换学习环境、练习形式和提高难度的方法，对巩固学生所学技术和技能有较大的作用。

六、合理安排运动负荷原则

运动负荷是指进行轮滑球技术练习和身体练习时所给予人体的生理负荷，决定运动负荷大小的主要因素是运动量和运动强度。运动量是完成各种练习的数量、次数、组数、时间、距离等；运动强度是完成各种练习所用力量的大小、速度的快慢、练习的密度、练习的间歇时间和机体紧张程度等。在轮滑球教学中，由于是以技术学习为主，一般量和强度都不是很大，但在轮滑球专项训练课中，对于量和强度都有较大的提升和较高要求，要注意运动负荷的掌握，既要达到课的任务要求和训练目标，又不能超负荷训练。

（一）正确处理量和强度的关系

运动负荷的强度和量的指标一般情况下是成反比关系的。在人所能承受的负荷范围内，量大则强度应低，强度大时量应少。轮滑球运动强度最大的负荷，只能保持较短的时间，而轮滑球运动量达到极限负荷时，只能采用较小的强度。在轮滑球的教学中，因为是以技术教学为主，可以量较大而强度较小，而在针对比赛的训练中，应强度较大而量适中。总之，要处理好两者之间的关系。

（二）要根据教学任务、教学内容、学生的能力和特点以及场地器材等因素，合理安排课的运动负荷。

七、各个教学原则之间的相互关系

上述各教学原则，它们之间是相互联系、互为补充的，反映同一过程各个方面的规律。它们之间是统一的，各原则的划分是相对的。

自觉积极性原则是实现其他各原则的前提。没有学生自觉积极的学习态度，其他原则也就无法贯彻。同时，只有自觉积极性活动符合其他原则所提出的要求时，这种活动才可以成为真正的巩固性原则。同样，也只有从实际出发，因材施教，才能符合循序渐进的原则。因此，在轮滑球教学中，必须全面贯彻各个教学原则，只有这样才能取得好的教学效果，不断提高教学质量。

第三节　单排轮滑球的教学方法

单排轮滑球的教学方法是指在向学生传授理论与技术知识的教学过程中所采取的方式、方法与手段。教学方法的选择与运用应根据教学任务、教学内容、教材特点、学生情况、场地器材条件来确定，还要遵循教学原则的基本要求和运动技能形成过程，即粗略掌握动作阶段和改进提高动作阶段的规律来确定。要有目的性、针对性，要讲求实效，灵活运用各种教学方法。在单排轮滑球的教学过程中，经常采用的教学方法主要是：讲解法、示范法、练习法、比赛法。

一、讲解法

这是任何科目教学都采用的最基本的教学方法，即运用语言向学生传授轮滑球知识和技术的一种方法。正确而熟练地运用语言讲解法，能启发学生积极思维，加深对知识和技术动作的理解，培养学生分析问题和解决问题的能力。

运用讲解法时应注意以下几点：

（一）讲解时运用的语言要精练扼要，通俗易懂，用词要准确，尽可能生动形象；口齿要清楚，声音要洪亮；突出重点，抑扬顿挫结合，才会达到讲解的最好效果。

（二）理论课上的讲解，要在充分备好课的基础上，抓住教材的重点和难点，加强系统性和逻辑性，同时配合提问、复习、解答等方法，以提高讲解的效果。

（三）在技术课上讲解动作要领时，也要抓住该技术的重点和难点，配合动作的示范进行讲解。重点和难点及学生的错误动作抓得越准，讲解和纠错的效果就越好。

教师在讲解中要注意启发学生积极的思维，让学生的思维跟上自己的讲解，使听、看、想、练有机地结合起来，使学生知其然，并知其所以然。

二、示范法

示范教法是技术教学最直观、最基本的方法，就是教师运用具体的技术动作或战术方法，使学生直观地了解所要学习的动作形象、方法和要领，建立正确的动作概念和模式。

示范时应注意以下几点：

（一）教师的示范动作一定要正确、熟练、轻松自然、动作优美，使学生建立起完整正确的技术动作概念。

（二）教师示范时要注意示范的位置和方向，必须让每个学生都能看到示范动作的细节，以达到示范的目的和效果。

（三）示范动作必须与语言讲解结合运用。示范时应集中学生的注意力，向学生讲明看什么动作，哪是重点和难点，怎样看才正确等。只有把示范动作与语言讲解紧密结合，才能达到最好的示范效果。

三、练习法

练习教学法是轮滑球教学中最主要的一种教学方法，是教师根据教学任务和要求，有目的地组织学生反复做某些轮滑球技术动作或战术动作，使学生通过多次重复练习，掌握正确的轮滑球技术和技能的方法。

练习法主要包括以下几种：

（一）重复练习法

是指在轮滑球教学中，对某一个练习内容反复进行练习，例如滑行练习，可采用30米往返滑行4次为一组，滑行10组。重复练习是巩固和提高轮滑球技术动作、技能的重要方法，也是保持和提高机体工作能力，发展身体素质的必要手段。在教学过程中，要根据教学目的、动作或技术特点选择合适的练习方法和重复次数、并对不同的练习或对象提出不同的要求。

（二）分解练习法

是指把完整的轮滑球技术或战术动作，合理地分成几段，逐次进行练习，最后再结合起来练习，达到全部掌握的方法。这种方法的优点是简化教学过程，特别是对较复杂的技术或战术方法，通过分解教学和练习，有利于学生的理解和掌握。但分解练习的缺点是如果运用不当，容易使动作脱节，破坏动作结构，影响正确技术动作的形成。因此对这种方法不可应用过多，一旦学生初步掌握动作基本方法，就应迅速转入完整技术练习。

（三）循环练习法

这种方法是指教师在轮滑球教学中，根据教学任务的要求，选择若干个轮滑球技术或战术练习，布置在若干个地点进行，要求学生在每一个地点完成规定的练习内容，然后再迅速转到下一个练习地点进行下一个练习。这种循环往复地进行多种练习的方法，称为循环练习法。

四、比赛法

在轮滑球教学中，采用个人或集体竞争的组织形式进行练习称为比赛法。学生在比赛的条件下进行练习，能充分调动学生学习的积极性，有效地提高技术动作和技能，有效地发展身体各项素质，并能培养学生的竞争能力和集体主义精神等品质。比赛法的形式是多样的，不仅是全队轮滑球比赛的形式，在某一个单项技术或战术的练习中也可以采用比赛法。但比赛法一般都是在学生已经基本掌握了该项技术或技能时采用，通过比赛可以促进该项技术的提高和运用能力。

轮滑球的教学方法是丰富多样的，上面仅介绍了四种。教师要不断深入地调查研究，勇于实践和探索，在深入领会教材内容和深入领会轮滑球项目特点、教学特点的基础上，根据不同学生的实际情况，总结教学经验，创造和发展新的轮滑球教学方法。

第四节 主要教学练习方法

一、滑行练习方法

（一）准备姿势和起跑练习方法

1. 准备姿势

（1）陆地模仿：不穿轮滑球鞋，穿一般运动鞋在原地按照要领做滑行准备姿势。30秒1组，根据需要做若干组。

（2）穿轮滑球鞋在原地按照要领做滑行准备姿势。30秒1组，根据需要做若干组。

（3）穿轮滑球鞋或不穿轮滑球鞋在原地按照要领做滑行准备姿势。重心左右移动，两手握球杆做前后左右的拨球动作。做时要保持重心水平，不要升高。

2. 起　跑

（1）V字起跑

陆地模仿：不穿轮滑球鞋，穿一般运动鞋在原地按照要领做V字起跑，特别注意脚尖分开的角度，要用脚的内侧蹬地，跑两三步以后变为正常跑。10米1组，根据需要做若干组。

穿轮滑球鞋在原地按照要领做V字起跑，注意要点同上。10米1组，根据需要做若干组。

（2）压步起跑

陆地模仿：不穿轮滑球鞋，穿一般运动鞋在原地按照要领做起跑，特别注意侧倒重心和用力侧蹬的动作及转体后脚尖分开的角度，要用脚的内侧蹬地，跑两三步以后变为正常跑。10米1组，根据需要做若干组。

穿轮滑球鞋在原地按照要领做压步起跑，注意要点同上。10米1组，根据需要做若干组。

（二）直线滑行练习方法

1. “企鹅走”，就是初学轮滑时的行走。双脚呈V字型，脚跟靠拢，屈膝，用双脚内刃控制行走，不要滑动。

2. “正画葫芦”，双脚先呈V字，双腿呈较低蹲姿。开始时两脚同时用力向侧蹬地使自己向前滑行，两脚向外分开滑行至稍宽于肩时，此时双脚都是内刃着地，重量偏压于脚后跟部位，膝盖和脚尖用力内扣，两大腿用力内收，使双脚向前内方向滑行。当双脚将要靠拢前（20~30厘米），双踝外倒，双膝外展并带动脚尖用力外转，当脚尖由内八字转成外八字时双踝再内倒，同时两腿用力侧蹬，使双脚向前外方向滑动。反复地进行即可呈画葫芦式地连续滑行。

3. 在双脚交替蹬地滑行的基础上做脚不离地的收回。脚收回时与支撑脚尽量靠近，使重心能够容易并顺利地交替。

4. 起跑后加速快滑 30 ~ 40 米，要注意基本姿势和正确滑行技术，腿收回的全部路线都在身体下方，同时，始终保持上体稍前倾、膝踝蹲屈的姿势。

（三）转弯练习方法

1. 急转弯

（1）不穿轮滑球鞋，侧扶界墙，摆好弓步做侧倒重心的动作。注意以倒臀部为主。

（2）穿轮滑球鞋在直线滑行中做慢的侧倒重心转弯动作，向左转时左脚用外刃，右脚用内刃，向右转时右脚用外刃，左脚用内刃。

（3）在上一练习基础上降低重心做较急的转弯动作。

（4）在较快速滑行中做左或右的急转弯动作。

（5）在相距 5 ~ 8 米处放两个标志物，运动员绕两个标志物做 8 字滑行，到每个标志物处做急转弯，然后再做压步起跑。

（6）沿折线摆放锥形标志物，运动员以图示路线绕着每一个标志物做一个急转弯，当前面的运动员到达第 2 个标志物时，下一名运动员出发。

（7）如果运动员急转弯做得好，而且时间允许，把运动员分成两组，给每个队摆放一个同样的路径，举行一个比赛。

2. 压步转弯

（1）不穿轮滑球鞋，徒步做向左或右的压步动作。注意每步都用力侧蹬。

（2）穿轮滑球鞋在直线滑行中做慢的压步转弯动作。能够做好一步即可练习做连续压步。

（3）在地上画一圆圈，沿着圆圈做连续压步滑行。在掌握一定技术的基础上逐渐加速滑行。

（4）从场地一端开始滑行，向左做两次压步，然后做两次向右压步，重复进行，滑到场地另一端。

（5）在滑行中先做一个急转弯，当转到一定角度速度减慢时，接着做一次或几次压步转弯滑行。做时要两个动作连接连贯，尽可能保持较高的速度。不要等到急转弯速度降到很慢时才做压步。

（四）停止练习方法

1. T 型停止

（1）穿轮滑鞋在直线慢滑中先摆好 T 型脚位。

（2）在慢滑中做拖停的动作。

（3）在拖停时逐渐加大后脚压地的力度，并控制好身体姿势。

2. 滑雪犁式停法

（1）在原地做双脚滑行变内扣的动作。

（2）在慢滑中做犁式停法。

（3）适当加快滑行速度做犁式停法。

3. 冰球急停

（1）不穿轮滑鞋在陆地急跑几步后做转体侧急停动作。

（2）穿轮滑鞋在慢滑时做转体急停动作。

（3）适当加快滑行速度做转体急停动作。

4. 侧滑停止

（1）不穿轮滑鞋在陆地急跑几步后做侧转体单脚急停动作。

（2）穿轮滑鞋在慢滑时做侧转体单脚急停动作。

（3）适当加快滑行速度做侧转体单脚急停动作。

5. 急停综合练习

（1）运动员在球门线上站成一行，听到指令时，运动员向前滑行，听到下一个指令时，用右脚做急停，在跨过整个场地的过程中让运动员做几次急停。返回时用左脚做这个动作。

（2）运动员在界墙角处站成一排，每名运动员轮流滑向第一个标志物，面向下一个标志物的方向做一个急停，当前面的运动员在第一个标志物处做急停时，下一名运动员出发。运动员在每一个标志物前做一个急停。

（3）捡垃圾游戏：把运动员分成两队，分配给每一个队一个争球圈作为本队的垃圾场，把球分布在整个区域内，听到指令时，运动员必须四处滑行，急停一次捡起一个球（垃圾）送回到本队的垃圾场。运动员必须戴着手套，在每个垃圾的地方停住，捡垃圾多的队获胜。

（五）倒滑练习方法

1. 直线倒滑

（1）看了示范后不穿轮滑鞋在陆地模仿倒滑的动作和脚移动路线，特别注意两脚跟交替抬起的时机和重心移动的方法。

（2）穿轮滑鞋脚呈内八字型做向后倒退走。

（3）在上一练习基础上重心适当左右摆动，脚下做侧蹬和滑行的动作。

（4）运动员两人一组彼此面对面，用两根球杆（抓住对方球拍，球拍头向下），把同伴向后推，推和被推动的运动员保持基本姿势，一人正滑，一人倒滑，争取步伐一致。滑行速度应稍慢，注意安全。

（5）运动员在球门线上站成一排，面对界墙，当听到指令时，用单脚做 C 字型蹬地滑到中线，返回时用另一只脚做。

（6）做较低姿势的完整倒退滑行练习。

（7）单手握球杆做完整倒退滑行练习。

2. 倒滑压步

（1）看了示范后不穿轮滑鞋在陆地模仿倒滑压步的动作和脚移动路线，特别注意侧蹬时移动臀部的方法和幅度。

（2）穿轮滑鞋慢做向一侧的倒滑压步，初步掌握后再做向另一侧的压步动作。

（3）根据教练的指挥做连续的和变换方向的倒滑压步动作。

（4）两人一组做一过一的进攻防守练习，互换攻和守的角色。

（六）转身练习方法

1. 正滑变倒滑

（1）交替步转身

看了示范后不穿轮滑鞋在陆地模仿转身动作的脚步和转身的配合连接方法。向左右的转身都要做。

穿轮滑鞋慢滑先做向一侧的转身，初步掌握后再做向另一侧的转身动作。

做较快速滑行时的转身练习，两侧转身都要做到熟练掌握。

根据教练的指挥做不同方向的转身动作。

（2）提踵转身

不穿轮滑鞋在陆地模仿提踵转身动作，重点练习提踵和转臂转身的配合时机。向左右的转身都要做。

穿轮滑鞋慢滑先做向一侧的转身，初步掌握后再做向另一侧的转身动作。

做较快速滑行时的转身练习，两侧转身都要做到熟练掌握。

根据教练的指挥做不同方向的转身动作。

（3）压步滑行中转身

不穿轮滑鞋在陆地模仿压步转身动作，重点练习两脚的落地和抬起的配合及与转身的配合时机。向左右的压步转身都要做。

穿轮滑鞋慢滑先做向一侧的压步转身，初步掌握后再做向另一侧的压步转身动作。

做较快速滑行时的转身练习，两侧转身都要做到熟练掌握。

根据教练的指挥做不同方向的转身动作。

2. 倒滑变正滑

（1）直线倒滑时转身

不穿轮滑鞋在陆地模仿倒滑转身动作，重点练习两脚的落地和抬起的配合及与转身的配合时机。

穿轮滑鞋慢滑先做向一侧的转身，初步掌握后再做向另一侧的压步转身动作。

做较快速滑行时的转身练习，两侧转身都要做到熟练掌握。

根据教练的指挥做不同方向的转身动作。

（2）倒滑压步转身

不穿轮滑鞋在陆地模仿倒滑压步转身动作，重点练习两脚的落地和抬起的配合及与转身的配合时机。向左右的压步转身都要做。

穿轮滑鞋慢滑先做向一侧的压步转身，初步掌握后再做向另一侧的压步转身动作。

做较快速滑行时的转身练习，两侧转身都要做到熟练掌握。

根据教练的指挥做不同方向的转身动作。

（七）跳跃练习方法

1. 向前跳跃

（1）穿轮滑鞋练习双脚原地起跳。

（2）穿轮滑鞋练习双脚原地向前跳，双脚起跳双脚落地。

（3）穿轮滑鞋练习单脚原地向前跨跳，左脚蹬地起跳右脚落地，右脚蹬地起跳左脚落地。

（4）向前慢滑时练习单脚起跳双脚落地。

（5）向前慢滑时练习左脚蹬地起跳右脚落地，右脚蹬地起跳左脚落地。

（6）在地上设置不同高度的障碍物，运动员原地跳跃障碍物。

（7）在地上设置不同高度的障碍物，运动员练习在滑行中跳跃障碍物。

2. 向侧跳跃

（1）穿轮滑鞋练习原地向侧跨跳。

（2）向前慢滑时练习单脚向侧起跳，单脚或双脚落地。

（3）用较快速度滑行时练习单脚向侧起跳，单脚或双脚落地。

（4）滑行中听教练口令或信号做单脚向侧起跳，单脚或双脚落地。

二、球杆技术练习

（一）握　杆

1. 按照动作要领握杆，转动手腕变换杆刃着地的角度。

2. 按照动作要领握杆，保持杆刃接近地面的情况下前后左右移动手臂和球杆，以便扩大拨球和控制球的范围。

（二）拨球与控球前进

1. 拨　球

（1）不穿轮滑鞋，用杆原地拨球，先练左右拨球，再练前后拨球，然后再练斜线拨球和其他方式拨球。练习中，要长拨、短拨交替，快拨、慢拨交替。拨球练习应该抓紧一切空余时间练习，因为它不需要正规的或很大的场地，不需要别人的配合，也不需要很长的或完整的时间。多练才能掌握和提高技术，找到手感，熟能生巧。

（2）穿轮滑鞋做上述练习，增加了身高，在滑行移动中做拨球练习，更能接近比赛的实际，更能找到实际的感觉。

（3）运动员在站立中左右来回拨球，继续拨球时，运动员要喊出教练员给出的手指数（运动员必须练习拨球时抬头观察）。

（4）在每名运动员前方画两个相距 1 米的点，运动员拨球绕着两个点做 8 字型拨球，双肘要离开身体，手腕要转动。

（5）为了能够很好地拨球和射球，需要轮滑球运动员的手腕和前臂有较好的力量，因此，在进行身体训练时，要专门加强对手腕和前臂的力量练习。

2. 控制球前进

（1）推　球

①不穿轮滑鞋用杆推球前进，主要练习推球时握杆的手法及对球前进方向和距离的控制。

②穿轮滑鞋用杆推球前进，主要练习在较快速度时推球方法、力量的大小、对球前进

方向和距离的控制，以及推球后再控制球时变为拨球、传球或射门等的方法。

（2）拨球前进

①拨球向前滑行，开始时速度较慢，逐渐加快速度。保证拨球与滑行的协调配合。

②曲线滑行运球，要斜线拨球、前后拨球、推球等相结合，在保证不掉球的情况下加速滑行。

③在场地中摆若干标志物，运球在过每个标志物时绕其一圈，练习急转弯时对球的控制。

④在相距5~8米处摆两个标志物，运球绕两个标志物做8字滑行，连续做若干圈。如必要可做计时比赛。此练习综合了几种拨球、推球、扣球急转、压步加速等技术。

（3）倒滑拨球

①不穿轮滑鞋在场地上倒退走，边走边拨球，主要练习杆刃扣球向后或侧后拨球或拉球的动作。

②穿轮滑鞋慢倒滑，边滑边拨、运球。

③边拨球边做倒滑转弯、倒滑压步。

④运球正滑5~7米，然后转身倒滑运球5~7米，再转身正滑运球，再变倒滑运球，连续多次重复。

（4）过人技术

①在场地中摆设若干标志物，以这些标志物为假想对手，运球绕过。过标志物时重点练习拉杆过人动作，要有虚晃假动作，拉杆幅度要大，并注意用身体掩护球。

②多人在小范围内同时滑行运球，要注意相互不能碰撞、干扰，主要练习运球时能抬头观察，并及时选择滑行运球路线。

③多人在小范围内同时滑行运球，相互间可以干扰和破坏对方的运球，主要练习运球时能抬头观察，并及时选择滑行运球路线和躲避其他人的干扰和破坏，在能保护好自己球的情况下再去破坏别人的运球。

④两人一组进行抢球练习，要求得球者不能只运球跑，要大胆运球与对手周旋，重点练习保护球，同时可以练习各种过人方法，特别是透球过人和界墙反弹球过人。

⑤两人一组相互攻守，攻者要努力运球过人，守者要以倒滑退守，防止对方越过。

（三）传接球练习方法

1. 传　球

（1）正手平传

①原地传球：两人一组，相距一定距离，原地站立相互传球。距离远时练长传球，要练习传得准，还要球速快。距离近时练习短传，除了要求传得准外，还要接球后迅速传出去，尽量缩短控制球的时间。

②行进间传球：两人或三人一组，边滑行边传接球。传球时要先确定接球人的滑行方向和速度，传出的球要有一定提前量，以保证接球人人到球到。

（2）反手传球

①两人一组，较近距离站立，相互做反手传球。

②两人一组，相距4~8米平行向前滑行，边滑行边做相互反手传球。

③一人原地站立传球，另一人在5～8米的距离内往返滑行，边滑行边接同伴传来的球，再用反手将球传回给同伴。

（3）弹　传

①两人一组，相距5～8米站立，相互做弹传练习。

②两人一组，相距6～10米平行向前滑行，边滑行边做相互弹传练习。

③一人原地站立，用弹传给另一人传球，另一人在5～8米的距离内往返滑行，边滑行边接同伴传来的球，再将球传回给同伴，也要尽可能用弹传的方法。

（4）传腾空球

①两人一组，相距5～10米站立，两人之间横放一根球杆，相互传腾空球练习。

②两人一组，相距6～10米平行向前滑行，边滑行边做传腾空球练习。

（5）挑　球

①面对端线界墙（有高防护网的界墙）2～3米远，先练习反手挑球，球打在网上弹回来后控制住，再继续练习。基本掌握后再练习正手挑球。练习时队员之间相距远一些，注意安全。

②二人一组，相距20米以外，相互做挑球、接球练习。

（6）留　传

①一人运球滑行中突然将球停住，自己再向前滑行两步后急转回来取球。

②两人一组，前面的人运球滑行并做留传，后面的人跟进，得球后急加速运球超过前者，也做留传。两人交替前进练习留传。

③两人一组一前一后滑行，前面的人运球并做留传，后面的人跟进，得到留传的球后再传给前面的人，前面的人再做留传，依此反复。两人交换前后位置再练。

④两人一组，交叉滑行，前面的人运球并在交叉换位时把球留给同伴，接球人加速滑到前面去，两人再做交叉并留传。

（7）界墙反弹传球

①两人一组，位于距界墙2～3米，彼此相距5～8米，利用界墙相互做反弹传球。

②自己一人运球沿界墙滑行，边滑行边向界墙打反弹球，根据自己速度选择合适的向界墙打球的角度。

③两人一组，位于界墙角的两侧，利用界墙角的弧度相互传球。

2. 接　球

（1）正手接球

①原地传球：两人一组，相距一定距离，原地站立相互传球。距离远时练习长传球，距离近时练习短传球，要练习接得准、稳。除了要求接得稳外，还要接球后迅速传出去，尽量缩短控制球的时间。

②行进间传球：两人或三人一组，边滑行边传接球。接球时要先确定来球的方向和速度，采用最合适的方法接球。传接球时注意抬头观察，以便对场上的情况随时了解和掌握。

（2）反手接球

①两人一组，较近距离站立，相互做反手传球接球，按照传接球的要领逐渐加快速度，加大难度。

②两人一组，相距 4 ~ 8 米平行向前滑行，边滑行边做相互反手传球接球，要在提高传球的准确性和接球的稳定性的前提下加快滑行速度和传接球速度。

（3）轮滑鞋接球

①两人一组，较近距离站立，互相向对方的脚下传球，练习用脚停球或反弹球。

②一人原地站立负责传球，另一人往返滑行，专练接传到脚下的球。

（4）接腾空球

①两人一组，距离 5 ~ 8 米，相互抛球，练习用手接球。要按照正确的动作方法和规则的规定练习。

②两人一组，距离 15 ~ 20 米，相互射高球或挑高球，练习用手接球，或用杆接低于肩部高度的球。此练习应在保证安全的前提下进行。

3. 传接球综合练习

（1）数名运动员围圈站立，教练员站在圈中间，教练员轮流把球传给每一名运动员，每一名运动员接到球后回传给教练员。

（2）运动员分组站成三角形或正方形彼此相距 4 米，运动员绕着三角形和正方形用正手传球。

（3）方法同上，反向绕着三角形和正方形传球。

（4）重复上述练习，但必须用反手传接球。

（5）传圈游戏：一组运动员围成一圈，圈内站一名运动员，圈外的运动员相互传球，不让圈内的运动员得到球，如果某一名运动员的传球被断掉，这名运动员必须与圈内的运动员交换位置，继续做这个练习。

（6）运动员沿着界墙滑行，距离界墙 2 米远，把球传向界墙，再接从墙弹回来的球，继续滑行继续传球。要正反两个方向滑行做这个练习。

（7）运动员两人一组绕着界墙滑行，彼此相互传球，确保运动员该用正手传球就用正手，该用反手传球就用反手。要正反两个方向滑行做这个练习。

（四）射　门

1. 腕射（拉射）

（1）在界墙上设一个假想目标，原地对界墙射球。

（2）距球门 6 ~ 10 米射门练习，按照教练要求射球门的某一部位。

（3）多球射门练习，要在做好基本动作的前提下尽量快射。

（4）有守门员的射门练习，根据守门员的防守位置和角度选择射球目标。

2. 弹　射

（1）前臂击射

①面对界墙练习前臂击射，主要练习击射的动作方法，包括摆放球、挥杆、击打球的部位、移动重心等。

②面对球门练习前臂击射，主要练习射球的准确性。

③在运球中突然停球，用前臂击射的方法射门。

（2）拉弹射

①面对界墙练习拉弹射，主要练习弹射的动作方法，包括用杆刃尖拉球、连接转腕抖

前臂动作击打球，以及击球后的挥杆和移动重心的动作。

②面对球门练习拉弹射，主要练习射球的准确性和速度。

③在运球中突然弹射，练习动作的衔接和隐蔽性。

3. 挑　射

（1）挑　射

①距有高挡网的界墙 2 ~ 3 米，向界墙上沿处挑射。因为界墙的高度与球门相近，争取每次打在界墙上沿处。

②距球门 2 ~ 3 米，向球门的上角挑射。

③距球门 2 ~ 3 米，向球门的上角用反手挑射。

（2）铲挑射

①距有高挡网的界墙 2 ~ 3 米，向界墙上沿处铲挑射。因为界墙的高度与球门相近，争取每次打在界墙上沿处。

②距球门 2 ~ 3 米，向球门的上角铲挑射。

4. 击　射

（1）在界墙上设一个假想目标，原地对界墙击球。

（2）距球门 10 ~ 15 米练习击球射门。

（3）接传来的球后拨放在合适位置，迅速挥杆击球射门练习，要在做好基本动作的前提下尽量快射。

（4）有守门员的射门练习，根据守门员的防守位置和角度选择射球目标。

5. 反手射门

（1）在界墙上设一个假想目标，原地对界墙反手射球。

（2）距球门 3 ~ 5 米练习反手挑球射门。

（3）接传来的球后拨放在合适位置，迅速挥杆反手射门练习。

（4）门前横运球中突然做反手射门练习。

（5）有守门员的射门练习，根据守门员的防守位置和角度选择射球目标。

6. 快拍射门

（1）快拍击射

①两人配合练习。一人传球，另一人对界墙击射传来的球。传球的人开始时传球速度较慢，传的位置一定要准确。当射球的人基本掌握方法并能较准确击到球时，可以给他传速度稍快一些的球。两人互换练习。

②两人配合练习。一人传球，另一人对球门击射传来的球。大力击射时应距球门较远，可在不同的角度射门。两人互换练习。

（2）快拍腕射

①两人配合练习。一人传球，另一人对界墙腕射传来的球。传球的人开始时传球速度较慢，传的位置一定要准确。当射球的人基本掌握方法并能较准确接到球并能连贯射出时，可以给他传速度稍快一些的球。两人互换练习。

②两人配合练习。一人传球，另一人对球门用腕射方法射传来的球。可在不同的角度射门。两人互换练习。

7. 垫　射

（1）两人配合练习

一人先用大力传球传给门前的人，门前的人练习用杆刃改变球的方向射向球门。可练习各种角度的传－垫射门。两人互换练习。

（2）两人配合练习

一人击球，另一人站在门前垫射。击球的人开始时击球速度应较慢，射的位置一定要准确，使垫射的人较容易垫到球。当垫射的人基本掌握方法并能较准确垫到球时，可以给他击速度稍快一些的球。两人互换练习。

（五）防守性球杆阻截练习

1. 戳球阻截

（1）要多进行倒滑练习，熟练地掌握各种速度的倒滑和倒滑变向技术是一对一防守的基础。

（2）一人正滑一人倒滑面对面的滑行练习，正滑者练习变向和过人假动作，倒滑者练习判断对方意图并倒滑变向阻挡对方。

（3）一人边倒滑边练习戳球阻截动作。

（4）一对一运球过人练习，正滑者练习过人，倒滑者练习戳球阻截。

2. 挑杆阻截

（1）两人一组练习，一人紧随另一人身后滑行，前面的人左右变向，设法摆脱对手的跟随，跟随的人不仅要紧紧跟随，还要设法抢到对手侧后、能够挑到对手球杆的位置。

（2）两人一组面对面抢球，其中一人听口令后用杆拿球，另一人听口令先挑对方球杆再拿球。练习数次后两人互换。

（3）两人一组练习，一人紧随另一人身后滑行，前面的人运球，设法摆脱对手跟随，跟随的人设法挑杆抢球。抢到球后运球，另一人再练习挑杆抢球。

3. 扫球阻截

（1）原地练习横扫动作。

（2）快滑几步后接着做横扫动作。

（3）一人运球滑行另一人跟随滑行做扫球阻截。两人互换。

三、守门员技术练习

（一）陆地练习（不穿轮滑鞋）

1. 做基本姿势练习和各种挡球技术动作的模仿练习。

2. 门前两人横向传足球或运足球，守门员随球移动，根据足球的位置选择自己封门角度和位置练习。

3. 在门前用网球等小球向守门员投扔，守门员按动作要求进行挡、抓球练习。

4. 根据教练员的指令或哨声，做移动、挡球、退回原位、跪挡、扑倒等综合性防守动作练习。

（二）滑行、移动练习

1. 守门员要参加其他队员的滑行练习。

2. 短距离向前滑行、倒退滑行。

3. 两个球门柱之间的往返移动，要求每次靠紧门柱；球门区两个前角之间的往返移动，要求要快，基本蹲姿不变。

4. 守门员从门区中间滑到左侧迅速返回，再滑到前面迅速返回，再滑到右侧迅速返回。多次重复。

5. 守门员正三角移动：从一侧球门柱移到门前正中间，再移到另一侧门柱，再按原路返回。多次重复。

6. 守门员倒三角移动：从门区中间滑到左前角，再滑到右前角，再回到门区中间，再反方向移动。多次重复。

7. 门前三名队员三角形位置站立相互传球，守门员随球移动封堵角度。

8. 门前三名队员三角形位置站立相互传球，球到每一人处做一个假射门动作，守门员随球移动封堵角度，并随对方的射门动作做一次跪挡动作。

（三）防守动作练习

1. 教练或队员多球中距离连续射门，有目标地射某一点，守门员练习挡、抓球技术。

2. 全体队员距门 7 ~ 8 米弧形站立，依次连续射门，守门员练习抓、挡技术。

3. 两名队员位于两个争球点处，交替射门，守门员连续左右移动并抓、挡球。

4. 两名队员位于门前 4 ~ 5 米处，相距 4 ~ 5 米，一名队员射一次门，马上再传给另一队员球，另一队员打快拍射门，守门员防完第一次射门后迅速移动去防快拍射门。

5. 一名队员在球门后控制球，门前站两名队员，守门员先左右移动防后面队员掖门，再防他传给门前人的快拍射门。

6. 全体队员依次 1 打 0 攻门。

7. 队员两人一组 2 打 0 攻门。

8. 队员 2 打 1 攻门。

思考题：

1. 单排轮滑球教学与训练的区别是什么？

2. 请解释技术、技能形成和提高两个阶段的理论机制，如何帮助学生掌握和提高技术。

3. 列出单排轮滑球教学内容的几大方面。

4. 列出单排轮滑球的教学原则有哪些。

5. 请详细说明单排轮滑球教学方法中的练习法。

6. 请说明本章具体练习方法贯彻了哪几个教学原则。

第六章　单排轮滑球训练

第一节　训练的任务和内容

轮滑球的训练是在教学的基础上，经过反复技术练习不断改进和提高技术、战术和身体机能水平的过程，是为比赛做准备的过程。

单排轮滑球训练的任务是根据训练目标所确定的。例如，对北京体育大学专项班学生，总的学习目标是掌握单排轮滑球的理论知识、各项技术、战术，提高身体机能水平，同时还要掌握教学、训练方法，以便将来从事单排轮滑球的教学和训练工作。但在训练课上的目标是掌握和提高各项技术和战术，提高身体机能水平，为近期的比赛任务做准备。如果是球队，训练的任务就是提高技术、战术水平和身体机能水平，为在比赛中取得好成绩做准备。

单排轮滑球训练的内容分为五个方面（如图 6－1 所示）：体能训练、技能训练、战术训练、心理训练、运动智能训练。训练课的主要形式是技能训练和战术训练，除了体能训练有时单独进行训练以外，多数体能训练和全部心理训练、运动智能训练都是贯穿在技术、战术训练过程当中的。

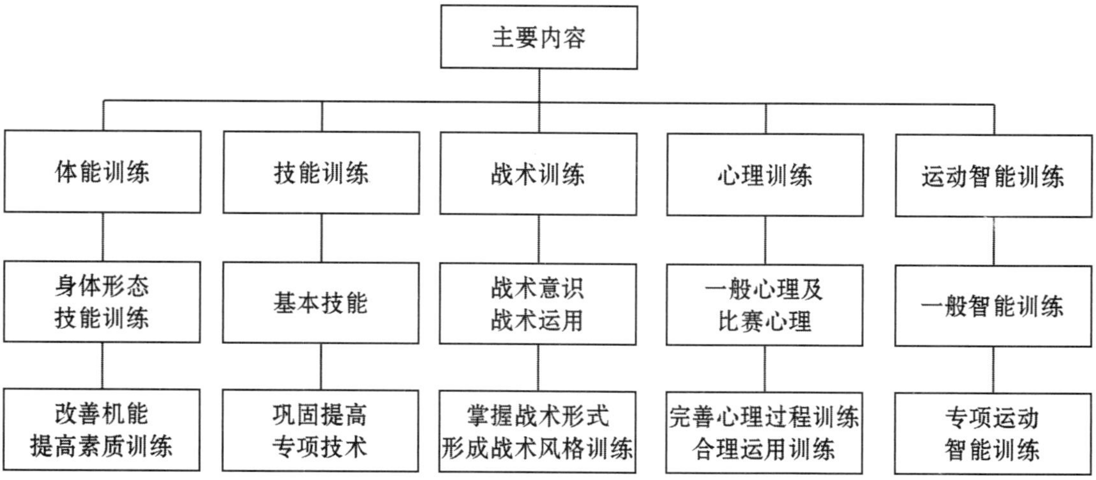

图 6－1　训练的主要内容

一、体能训练

关于体能的概念和定义，一直以来为各方面的专家学者和训练学科理论界所关注。国际运动医学委员会早在1964年东京奥运会期间，就成立了“国际体能测试标准化委员会”，并制定了标准体能测试的6大内容（身体资源调查、运动经历调查、医学检查与测验、生理学测验、体格和身体组织测验及运动能力测验）。对此，拉森（LARSON）提出了构成体能的10大因素：防卫能力、肌力能力、肌爆发力、柔韧性、速度、敏捷性、协调性、平衡性、技巧性和心肺耐力。

在我国，1984年出版的《体育词典》和1992年出版的《现代汉语新词典》中对体能作出了相同的解释：“体能”指人体各器官系统的机能在体育活动中表现出来的能力。包括力量、速度、灵敏、耐力和柔韧等基本的身体素质与人体的基本活动能力（如走、跑、跳、投掷、攀登、爬越和支撑等）两部分构成。我国《运动训练学》教材中田麦久等专家把体能视为运动员先天具有的遗传素质与后天经训练形成的运动员在专项运动中所表现出来的机体持续运动的能力。他们给出的运动员体能的定义为：运动员机体的基本运动能力是运动员竞技能力的重要构成部分。在训练学中，体能训练和技战术训练、心理训练与智力训练一起构成运动训练的整体，它能够提高运动员有机体的技能，增进健康，改善身体形态，发展一般和专项运动素质，预防和治疗伤病等。

国内、外其他有关体能的研究表明，体能的涵义包括身体能力、人体机能、身体素质和身体适应能力等。广义上，运动员体能发展水平是由其身体形态、生理机能及运动素质的发展状况决定的；狭义上，运动员的体能水平主要通过运动素质表现出来，国外近年来常把运动素质称之为体能。通常认为包括力量、速度、耐力和柔韧等素质。而在运动生理学和体质研究中，体能较多的是指身体功能、生理机能和运动能力，有氧和无氧能力都属于体能的范围。体质研究中的体能更多是指身体素质和身体适应能力。

尽管“体能”一词内涵多样，有多种不同的理解和表达，但综合诸多对“体能”定义的研究，我们认为它至少应该阐明以下要点：经过先天遗传和后天身体训练获得，包含各项运动素质，受外界环境影响。在对以上诸多观点进行分析与考察并汲取其共同点的基础上，我们将体能定义为：体能是指人体通过先天遗传和后天训练获得的在形态结构、功能调节方面，物质能量的贮存和转移方面所具有的潜在能力以及与外界环境结合所表现出来的综合运动能力。

图6－2 体能的结构

（一）形态训练

身体形态与运动成绩有密切的联系，不同的运动项目对身体形态有不同的要求，而遗传和环境等对身体形态起着重要作用。身体形态对于单排轮滑球运动员的身体技能和竞技水平有着不可忽视的影响。选择身体形态条件好的儿童少年，并采用系统科学的方法对运动员的身体形态进行训练，是创造优异成绩的必然需要。

（二）机能训练

良好的身体机能是运动员取得优异成绩的重要基础，也是体能训练涉及的重要内容之一。单排轮滑球运动对运动员的中枢神经系统、心血管系统、呼吸系统、高级神经活动类型等均有很高要求。身体机能的许多指标受遗传、环境的影响，同时又有变异性，因此必须采用系统、科学的方法提高身体机能。单排轮滑球运动员身体机能的训练主要是通过体能训练、专项技能训练的途径去实现，科学合理的体能训练、专项技能训练可以有效地发展运动员的身体机能。

（三）素质训练

单排轮滑球运动员的运动素质包含 5 个方面，即力量、速度、耐力、柔韧及灵敏。按照运动训练项群分类，单排轮滑球运动是属于技能为主导的同场对抗性项目，对运动素质的要求有着明显的特征。

1. 力　量

力量素质是体育运动中的首要素质，单排轮滑球运动员的力量素质对速度、耐力、灵敏和柔韧等素质都有重要的影响。力量素质不仅是其他素质的基础，也是运动员学会和掌握单排轮滑球运动技能的必要条件。在单排轮滑球运动中表现出来力量素质的明显特征为速度力量与力量耐力。速度力量也叫快速力量，是指运动员在特定负荷条件下所表现出来的最大动作速度。速度力量最典型的表现形式是爆发力，而爆发力是由最大力量与最大速度相结合组成。力量耐力是指运动员在克服一定外部阻力时，能坚持尽可能长的时间或重复尽可能多的次数的能力。

2. 速　度

速度是单排轮滑球运动员重要的运动素质之一。在单排轮滑球运动中速度是完成战术的重要因素。速度素质的高低对运动员的总体竞技能力有着重要的影响。首先良好的速度素质对其他素质的发展有着积极影响。其次，良好的速度素质是运动员合理发挥技战术的先决条件。最后，速度素质对运动员的智能与心理有着直接影响。单排轮滑球运动员的速度素质主要包括：反应速度、动作速度与各种距离的移动速度。

3. 耐　力

耐力素质是决定单排轮滑球运动员竞技能力高低的主要因素，对运动员整体竞技水平的发挥起着主导作用，往往成为比赛胜败的关键。依耐力素质对专项的影响，耐力素质可分为一般耐力和专项耐力。一般耐力是指对专项运动成绩起间接作用的基础性耐力；专项耐力是指与提高专项运动成绩有直接关系的耐力，具体地讲是持续完成专项动作或接近比赛动作的耐力。

4. 柔　韧

柔韧素质在单排轮滑球运动中也发挥着重要作用，没有良好的柔韧性，动作则显得僵硬不协调，难以较好地掌握技术。而且良好的柔韧性还可以减少在运动中的损伤，易于疲劳的恢复。发展柔韧性素质训练主要采用拉长肌肉、肌腱、韧带等部位的练习，同时结合单排轮滑球项目特点可将肩、肘、腕、髋、膝、踝及腰部作为练习的重点。

加强对单排轮滑球运动员柔韧素质训练方法、手段和内容的总结、认识和理性分析，提倡进行积极的柔韧素质训练，对丰富单排轮滑球训练理论、形成系统的单排轮滑球训练体系和提高我国单排轮滑球运动的水平具有积极的促进作用。从柔韧素质与专项的关系看，单排轮滑球运动员的柔韧素质具有一般性与专项性特征。一般柔韧素质是指为适应一般技能发展所需要的柔韧性，专项柔韧素质是指专项运动特殊需要的柔韧性。由于单排轮滑球运动员柔韧素质的专项特征具有较强的选择性，因此，不同位置的运动员身体相同部位的柔韧性在幅度、方向等表现上也具有差异性。

（1）手指手腕柔韧性练习

单排轮滑球项目对运动员手腕的柔韧性、灵活性要求较高，既要发展屈伸、内收与外展，又要发展旋转的能力。在日常的训练中我们主要通过手指握拳、伸展反复；两手五指相触用力内压，使指根与手掌背向呈直角或小直角；两手五指交叉直臂头上翻腕，掌心朝上；手腕伸屈、绕环；面对墙站立，连续做手指推撑来发展手腕的柔韧性、灵活性。

（2）肘关节柔韧性练习

单排轮滑球运动员在运球、争球、抢断和射门时肘关节做屈伸的动作较多，发展肘关节屈肌力量练习的同时配以屈肌的伸展性练习，如压肘、旋内、旋外和绕环等练习。

（3）肩关节柔韧性练习

肩关节是由半球形的肱骨头和肩胛骨的关节盂构成的球窝关节，所以肩关节是关节中最灵活、活动幅度最大的关节。它的加固主要靠喙肱韧带和三角肌。因此，该关节的练习用以增加肩部肌肉力量，同时增强肩部柔韧性。发展肩关节的柔韧练习主要有主动或被动地压肩、拉肩和转肩等。如两人双手扶对方肩膀体前屈直臂、向下有节奏地压肩，手扶一定高度体前屈压肩；背对肋木双手上握、以脚为点、挺胸成反弓形向前拉肩，侧向肋木、一手上握一手下握肋木向侧拉；借助单排轮滑球杆作直臂向前、向后转肩练习等。

5. 灵　敏

根据单排轮滑球运动的特点，运动员对复杂信号的反应更为重要，灵敏素质对单排轮滑球运动员也起着十分重要的作用。灵敏素质的高低决定着技战术水平的高低。灵敏性是力量、反应能力、速度、力量、柔韧等素质的综合反映。发展灵敏素质主要采用变换训练法。将身体各种能力，包括力量、速度、柔韧等综合地表现出来。训练强度一般较大，速度较快，且练习一定要根据单排轮滑球运动的需要与技战术密切地结合起来。灵敏素质训练一般安排在训练课的前半部分，且练习次数不宜过多，练习时间不宜过长。

二、技能训练

在传统的《体育理论》① 教科书和《体育概论》② 教科书中，运动技术均被定义为“能充分发挥人的机体能力的合理、有效地完成动作的方法”。伴随科学技术的进步及其在体育运动领域的应用，人们开始对传统体育理论教科书中体育运动技术的相关理论提出挑战并赋予其新的内涵。

---

① 全国体育学院教材委员会体育理论编写组．体育理论［M］．北京：人民体育出版社，1987

② 熊晓正．体育概论［M］．北京：北京体育大学出版社，2008. 56

在现代奥林匹克运动不断发展的时代背景下，体育运动技术是指人们在从事以运动项目为中心的身体改造过程中，运用已有的经验、知识，通过人的有关器官或凭借一定的工具、机器、设备等媒介，有效地调节自体内部之间和自体与客体之间的相互关系中所使用的一切手段和方法总和。

技能是单排轮滑球训练中的重要环节，因为技能水平反映运动员的技术水平、专业素养和训练的年限，也是合理运用战术的前提条件。单排轮滑球运动的运动技能主要体现在单排轮滑球基本技术的熟练、扎实、全面、准确且特点突出上面。

单排轮滑球运动的基本技术较多，可分为滑跑技术和杆上技术两大类。滑跑是单排轮滑球运动员必须熟练掌握的最基本技术，包括起跑、正滑、倒滑、惯性转弯、左右压步转弯、急停等。滑行姿势应是上体抬起，稍前倾，眼睛向前看，两脚蹬地频率稍快。这种滑行姿势有利于在场内骤然急跑急停和频繁变换方向。杆上技术，包括控制球、传接球、过人、射门等进攻技术和阻截、抢球以及守门员防守等防守技术。射门是各项进攻技术中特别重要的一项。射门方法很多，有拉射、挑射、快拍、击射和补射等。这些方法又分正拍和反拍两种方式。现在又发展了弹射和垫拍等射门方法。在每一项技术里面还包括不同表现形式。因此要完成技术训练任务，必须采用有效的训练方法。技术训练的成功，在很大程度上取决于技术训练方法的先进性和运用的正确性。在训练方法的选择上一定要有明确的目的性和针对性，要根据不同的技术训练任务进行。同时要将电脑、录像、高速摄影等先进科技运用于单排轮滑球训练的实践中，不断改革与创新训练方法，推动单排轮滑球训练的科学化进程。

单排轮滑球技术训练本身具有如下几个方面的特点：

首先，单排轮滑球技术训练必须坚持以人为本。所谓以人为本，就是以从事本运动项目的人为本，也就是说，单排轮滑球技术训练是指从事本运动项目的人，而不是指其他。

其次，单排轮滑球技术训练必须以身体改造为指向。单排轮滑球技术训练不是单指某一个人参加单排轮滑球训练的水平与状态，而是指参加本运动项目过程中具有明确身体改造的指向目标。

再次，单排轮滑球训练必须实现历史的有效继承。所谓历史继承是指无论何种体育运动技术都毫无例外地要尊重体育运动技术的历史，都是在以往历史充分发展、有效继承的基础上才有可能不断地提高，而绝不能割断历史、忽视过去。

最后，单排轮滑球训练必须是自体与客体的协调配合。人们在所有单排轮滑球训练中不仅要实现自体各个器官之间的有效协调与配合，也必须实现自体器官与客体所有的工具、器械之间的协调配合。无论是从运动技术的形成过程看，还是从奥林匹克运动发展的历程看，运动技术自身所具有的特点不仅得到了充分的发挥，也必将伴随科学技术的进步而日益显现出强烈的时代特点。

单排轮滑球运动员技术训练的主要方法有练习方法、游戏方法和比赛方法。练习方法通常以连续的流水形式进行。每次重复的时间不同，练习和间歇的时间一般为3∶1。

游戏方法是巩固技术、提高动作稳定性和自动化程度的有效方法，即在指定的时间和区域内，完成指定的练习或将球射向指定的球门部位。在疲劳情况下改进技术，是提高技术动作稳定性和可靠性的有效方法。

比赛训练方法是指在近似、模拟或真实严格的比赛条件下，按比赛的规则和方式进行训练的方法，比赛训练方法是根据人类先天的竞争和表现意识，同时根据竞技能力形成过程的基本规律和适应原理、现代竞技运动的比赛规则等因素而提出的一种训练方法。运用比赛训练方法有助于运动员全面、综合地提高专项比赛所需的体、技、心、智等能力。

三、战术训练

单排轮滑球运动的战术训练主要围绕运动员战术意识与战术能力进行。战术意识是指运动员在训练与比赛中为达到特定战术目的而决定自己战术行为的思维活动；战术能力指运动员掌握和运用战术的能力。单排轮滑球运动对运动员战术意识与战术能力要求很高。单排轮滑球运动员战术能力的高低主要体现在所掌握的战术行动的质量与数量、运用战术的针对性和有效性等方面。在战术训练方法的选择上要充分围绕单排轮滑球运动特点及运动员自身的身体和技术特长展开，充分调动运动员的主动性和积极性。单排轮滑球战术训练应做到以下几方面要求：

（一）把握单排轮滑球运动的制胜规律

单排轮滑球运动的制胜规律主要包括两个方面：其一是制胜因素，主要为“快、准、变”；其二是制胜因素之间的本质联系，“快、准、变”三者之间相互促进，而又相互制约。正确认识和把握三者的联系，才能有效地进行战术训练。

（二）培养战术意识

一般说来单排轮滑球运动战术意识的逻辑性是对战术思维的一种缜密的逻辑思考，而直觉性是一种条件反射，是在训练及比赛的过程中逐渐培养起来的。运动员的战术意识总是与强烈的情绪体验密切联系，不良情绪的出现常常会导致整个战术意识的落空。因此善于逻辑分析、反应快速、控制情绪且迅速正确地决定自己行动方案是提高运动员战术意识的强有力的保障。

（三）培养战术运用能力

单排轮滑球运动对运动员的战术运用能力要求很高。在训练上应把其放在重要位置上，要围绕“练为战”这一指导思想贯彻执行，在训练过程中要模拟实际比赛的要求进行训练，无疑成为战术能力培养的重点。“以赛带练”也是培养战术运用能力的方法之一。

这里应特别强调的是单排轮滑球项目战术是取得比赛胜利十分关键的因素。因此，战术的训练应遵循个人技术、个人战术、集体战术、队的战术的原则。个人技术是指运动员比赛中所采用的合理的动作与方法，例如滑行、传球、射球、阻截等。个人战术是指运动员根据场上情况运用一种或多种技术采取的个人行动，如跑位、盯人、摆脱以及传球、接球、过人、射门、阻截时机和方法的选择等。集体战术则是 2 名或 2 名以上运动员运用技术和个人战术在某一区域或局部采取的协同行动，如交叉掩护、留球跟进、局部 2 过 1 或 2 抢 1 等。队的战术是指运动员根据位置分工遵照某一特定战术赋予的职责任务和活动范围以协同配合的方式共同进行进攻和防守行动。战略是比赛中为整个技术的最佳发挥而制定的战术实施策略，目的是最大限度发挥本队优势，克敌制胜。

改进战术首先应当从个人战术开始，贯穿于年周期训练的全过程。单排轮滑球战术训练同技术训练一样，既有其自身规律和结构特点，也有方法要求。个人战术是队战术的基础，个人战术行动的实施应建立在个人技术、身体机能水平和战术思维能力的基础上。

单排轮滑球运动是快速多变的滑行技艺和敏捷娴熟的控球技巧相结合、对抗性非常强的集体运动项目。在传统单排轮滑球技战术训练中，教练员常常进行灌输式的教学指挥，运动员被动地接受训练，缺乏应有的主动性、创造性，影响了训练的效果和训练目标的实现，也挫伤了运动员训练的兴趣。如何创设运动员感兴趣的训练情境，提高训练效果，一直是教练员感到困惑的问题。俗话说，良好的开端是成功的一半。引人入胜的训练的导入，能有效地激发运动员的训练兴趣，为训练目标的完成奠定坚实的基础。信息时代推崇以人为本的观念，对于单排轮滑球技战术训练，就是首先提高运动员的综合素质。训练素质化必须充分发挥运动员的主体作用，让运动员主动地参与训练活动。怎样才能让运动员自己走进训练，而不是教练员去赶或拉他们进来？重要的是创造一个合适的训练情境，当他们真正融入其中的时候，一切就会变得主动。在单排轮滑球技战术训练中，可以采用战术设计，这种方法的基本特征是以战术为主线，教练员为主导，运动员为主体。如果能恰到好处地利用战术设计，就能让单排轮滑球运动员在合适的训练情境中愉快地进行训练，形成科学的训练习惯，从而达到训练过程的整合优化，提高单排轮滑球技战术训练的效率。

战术设计的应用就是要充分发挥每一个运动员的主体作用，这就要求在战术设计中，充分考虑单排轮滑球运动员心理特点和思维方式，考虑在训练教学中如何与他们合作。教练员在战术设计上要给运动员一些思考和讨论的时间，让运动员通过合作和充分的讨论，发现和提取训练单元中所隐含的有效技战术训练点。战术设计符合探究式训练模式，让运动员在处理运球、控球、传球、射球等战术的设计下展开训练活动，引导单排轮滑球运动员循序渐进地完成一系列战术，从而获得清晰的技战术方法，掌握正确训练的脉络。在这个过程中，运动员还会不断地获得成就感，可以更好地激发他们的训练欲望，从而培养独立进行单排轮滑球技战术组合和创新的能力。

要达到预期的训练效果，关键是战术的选择与设计。在训练实践中，为了满足不同层次运动员的需求，针对训练计划规定的各个单元的训练内容，设计一些不同类型的战术，应用于训练过程之中，作为对训练计划的补充和扩展。要求教练员在总体目标的框架上，将总目标细分成若干个小目标，并把每一个训练模块的内容分解为一个个容易掌握的战术基本单元，通过这些小战术来体现总的训练目标。例如，传球技战术训练涉及传球方法、个人控球技术、整体连接方式等内容。教练员可以先向运动员展示一个完整的传球技战术方法，在设计这个综合性的战术时，要考虑到应该包含技术分解与连接所涉及的方法与技能。然后将这个战术分解为几个较小的战术单元，指导运动员分步骤去完成。战术分解、编排要注意分散重点、难点。对每个战术进行设计时要考虑战术的大小、训练点的含量，前后战术之间的联系等多方面的因素，从而保证训练目标顺利完成。

战术设计要符合运动员特点。从事竞技体育工作就是要开发运动员的运动天分，充分发挥其潜质。教练员进行战术设计时，要从单排轮滑球运动员的实际出发，考虑运动员的年龄、兴趣、认知能力等特点，考虑不同层次运动员的需求。战术的难度设计应分梯度等级，让教练员、运动员都有选择的余地，训练活动可以呈现多样化。

战术设计的应用实施。单排轮滑球运动是一项十分复杂的运动，会不断遇到新情况。排球、篮球和手球一般都有固定的跑动路线和比赛特色，而单排轮滑球比赛场上球员场位变换速度快，缺少预见性，单排轮滑球教练员的战术观点更加富于变换。单排轮滑球中虽然存在着各种固有的战术模式，但最终每种比赛形式都会出现新的解决方案。一名极有天分的球员经常能够凭借自己的直觉做出正确的抉择，我们应该注重培养球员的这种能力。感性经验在知识的形成过程中起着重要的作用。采用战术设计，在引入特殊的技战术时，以布置技战术—介绍完成技战术的方法—归纳总结技战术训练认识的顺序展开训练内容。运动员在完成战术的操作过程中，获得感性认识，掌握完成战术的方法，最后要适时地加以总结，实现从现象到本质、由感性认识到理性认识的升华。因此，在每个训练单元进行过程中，介绍技战术设计、分解、连接的一般过程，就是基于这种思想，同时还将运动员的认识提升到一个新的高度。采用战术设计组织训练过程，是由教练员提出战术，引导运动员完成战术。在完成了每一个训练单元，运动员掌握了基本训练方法和技战术后，以实际比赛的形式，要求运动员自己选择、设计并完成一个训练单元的相关战术，表现技战术训练效果。在技战术训练的战术单元分解过程中，教练员可以进一步了解运动员个体特点，从而拟定下一步有针对性的强化训练方案。在技战术训练的战术单元合成过程中，教练员可以充分发现整体特点中存在的问题和不足，为制定优化的团体作战方法提供经验积累。

要处理好战术设计的使用与教练员、运动员的关系。从训练构成者的关系来看，离不开教练员与运动员之间的交流，这种交流是双向互动的，而且带有浓厚的感情色彩。在一堂训练课中需要思想交流，教练员引导运动员的思考质疑—探究讨论—释疑迁移，应是培养战术设计思想的关键环节。要善于把握设计技战术训练的时机，要使战术设计的呈现成为整个训练流程中的一个有机组成部分，从而最大限度地发挥它的积极辅助作用。那么，如何把握战术设计呈现的最佳时机呢？这需要根据训练教学实际来确定。一般说来，战术设计的运用要选择最有利于运动员掌握训练点或使训练效果达到最优化的时机。运用战术设计的时机主要有 3 种：A. 抓住理解需求的时机。教练员不要轻易把难点放入战术设计，应让运动员充分进行思维活动。换句话说，就是战术设计的使用应该有助于激发运动员训练的热情，培养运动员解决问题的能力。B. 抓住感情需求时机。教练员要注意运动员的感情变化，不失时机地运用战术设计，创设一个最适宜产生情感共鸣的环境，培养和激发运动员的团队情感。C. 根据训练内容，因人而异，抓住技战术训练时机，取得最佳的训练效果。

另外，还要注意各种训练单元的合理搭配，将它们加以优化组合，发挥战术设计的整体功能。

四、心理训练

现代的单排轮滑球竞技，运动员在比赛过程中，不仅消耗体能，同时也消耗很大的心理能量。如果不能很好地培养运动员在比赛中所需要的心理能量和个性心理特征，即使运动员在身体、技术和战术方面具有一定的优势，也难以在比赛中取胜；特别是在一些势均力敌的比赛中，良好的心理素质已经成为决定比赛胜负的关键性因素。因此，注重在训练中培养单排轮滑球运动员的心理能力是非常必要的。对单排轮滑球训练中所涉及的心理学问题进行分析和探讨，目的是给教练员实施心理训练提供理论依据与参考。

单排轮滑球训练的作用一方面在于提高运动员的身体素质水平，如：对抗训练增强了各肌肉群和神经系统的协调能力，有氧训练提高了心肺功能等；另一方面，可以培养和提高运动员完成各种技术动作和运动技巧的能力，如：运球能力，射门时手眼协调和大脑配合能力等。所以，不论教练员是否意识到，单排轮滑球运动员训练本身具有很强的心理属性。

在竞争激烈、情绪紧张的单排轮滑球比赛中，任何一方获胜都取决于多种因素，其中良好的身体素质是保证运动员承受大运动负荷的生理基础，而心理素质是身体素质、技术水平和战术应用充分发挥的内部动力。在单排轮滑球训练、比赛的过程中，心理活动水平太低时，运动员很难对生理活动和技术动作进行有效调节，尽管有良好的身体素质和较高的技术、战术水平，也不能得到充分发挥；心理激活水平过高时，心理过度紧张，大脑中枢神经系统协调肌群工作的能力失调，使运动员起动、滑行和射门技术动作变形，进攻和防守战术得不到有效实施，造成过多的无效训练与比赛失误。所以，单排轮滑球运动员必须进行心理训练，提高心理活动适宜强度，使其达到能进行良好的自我控制、调节的水平，以适应单排轮滑球训练和比赛的需要。单排轮滑球运动员在训练、比赛活动中，不仅要付出巨大的体能消耗，同时也消耗了大量的心理能量。通过施加心理负荷使运动员对训练和比赛产生心理上的适应，提高其自我激励与自我控制的能力，以及对外部环境各种干扰的心理抗衡能力。因此，教练员应该十分重视心理训练，提高、控制运动员适宜的心理活动水平和增强身心平衡的能力，使其在比赛中减少失误，保证体能、技术和战术水平得到充分发挥。

单排轮滑球运动员学习、掌握和运用运动技术的过程，实际上是智力和体力活动相结合的过程。因此，心理训练不仅要与体能训练同步进行，更应和技战术训练同步实施。例如单排轮滑球运动员的念动训练，即运动员有意识地、积极地利用头脑中已形成的运动表象进行训练的方法。运动员头脑中只有建立起运动表象，才能去做动作、完善动作。

运动员身体素质水平的高低与心理特征密切相关。在强度大、密度高的身体素质、技术、战术训练或长时间的耐力训练中，首先应该以正确、积极的态度对待因训练而引起的生理、心理性疲劳。其次正确认识、深刻理解吃苦与达到良好训练效果的密切关系，产生积极乐观的训练态度，才能自觉主动地进行大运动量训练。最后，在任何情况下，都应该具备实现既定目标的心理定向，并且应该学会控制意识、转移注意力、检查动作质量。应充分利用语言的定向、调节、评价作用以增加身体素质训练中心理状态的适应性。单排轮滑球训练时，勇敢、自信与注意力集中对于发挥运动员的技战术水平，克服困难，取得比赛胜利十分重要。尤其是在极限训练中，以及比赛中摆脱危险等不良刺激时，注意保持适宜的训练和比赛态度是十分必要的。

心理训练就是有意识地对运动员的心理过程（包括认识过程、情感过程和意志过程）和个性心理特征施以影响，发展积极的心理品质，并使运动员学会调节自己心理状态的方法。依据训练与比赛的关系，可将心理训练划分为一般心理训练和具体比赛心理训练两大类。一般心理训练偏重于改善运动员的个性心理特征。使运动员的个性心理特征适应单排轮滑球运动的训练与比赛；具体比赛心理训练指根据特定比赛的需要，进行有针对性的心理训练过程，包括赛前的心理准备、赛中的心理控制以及赛后的心理调整。

赛前的心理准备：（1）明确比赛任务，了解比赛意义、条件和对手情况，确定比赛所需达到的奋斗目标；（2）激发良好比赛动机；（3）形成最适宜的情绪状态；（4）增强比赛获胜的自信心；（5）提高抗干扰能力；（6）学会随意控制自己的动作、情感和行为，学会控制自己心理和生理反应的技能，保持心理准备和身体机能动员的稳定。赛中的心理控制方法：（1）调节呼吸练习法；（2）转移注意力法；（3）自我语言暗示法；（4）自我训练法；（5）静坐闭目养神法。赛后的心理调整：通过对比赛成功者与失败者的心理状态对比，提出赛后的心理指导与调整手段。意念模拟训练，在头脑中详细“描绘”将要完成的动作，就会在头脑中“看见”这个动作，而且对完成这个动作的用力也会有深刻体会，于是产生完成该动作的动觉表象。

模拟训练主要用于短期的心理训练，为运动员参加竞赛做好战术和心理准备。要做好模拟训练，必须对比赛的对手、环境、条件等方面做出详细的了解与分析。根据分析研究的结果来安排训练，使运动员习惯于比赛的特殊情况，模拟训练的内容应尽可能与比赛过程中可能发生的情况及变化相似。

想象练习是指运动员运用技术和身体练习所产生的感觉，结合教练员的讲解与示范等在头脑中形成动作表象与概念，来强化运动技术、战术的学习，并改进和巩固有关技术、战术。想象训练也被人形容为在脑子里“过电影”，对增强运动员复杂的本体感受性有积极的促进作用。

五、运动智能训练

运动智能是指运动员以智能为基础，运用包括体育运动理论在内的多学科知识，参加运动训练与运动比赛的能力，是运动员总体竞技能力的重要组成部分。运动智能训练主要包括一般智能训练与具体运动智能训练。一般智能训练主要是指运动员观察能力训练、记忆能力训练与思维、想象力训练。运动智能训练主要是指体能、技术、战术与心理的运动智能训练。运动智能的提高一方面靠平时掌握的专业理论知识和积累的临场经验；另一方面要靠文化素质基础和智力开发的程度。

第二节　训练原则的运用

在我国，运动训练原则随着科学技术的不断发展，随着各相关学科知识对运动训练的不断渗透得以不断发展。并且随着运动训练实践的发展而不断发展，随着训练实践经验的积累而不断地改进和完善。提出运动训练原则的依据是运动训练的客观规律、运动员的实际情况与训练目标。训练原则要解决的问题是：练什么，也就是训练内容是什么。练多少，也就是训练负荷的多少。怎么练，也就是如何解决训练负荷、训练方法、训练安排。

运动训练原则就是运动训练活动客观规律的反映。更准确地说，运动训练原则就是从事运动训练活动所依据的法则或标准。教育学训练原则体系，经历了一个发展的过程。20

世纪60、70年代，教育学训练原则是身体训练与专项训练相结合原则、周期性原则、不间断性原则、逐渐加大负荷原则、区别对待原则、自觉性原则、直观性原则。到20世纪80年代，教育学训练原则调整为一般训练与专项训练相结合原则、周期性原则、系统性原则、合理负荷原则、区别对待原则。到20世纪90年代，教育学训练原则发展为竞技需要原则、动机激励原则、有效控制原则、系统训练原则、周期安排原则、适宜负荷原则、区别对待原则、直观教练原则、适时恢复原则。

一、训练基本原则

（一）竞技需要原则

指根据提高运动员竞技能力及运动成绩的需要，从实战出发，科学安排训练的阶段划分及训练的内容、方法、手段和负荷等因素的训练原则。

（二）动机激励原则

是指通过多种方法和途径，激发运动员主动从事艰苦训练的动机和行为的训练原则。

（三）有效控制原则

是指要求对运动训练活动实施有效控制的训练原则。

（四）系统训练原则

是指持续地、循序渐进地组织运动训练过程的训练原则。在单排轮滑球运动的训练中，容易出现的矛盾之一是竞赛活动与系统训练的冲突。其原则是基于以下三个基本原理：

1. 训练应按照全年和多年的计划安排，任何一次训练课都应包含在总的训练计划进度中。训练的进度计划是统领和调控训练全过程的纲领性文件。

2. 训练过程各个环节之间的联系是通过即刻性训练效应、延续性训练效应、叠加性训练效应之间不断地相互衔接实现的。因此训练的连续性原则是获得这些效应的必要条件。

3. 训练之间的间歇应保持在某种训练程度内。训练的间歇超出这些限度就会破坏连续性原则，会影响各种效应之间的衔接，会影响由此而来的良性迁移效果，最终破坏系统训练的基本结构。

（五）周期性原则

是指周期性地组织运动训练过程的训练原则。

（六）适宜负荷原则

是指根据运动员的现实可能和人体机能的训练适应规律，以及提高运动员竞技能力的需要，在训练中给予相应量度的负荷，以取得理想训练效果的训练原则。

（七）区别对待原则

是指对于不同专项、不同的运动员或不同的训练状态、不同的训练任务及不同的训练条件，都应有区别地组织安排各自相应的训练过程、选择相应的训练内容，给予相应的训练负荷的训练原则。

（八）直观教练原则

是指在运动训练中运用多种直观手段，通过运动员的视觉器官，激发活跃的形象思维，建立正确的动作表象，培养运动员的观察能力和思维能力，提高运动员竞技水平的训练原则。

（九）适时恢复原则

是指及时消除运动员在训练中所产生的疲劳，并通过生物适应过程产生超量恢复，提高机体能力的训练过程。

（十）统一性原则

全面训练与专项训练并存，两者有着各自不同的作用，忽视某些作用，对技术与身体的协调同步发展将产生潜在的危害。

全面训练与专项训练相互制约：专项训练的内容取决于全面训练所建立的前提，训练的大部分内容具有专项技能的特点。它们之间的联系决定了相互的制约性，两者都不能脱离对方的存在而各自独行。两者协调同步的发展是受相互制约因素影响的必然选择。

全面训练与专项训练在训练中的排他性：两者的统一应理解为矛盾的辨证统一，其训练量的比例关系必须遵循一定尺度的原则。比例关系不当，不利于专项技能的形成和完善。某些训练内容过量，就会使专项训练的必要量减少。反之专项训练过量，又会压缩其他训练内容的基本量。

全面训练与专项训练相统一在训练中的复杂性：要体现最佳统一的效果，训练量的比例关系至关重要。它的确立是基于具体对象的若干复杂性，并反映出实施与操作的难度。

（十一）身体训练与技术训练结合的原则

身体训练是单排轮滑球技术训练的基础，两者有机结合是单排轮滑球训练最基本的要求。身体训练的首要任务是发展单排轮滑球技术所需的运动能力和运动素质。一方面，身体训练要根据技术训练的具体内容、阶段、程度来进行相应的合理安排，辅助技术训练完成技术的学习、掌握、形成、完善，并起到体能上的支持与保障作用；另一方面，技术训练也应根据身体训练时的发展程度来决定具体的训练内容，两者绝不能各自为阵，互不关联。应找到身体训练与技术训练内容之间的对称、对应、相似、相通的连接点，并通过它达到二者的融合。

二、“三从一大”训练原则

“三从一大”训练原则是具有中国特色的指导运动训练的基本原则，是我国竞技体育多年训练探索的经验概括和理论升华，是运动训练基本规律的反映并在训练实践中不断深化、完善和发展。对运动项目制胜规律认识的深化，反映出对“三从一大”训练原则内涵的不同理解。从难从严围绕从实战需要出发展开，从实战需要出发的“难”，越难越有价值；从实战需要出发的“严”，越严效果越好。从实战需要出发就是认清项目本质特征和制胜规律，反映在专项训练与比赛的一致性上。大运动量训练不是三天打鱼两天晒网而是可持续进行的，可持续大运动量训练要求优化调整负荷结构，统筹处理训练要素，结合实战需要，根据运动项目的规律、运动员的个人特点、运动训练的不同阶段，科学合理地安排负荷强度和负荷量，使运动员机体受到的总刺激达到“大运动量”，大得科学有度。正确理解和深化对“三从一大”训练原则的认识，才能避免“时间战”和“消耗战”，避免“过度训练”的出现。

一批学者重新解释了“三从一大”训练原则的含义，从过去一段时间的完全否定到赋予它新的含义。强调“以人为本,”科学地实施好这一原则。根据比赛的要求，用科学的手段确定好运动负荷，在把握好项目制胜规律的基础上进行训练。现在的训练过程虽然没有强调“三从一大”的训练原则，但在我们的现实训练中这个观点并没有消除。教练员在训练过程中遵循的还是这一原则，事实上任何一个运动项目没有艰苦的奋斗，就不能成功，只是项目有别罢了。高标准训练和管理是训练的关键。制订科学的训练计划是对运动训练过程实施有效控制的重要前提。高标准的管理是运动队取得优异成绩的根本保证，而高标准管理主要体现在营造运动队组织文化的良好氛围上。科学的大负荷训练是训练的关键，科学的大负荷是保证。提出创新，坚持以人为本，深入并了解运动专项的特点和规律，坚持运动队的组织文化建设，提高运动训练的科技含量，并提出相应的对策。在“三从一大”的基础上提出坚持以人为本的理念。一切管理工作的根本问题是要做好人的工作，提高个人素质，规范个人行为，发挥每个人的创造精神，并且在训练过程中训练的负荷总量和负荷强度要因人而异，坚持从实际出发。高度重视运动员的心理健康问题，同时要关心运动员，尊重运动员。

三、辩证协同训练原则

在“以人为本”的现代竞技体育观念转变的总体趋势下，“以人为本”将会成为新世纪竞技体育的主旋律，成为竞技体育改革与发展的重要方向。运动训练原则必须融入“以人为本”的基本发展理念，构建“以人为本”的运动训练原则，这也是人类社会可持续发展的基础保障。在设计辩证协同训练原则体系时，专家们注意到了竞技体育活动中运动员健康安全的高风险性，注意到了运动训练中运动员机体负荷的高挑战性。专家们还特别谨慎地准确把握好各种相互矛盾影响因素之间的“适宜度”。为此，他们试图以两两组合的方式设计出更为科学、更为实用的运动训练原则。辩证协同训练原则基本思路是：辩证地认识和解决训练实践中遇到的诸多矛盾；有效地组织和推进矛盾双方的协同效应。

四、导向激励与健康保障原则

导向激励与健康保障原则强调在运动训练过程中，训练动机要与健康保障相结合。导向激励原则是指通过多种方法和途径，激发运动员主动从事艰苦训练的动机和行为的训练原则。导向激励原则解决了运动员的训练动机问题，长期艰苦的训练需要不断的动机激励，同时健康保障是运动员的重要人权。运动员是一名普通公民，理所当然应该具备最起码的健康保障。在运动训练过程中，教练员要把导向激励原则与健康保障原则相结合，注重运动员的健康保障，注重运动员的身心健康，加强医务监督，进行目标控制，注意信息反馈，及时调节训练内容、方法、负荷与安排。运动员则要树立正确的参训动机，兼顾国家与个人的利益，国家培养了运动员，运动员应该把国家利益放在第一位，为国家的体育事业努力拼搏、多做贡献，在为国家出力的过程中获得应得的个人利益。

五、竞技需要与区别对待原则

竞技需要与区别对待原则强调在运动训练过程中，训练内容安排要将竞技需要与区别对待原则相结合。竞技需要原则指根据提高运动员竞技能力及运动成绩的需要，从实战出发，科学安排训练的阶段划分及训练的内容、方法、手段和负荷等因素的训练原则。区别对待原则是指对于不同专项、不同的运动员或不同的训练状态、不同的训练任务及不同的训练条件，都应有区别地组织安排各自相应的训练过程、选择相应的训练内容，给予相应的训练负荷的训练原则。在运动训练过程中，在制定训练内容的时候要把竞技需要原则与区别对待原则相结合，要依实战需要决定训练内容、方法、负荷与安排，并不断地检查、验证、调整。依据运动专项竞技的特异性，运动员竞技能力结构的个人特点，针对个人特点组织训练，并随水平提高及时调整训练计划。

六、系统训练与周期安排原则

系统训练与周期安排原则强调在运动训练过程中，训练安排要将系统训练原则与周期安排原则相结合。系统训练原则是指持续地、循序渐进地组织运动训练过程的训练原则。周期安排原则是指周期性地组织运动训练过程的训练原则。在运动训练过程中训练的安排要以人体运动生物适应的长期性与阶段性，以人体机能与运动员竞技状态的动态变化为科学基础。健全多年训练体制和社会保障，精心组织各类训练周期，成功把握竞技状态与比赛时空的契合。

七、适宜负荷与适时恢复原则

适宜负荷与适时恢复原则强调在运动训练过程中，训练负荷的安排要将适宜负荷原则与适时恢复原则相结合。适宜负荷原则是指根据运动员的现实可能和人体机能的训练适应规律，以及提高运动员竞技能力的需要，在训练中给予相应量度的负荷，以取得理想训练效果的训练原则。适时恢复原则是指及时消除运动员在训练中所产生的疲劳，并通过生物适应过程产生超量恢复，提高机体能力的训练过程。在运动训练过程中，训练负荷的安排要以人体机能的适应性机制，以训练负荷对运动员机体的良性与劣性影响为科学基础。注意组织训练负荷与负荷后的恢复，积极而谨慎地探求负荷量度的临界值，探讨疲劳的准确诊断与有效消除。

第三节　单排轮滑球运动员的体能训练

运动员体能是指运动员机体的基本运动能力，是运动员竞技能力的重要构成部分。运动员体能发展水平是由其身体形态、身体机能及运动素质的发展状况所决定的。身体形态是指机体内外部的形状。身体机能是指机体各器官系统的功能。运动素质是指机体在活动时所表现出来的各种基本运动能力，通常包括力量、耐力、速度、柔韧和灵敏等。

体能训练是指通过科学、专门的训练刺激，使运动员机体在形态、机能和运动素质等方面都产生良性训练适应的训练过程。

单排轮滑球运动员的体能训练根据其与专项的关系可将其分为一般体能训练和专项体能训练。合理安排体能训练可全面地发展单排轮滑球运动员的力量、耐力、速度、灵敏和柔韧等运动素质，增强运动员各个器官的机能，并使运动员身体各个部位得到均衡发展。

在合理安排一般体能训练的同时还必须合理地安排专项体能训练，单排轮滑球运动对运动员的身体有着特殊的要求，其一般体能训练并不能完全代替其专项体能训练。

正确的做法是应根据单排轮滑球的运动特点和个人的具体情况安排。

1. 体能训练应与单排轮滑球技术、战术训练有机结合，选择体能训练手段应力求与专项技术动作相似。

2. 体能训练在整个训练过程中所占的比例，以及一般体能训练和专项体能训练的比例要合理安排。

3. 体能训练的主要内容是运动素质训练。运动素质的发展在单排轮滑球运动员的各个年龄阶段发展程度不同，训练应根据适宜时机抓住特点使素质得到充分的全面发展。

一、体能训练的目的任务

竞技运动的一个重要特征就是不断地发掘运动员的竞技潜力，以不断地提高运动技术水平。体能训练是运动训练的重要组成部分，所有竞技体育项目的运动员都要完成极为艰苦的系统训练才能达到更高的竞技水平，训练过程及训练结果都是竞技体育的魅力所在。

单排轮滑球运动员体能训练的一个重要特征就是不断发掘运动员的潜力，不断提高运动员的机能、素质，适应比赛需求，其核心目的是通过提高运动员的体能从而在比赛中获取优异成绩。单排轮滑球体能训练作为一个完整的系统，具有自己独特的功能。

（一）功　能

1. 它为运动员比赛时技术、战术的发挥，以及承担大负荷的比赛提供保障。

2. 它有助于运动员预防运动损伤，延长运动寿命。

3. 它有助于运动员在训练比赛中保持稳定、良好的心理状态。

4. 在日常生活中，它还为日常身体活动、适应环境变化、应付突发事件和抵抗疾病服务。

（二）任　务

1. 根据专项运动的需要改善身体形态结构。例如增、减体重，改善其身体形态，以适应激烈比赛的需要。

2. 全面提高运动员机体各器官系统的生理机能。我们知道，机体的生理机能是运动能力的基础，任何一项运动能力都是由若干个器官系统的机能所决定的，如力量的大小不仅取决于肌纤维的收缩能力，还取决于神经系统的协调能力，因此体能训练要全面提高运动员机体各器官系统的生理机能。

3. 充分发展身体素质。身体素质是技术、战术的基础，没有良好的身体素质，再好的技术和战术在比赛中都将成为无源之水、无本之木。

二、一般体能训练

（一）一般体能训练概述

一般体能训练是指，在运动训练中以各种身体练习的形式、训练方法和手段，来提高运动员全面的基础运动素质、增强各器官系统的一般技能和改善身体形态、掌握一般体能训练的理论与实践知识，为运动员专项体能最大限度地提高，打好多方面的基础。

一般训练和专项训练是相互弥补、互相渗透的。一般训练的主要目的是根据专项运动的需要，为运动员提高专项运动素质，技、战术，创造优异成绩而服务，它是物质基础，而专项训练的目的是最大限度地提高专项运动员的运动成绩，两者的最终目标是一致的。但专项训练以一般训练为原动力，没有良好的一般训练水平作基础，想要最大限度地提高专项运动成绩，好比盖大楼无坚固的地基一样。相反，在一般训练水平较高的情况下，亦必须同时进行专项训练，即把一般训练和专项训练有机地结合起来。

作为一名单排轮滑球运动员，要掌握高超的轮滑球技术，应从基本技术学习开始。同样，要全面发展运动员的身体素质，提高其体能，首先必须从基础身体训练开始。只有具备了良好的身体素质，运动员才能在高强度的激烈对抗训练比赛中保持充沛的体能，发挥出自己的潜能，从而战胜对手。

一般体能训练与专项体能训练的区别在于，专项素质训练是在全面身体训练基础上进行的，但这并不是说专项训练必须都安排在全面训练以后进行。单排轮滑球专项训练是采用专门性的手段、形式和方法，其中很重要的一方面，就是把单排轮滑球运动的基本技术进行合理安排，作为发展专项素质的手段。这种方法在训练中可以普遍采用。结合专项特点的专项素质训练，能更加紧密地与技、战术相结合，从而使人体在该项运动中表现出相应的活动能力。

应注意的是：教练员不能单纯地将注意力放在少年运动员比赛和夺取冠军上，这样就违背了少年的训练特点和规律，一味地加大专项比重，容易形成“拔苗助长”。无论担任任何一个层次的教练员都必须明确一般身体训练和专项身体训练的关系。一般身体训练是专项身体训练的基础，少年运动员处于基础训练阶段，应以一般身体训练为主，随着年龄的增长逐渐增加专项身体训练的比重。在少年训练阶段片面地较多采取专项手段导致少年运动员过早出成绩的做法是不正确的。

表6－1　不同训练阶段一般与专项身体训练比例

一般基础阶段		青少年阶段		成年阶段	
年龄：5～9岁		年龄：10～16岁		年龄：>17岁	
一般身体训练 80%	专项身体训练 20%	一般身体训练 60%	专项身体训练 40%	一般身体训练 20%	专项身体训练 80%

（二）一般体能训练常用方法手段

1. 一般力量训练的基本方法手段

（1）动力性等张收缩训练

（2）静力性等长收缩训练

（3）等动收缩训练

（4）超等长收缩训练

（5）循环训练法

（6）负重抗阻练习

如运用杠铃、壶铃、哑铃等训练器械。可用于机体任何一个部位肌肉力量的训练，是训练最常用的手段。

（7）对抗性练习。如双人顶、推、拉等，依靠对抗双方以短暂的静力作用发展力量素质。对抗性练习不需要任何训练器械及设备，又可引起练习者的兴趣。

（8）克服弹性物体的练习。如使用拉力器、拉橡皮带等，依靠弹性物体变形而产生的阻力发展力量素质。

（9）利用力量训练器械练习。利用力量训练器械，可以使身体处在各种不同的姿势（或坐或卧或立）进行练习，可直接发展运动员所需要的肌肉力量，使训练更有针对性。使用力量训练器，还可以减轻运动员的心理负担，避免伤害事故的发生。

（10）克服外部环境阻力的练习。如沙地和草地跑、跳练习等。做这种练习往往在动作结束阶段所用的力量较大，每次练习要求不用全力，动作要轻快。

（11）克服自身体重的练习。如引体向上、倒立推起、纵跳等。这类练习均由四肢的远端支撑完成，迫使机体局部承受体重，使机体局部部位的力量得到发展。

（12）电刺激。用电刺激发展力量能力，将电极置于肌肉的起止端，电流强度以人体不感到痛苦为宜。经刺激后，肌肉体积没有明显增大，脂肪减少，力量得到提高。

2. 一般速度训练的基本方法手段

（1）反应速度训练常用的方法手段

①信号刺激法。利用突然发出的信号提高运动员对简单信号的反应能力。

②运动感觉法。

③移动目标的练习。

④选择性练习。

（2）提高动作速度常用的方法手段

①利用外界助力控制运动员的动作速度。

②减小外界自然条件的阻力。如顺风跑等。

③利用动作加速或利用器械重量变化而获得的后效作用发展动作速度。如借助信号刺激提高动作速度。

④缩小完成练习的空间和时间界限，如球类利用小场地练习。

（3）提高移动速度的常用方法手段

提高移动速度有两个基本途径：一是力量训练，使运动员力量增长，进而提高速度；一是反复进行专项练习。无论通过哪个途径提高移动速度，训练中都必须重视确定合适的训练负荷。

①发展最高移动速度每次练习的持续时间不能过长，应以使每次练习均以高能磷酸代谢为主要供能途径。

②各种爆发力练习。

③高频率的专门性练习，如径赛运动员做高抬腿跑、小步跑、后蹬跑、车轮跑等。

④利用特定的场地器材进行加速练习，如斜坡跑和骑固定自行车等。

3. 一般耐力训练的基本方法手段

一般耐力训练的方法较多，如各种形式的长时间跑；长时间进行的其他周期性运动，如速度轮滑、划船、自行车等；长时间重复做某一非周期性运动，如排球运动中多次做滚动练习；反复做克服自身体重的练习，坚持较长时间的抗小阻力的练习；循环练习等。

（1）持续训练法

运用持续训练法发展运动员的有氧耐力工作方式很多。如中长跑运动员可采用匀速持续跑、越野跑、变速跑等。

（2）间歇训练法

①负荷强度

采用间歇训练法发展有氧耐力，心率可达 160～180 次/分，如果工作距离长，心率就会低于这个数值。

②负荷量

间歇训练中的分段练习的负荷量常常用距离（米）或用时间（秒）两个指标来表示。依时间指标来表示，持续工作时间不超过两分钟，少则仅有几秒钟，这是因为间歇训练法工作的强度大，一次练习的持续时间就不可能过长，否则会导致训练效应改变。

（3）循环练习法

要选好练习内容，应选作用于心血管耐力的练习为主要练习手段。每站练习负荷，可按极限负荷的 1/3 左右安排。

（4）游戏练习法

游戏练习适用于少儿训练，负荷强度以心率为 140～150 次/分为宜，运动时间在 20 分钟以上。

三、专项体能训练

专项体能训练是指，以专项技术动作或与专项技术动作在特点上相似的运动动作为练习形式，采用各种训练方法和手段，提高专项技战术所需要的专项运动素质、机体各器官系统的专项体能，形成专项身体形态，掌握专项体能训练的理论与实践知识，最大限度地提高运动员的专项运动成绩。

（一）速度素质

1. 速度素质释义

速度素质是指人体或人体某部位快速运动的能力，也就是人体或人体某一部位快速作出运动反应、快速完成动作、快速移动的能力。

速度素质的意义：速度素质是决定运动成绩的重要因素。速度素质是重要的身体素质之一，它是衡量身体训练水平、竞技能力高低的客观依据。速度素质练习不仅能提高人体的快速运动能力。速度素质也是项目作为选材的客观依据之一。

2. 速度素质分类

速度素质是人体进行快速运动的一种能力，基本的表现形式有：反应速度、动作速度、位移速度等。

（1）反应速度的概念与特点

反应速度是指人体对各种信号刺激（如声、光、触等）的快速应答能力。反应速度以神经过程的反应时（其中包括感觉时间、思维判别时间和动作始动时间）为基础。反应时受遗传的因素影响较大，遗传力高达 0.75 以上。另外，反应时的长短与刺激信号的强度和注意的集中程度与指向有关。

（2）动作速度的概念及特点

动作速度：指人体或人体的一部分完成单个动作或成套动作的快慢以及单位时间内重复动作次数多少的能力。动作速度分为：单个动作速度、成套动作速度、动作速率。动作速度除了决定于信号在各环节中神经传递速度之外，还与神经系统对人体运动器官指挥能力关系密切。如兴奋冲动强度大，加之传递速度快，协调性好，即指挥的能力强，动作速度必然快。此外，动作速度的快慢还与人体各器官系统的准备状态，快速力量与速度耐力水平以及动作熟练程度有关。

（3）位移速度的概念及特点

位移速度：指在周期性运动中，单位时间内人体快速位移的能力。位移速度与人的神经过程的灵活性关系密切，神经兴奋与抑制过程灵活性越高，转换能力越强，人体两腿交换频率越高，位移速度也就越快。

3. 发展速度素质的注意事项

发展速度素质应注意其年龄特征；注意合理安排速度素质练习的顺序与时间；注意以发展力量和柔韧等来促进速度素质；注意速度练习时人体处在适宜的工作状态；发展速度素质应重视肌肉放松；正确预防和消除“速度障碍”。

4. 单排轮滑球运动对专项速度素质的要求

速度是单排轮滑球运动的灵魂，是其生命活力之所在，能否在高速度、高难度、高强度对抗下准确迅速地完成每一次进攻和防守是现代单排轮滑球比赛制胜的关键。在单排轮滑球运动中，滑动中有激烈的对抗，要突破防守，在快速滑动中还要视场上情况作随机应变，同时还要有高度的稳定性（抗干扰）。所以单排轮滑球运动中的速度具有应变性、稳定性、隐蔽性和突然性的专项特点。单排轮滑球运动员的专项速度主要体现在：（1）启动速度；（2）位移速度；（3）反应速度；（4）进攻速度；（5）防守速度；（6）攻防转换速度；（7）防守反击速度；（8）运球速度；（9）传、接球速度；（10）射门速度；（11）单个技术动作速度等。其中，进攻速度是灵魂，防守速度是保障。防守是为了进攻，进攻是要得分，防守中要有进攻，进攻中要有防守。

单排轮滑球比赛是以得分多少评定胜负的，进攻的次数越多，则成功的概率越高，得分也越高。要增加进攻总次数，必须提高每次进攻和防守的速度。为此，单排轮滑球运动员的速度，首先应达到符合比赛快速攻、防要求的前提下，才有可能实现技术与战术的发挥。为达到这种要求，运动员在比赛中观察、判断、反应以及动作速度需更加迅速敏捷，技战术的运用需更加快速紧凑，如动作速率、移动速度、重心调整、技术之间衔接明显加快，攻守转换战术变化连贯、紧密。可见，加速度、突然起速的速度是轮滑球运动员速度的核心，而不是绝对速度。

（二）力量素质

1. 力量素质释义

力量素质是指人体神经肌肉系统在工作时克服或对抗阻力的能力。肌肉克服的阻力包括外部阻力：物体重量、摩檫力、空气阻力；内部阻力：肌肉的黏滞性、肌肉间的对抗力。

专项力量是指进行特定的专项活动时肌肉收缩产生的力量大小。因为不同专项的动作特点不同，所以专项力量的表现形式也就不同。对单排轮滑球项目来说。专项活动中的动作是复杂多样的。但是利用器械进行力量练习时，力量练习的动作既简单又少。这很容易使所安排的力量训练变成一般力量练习而不是专项力量练习。专项力量练习是指严格按照专项运动方式、运动速度、肌肉收缩形式和收缩力量等，尽可能模仿专项活动的力量练习。其中，运动方式是指力量练习的动作；运动速度是指力量练习中动作的快速收缩；类型是指肌肉做离心还是向心收缩；收缩的力量是指肌肉在完成动作时发力的大小。

2. 力量素质分类

（1）最大力量是指肌肉通过最大随意收缩克服阻力时所表现出来的最高力值。

（2）相对力量是指运动员单位体重所具有的最大力量。

（3）力量耐力是指肌肉长时间克服阻力的能力。

竞技运动训练的最终目标是提高运动员的专项成绩，在比赛中获胜。因此，具备良好的专项力量水平是每一位世界级优秀运动员的共同特点。近年来，各运动项目不仅加强了对力量素质的重视，力量在训练中的比例明显增加，而且越来越认识到“专项力量”对运动成绩的关键影响作用，将发展“专项力量”作为训练的重点已成为当前力量训练的一个主要发展趋势。

3. 发展专项力量素质的重要意义及注意事项

（1）力量素质是进行一切体育活动的基础。

（2）力量素质影响并促进其他身体素质的发展。

（3）力量素质的水平直接影响技术动作的掌握和运动成绩的提高。

（4）力量素质是衡量运动训练水平的重要指标，也是各运动项目选择人才的重要依据。

肌肉力量的增长依赖于一定负荷的科学训练。运动负荷合理程度直接影响锻炼效果。影响负荷的因素主要有五个：

①强度：即负重抗阻的大小，一般讲，用极限训练负荷 85% 以上的重量为大强度，60% ~80% 为中等强度，50% 以下为小强度，通常以竭尽全力只能做 1 ~3 次的重量为大强度，6 ~12 次为中强度，15 次以上为小强度。

②组数：使用器械的回数：一般 4 组以下为少组数，4 ~8 组为中组数，8 组以上为多组数。

③次数：一组中的动作重复的次数，通常以 1 ~5 次为少量次数；6 ~12 次为中次数；15 次以上为多次数。

④密度：指每组之间休息时间的长短。间歇时间达 2 ~3 分钟为小密度；1 ~1.5 分钟为中密度；每组间歇 30 秒以内为大密度。

⑤动作速度：指动作快慢，据研究，快速对发展爆发力有利，混合速度对增长力量有利，而慢速和中速则对发展肌肉有利。要根据锻炼的目的任务不同进行负荷因素调节，发展爆发力，增加肌肉体积，或增长肌肉耐力削减脂肪，其练习中因素也不同。

4. 单排轮滑球运动对专项力量素质的要求

力量素质是单排轮滑球运动员专项对抗能力、专项速度、专项技术掌握和完善的基础和保障。在单排轮滑球比赛中，进攻和防守的反应、跑动、加速与拼抢，以及防守与攻击的有效性无不取决于力量素质。单排轮滑球运动不仅要求运动员滑得快，还要求在滑动过程中能够迅速地制动急停。滑得快则需要足够的腿部趾肌群力量。还要求运动员必须具备迅速改变方向的能力以及对腰腹肌群的控制力，以便蹬地和旋转。滑动过程中的急停则需要膝踝关节肌群具有强大的退让收缩能力。

各种动作要求单排轮滑球运动员必须具备良好的爆发力，爆发力的基础是腿部力量和腰腹力量，接球和传球动作需要手臂和手腕力量。一场激烈的单排轮滑球比赛，队员在场上要不停地完成突起、急转、急停等各种技术动作，因此还需要肌肉必须具备大强度持续工作的能力——快速力量能力。综上所述，根据单排轮滑球运动的动作结构和用力特点，一名优秀的单排轮滑球运动员必须具备良好的爆发力、躯干肌力和上肢力量。就力量性质而言，单排轮滑球运动主要需要爆发力和快速力量耐力。

力量素质是单排轮滑球运动员体能建设的保证，是技战术快速、多变的物质基础。现代单排轮滑球运动员都具备高度发展的全面力量训练水平。身体的各个部位，特别是上下肢、腰腹以及踝、膝、手腕都应进行专门的全面的力量强化训练，旨在发展各运动环节的肌肉力量，达到整体力量提高的目的。整体力量就是运动员在从事专项活动时各运动环节协调一致所表现出来的综合力量。它是运动员专项能力的基础。整体力量训练和整体力量水平是现代单排轮滑球运动力量训练的发展趋势。

（三）耐力素质

1. 耐力素质的定义

耐力素质是指有机体坚持长时间运动的能力。

2. 耐力素质的分类

按人体的生理系统分类，耐力素质可分为肌肉耐力和心血管耐力。肌肉耐力也称为力量耐力，心血管耐力又分为有氧耐力和无氧耐力。依耐力素质对专项的影响，耐力素质又可分为一般耐力和专项耐力。一般耐力是指对提高专项运动成绩起间接作用的基础性耐力；专项耐力是指与提高专项运动成绩有直接关系的耐力，具体地讲是指持续完成专项动作或接近比赛动作的耐力。

3. 发展专项耐力训练的重要意义

单排轮滑球运动是一项有氧和无氧混合性供能的项目。单排轮滑球比赛时间长、强度大和间歇运动的特点，决定了运动员有氧供能系统和无氧供能系统都要动员，非乳酸无氧供能为关键，并有适量乳酸无氧供能。因此要重点发展有氧能力训练，并在此基础上发展无氧供能能力。

现代单排轮滑球运动高强度、长时间的激烈对抗对运动员的体能提出了越来越高的要求，实践证明，优异运动成绩的取得，对运动员的耐力水平提出了更高的要求。各国教练员都非常重视运动员的耐力训练。因此加强我国单排轮滑球运动员的耐力训练、全面提高运动员耐力水平就显得尤为重要。

4. 单排轮滑球运动对专项耐力素质的要求

我们一般将与专项运动成绩关系密切的耐力称之为专项耐力，具体地讲，也就是指持续完成专项动作或接近比赛动作的耐力。单排轮滑球比赛场地较大、强度大、对抗性强，而且为了保持战斗力，双方换人频繁，这些特点要求单排轮滑球运动员首先要具备良好的无氧耐力，尤其是保持高强度、爆发式运动的能力，也就是长时间反复进行短距离的高强度运动的能力。长时间是指净比赛总时间长；反复是指各种急加速、急停、急转等动作，在一场比赛中需要重复上百次；短距离的高强度运动是指急起、急停、跳跃、滑步等脚步动作的实际距离较短，但都属于极限、亚极限运动。单排轮滑球运动专项耐力主要体现在保持反复进行的短距离、高强度间歇运动的能力。在单排轮滑球比赛中，攻防节奏不断变化，运动员机体必然进行有氧代谢，因此单排轮滑球运动员也需要良好的有氧耐力。

（四）灵敏素质

灵敏素质是指在各种突然变换的条件下，运动员能够迅速、准确、协调地改变身体运动的空间位置和运动方向，以适应变化着的外环境的能力。

灵敏素质分为两种表现形式：一是一般灵敏素质，通常以起动、急停、急转、维持平衡、改变动作姿态等形式表现出来，是由多种素质组合而成的；二是专项灵敏素质，常与专项技术的机敏、灵巧、准确等有密切联系。

单排轮滑球运动对运动员灵敏素质的要求主要在于快速、协调、准确。只有具备了这些素质要素，才能与单排轮滑球运动所要求的反应迅速、应变能力强的专项特点紧密结合，从而促进运动员技术、战术能力的发挥。

1. 发展灵敏素质的注意事项

（1）灵敏素质练习的负荷强度要大，练习安排应放在每次课的前半部分精力充沛、精神饱满时进行，以便提高练习效果，身体疲劳时不宜进行灵敏素质练习。

（2）发展灵敏素质训练时，持续时间要短，练习的重复次数不宜过多，可多变化一些练习形式。

（3）发展专项灵敏素质，特别要注意大力发展与灵敏相关的专项素质，如速度、柔韧、协调等，为单排轮滑球训练的专项化全面打好基础。

2. 运动员灵敏素质的训练方法

训练方法分为两大类，一是变向移动类，二是动作转换类。

（1）变向移动类

这类训练是要解决场上各种变向移动的灵活性。

①绕"∞"字滑行。场地器材：按规定距离放好 3 或 5 个标志或球。队员站在起跑线外，听到口令立即起跑，绕标志（球）滑完全程，计算滑完全程所用时间，记录以秒为单位，测两次，取最好成绩。

②15 秒钟往返快速滑行或 15 米 ×4 往返快速滑行。在规定时间内完成，以提高队员练习的积极性。

③摆脱防守变向滑行练习。两队员面对面，防守队员倒滑堵拦，进攻队员快速变向滑行以摆脱防守队员的堵截，从端线滑出场外，以不被摸到为胜。

（2）动作转换类

例如快速转换拨球位置，前后左右快速转换拨球位置练习。中间穿插脚下快速左右移动。

（五）柔韧素质

柔韧素质是人体各肌肉的关节、韧带等组织的伸展活动能力的弹性总称，其包括两个方面的含义：一个是关节活动幅度的大小；另一个是关节的肌肉、肌腔、韧带等组织的伸展性。

柔韧的训练可分为：主动柔韧性练习和被动柔韧性练习两种。

主动柔韧性是指依靠相应关节周围肌群的积极工作，完成大幅度动作的能力。主动柔韧性训练培养运动员的柔韧能力，也起到发展力量素质的作用。

被动柔韧性是指被动用力（或借助外力）时，关节所能达到的最大活动幅度，如压腿等练习。被动柔韧性练习是发展主动柔韧性的基础。

柔韧素质在单排轮滑球运动中要求运动员关节韧带，特别是腰、胯、肩、腿、腕等各个关节韧带的韧性强，对运动员加大实战技术动作强度、幅度，减少运动员机体受伤具有着积极的意义。

1. 影响柔韧素质提高的主要因素

（1）肌肉、韧带组织的弹性不仅取决于性别、年龄，而且取决于中枢神经系统的兴奋度。情绪高涨时，柔韧性会增大。因此，柔韧训练要从少儿抓起，练习时的情绪也不可忽视。

（2）关节的骨结构是柔韧性最不易改变的因素，基本上由遗传决定。如先天骨盆形态偏平，其胯关节开度就好。关节周围组织体积大小对关节活动幅度有限制作用，它受先天和后天训练的影响。如有些肌肉体积增大后，就会影响其周围关节的活动幅度。因此，对运动员来说，控制肌肉体积的增大比例是极其重要的。

（3）神经系统兴奋与抑制过程转换的灵活性与运动中肌肉的基本张力有关。特别是中枢神经系统调节对于肌肉之间协调性的改善以及肌肉紧张和放松的调节能力的提高是至关重要的。就是我们通常说的要求舞者做动作要放得开，别紧张。研究证明，训练水平高的人，肌肉的随意放松能力很高，这与中枢神经系统支配骨骼肌的神经细胞的抑制深度有关。

2. 柔韧训练的方法与要求

（1）主动拉伸与被动拉伸练习法必须相互兼顾

主动的动力拉伸练习是依靠自身的力量，将肌肉、肌腱、韧带等软组织拉长，提高其伸展性的方法。如压腿练习，可采用负重和不负重的拉伸练习。

主动拉伸还可采用静力拉伸练习法。在动作最大幅度的情况下，依靠自身肌肉力量保持静止姿势的练习。如做控腿、压腿、劈腿等动作时，要求在规定时间内，保持静止不动姿势是很好提高肌肉控制能力的有效办法。

（2）被动性拉伸练习法是依靠外力的作用，促使关节灵活性增大的方法

被动的动力拉伸练习是依靠老师或同伴的助力拉长韧带、肌肉的练习。如依靠同伴的助力帮助逐渐提高后踢腿或前踢腿的动作幅度。被动的静力拉伸练习是由外力来保持固定姿势的练习，如依靠同伴的力量来保持高举腿的最大幅度。

第四节　单排轮滑球运动员的技术训练

一、滑行练习

（一）滑行练习

运动员按图所示在设有标志物的路线进行滑行（图 6－3－1）。

1. 首先运动员出发时要先有启动，正启动和侧启动都要练习。
2. 在有障碍物的地方进行急转，紧接着连续 2～3 个压步。
3. 最后到达终点时进行急停。

变化：正滑和倒滑练习；加上轮滑球并射门。

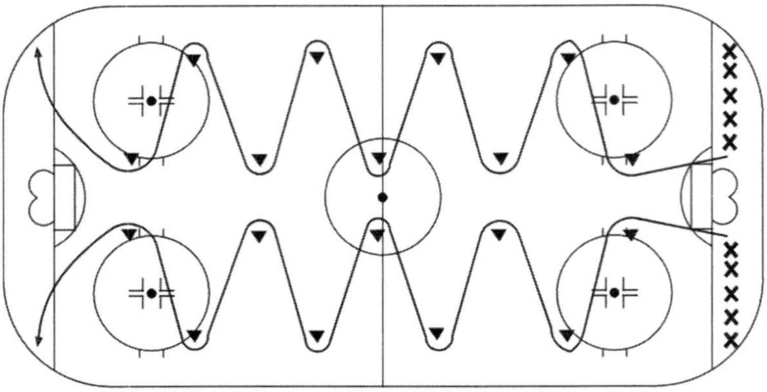

图 6－3－1

（二）正滑、倒滑、急停练习

所有运动员做正滑，在每个标志物（1－7）前做急停。在前一个运动员滑至场地四分之一处时下一个运动员出发。当运动员完成练习后全体等在底线处，然后做反方向练习。

变化：所有运动员用正滑滑到 1、3、5、7 点，然后用倒滑滑到 2、4、6 点处（图 6－3－2）。

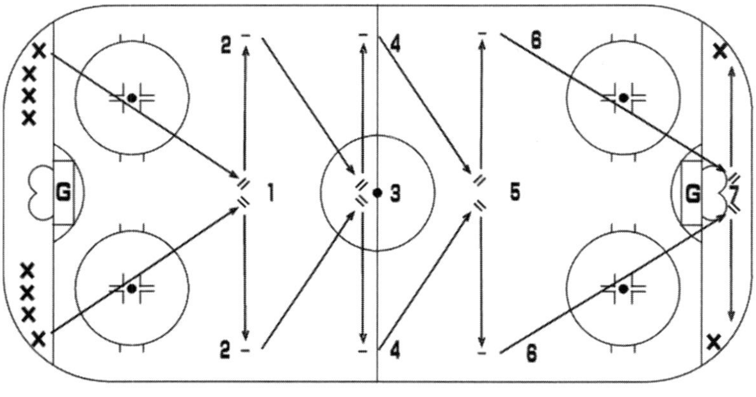

图 6－3－2

（三）滑行、急停练习

队员①和队员②同时出发，按照图示做练习，即：运动员向前滑到场地四分之一处急停，再向内滑到轮滑场中心再急停，然后沿中线滑到场边急停，再前滑到场地四分之一处急停、再向内滑到场地中心急停，最后再到球门急停。两个运动员同时出发时，一名队员可以做动作让另一名队员进行模仿（图 6－3－3）。

变化：正滑和倒滑都可以。

注意：每次急停都要停住，然后再启动。

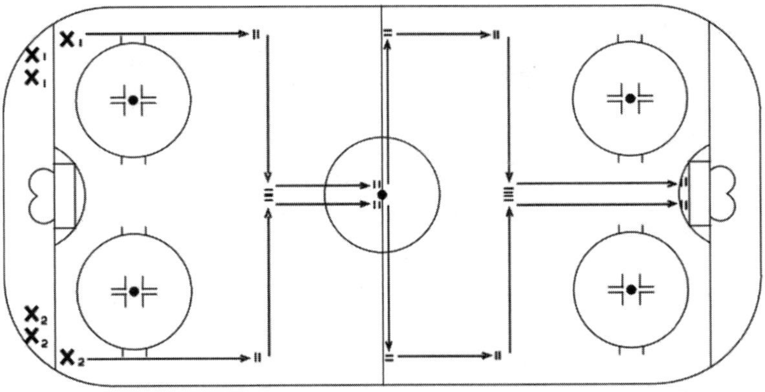

图6－3－3

（四）急停、急转、跨越障碍物练习

我们把轮滑场划分为四个区域进行站式训练（图6－3－4）。

1. 第一个区域，在中间放置两个标志桶作障碍物，运动员从底线出发，先到第一个障碍物进行急停，然后回到起点，再到靠近中线的标志桶急停，再回到标志桶处急停，最后回到靠近中线的标志桶处急停。

2. 第二个区域，放置三个标志桶，运动员在这个路线上滑行做急转弯，每个人做两遍后换方向。

3. 第三个区域，运动员利用“V”起步来跨越球杆练习启动，然后滑行一段距离左急转回到底线急停。

4. 第四个区域，运动员利用压步起跑来跨越球杆。然后滑行一段距离右急转回到底线急停。各组轮换在各个位置做练习。

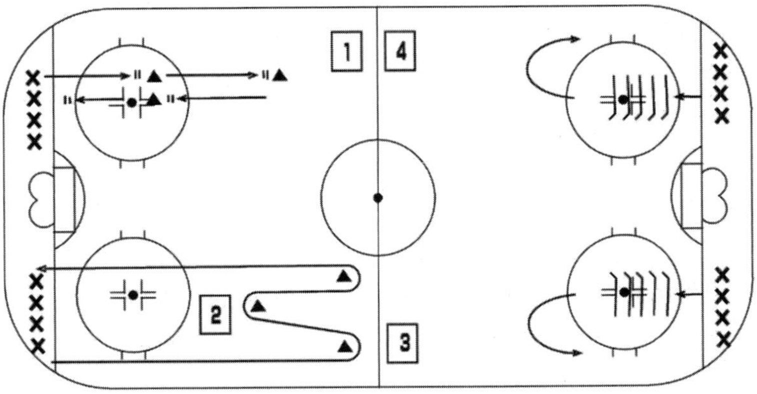

图6－3－4

（五）滑行综合练习

把场地分成三个区域进行站式训练（图 6－3－5）。

1. 第一个区域，两个运动员各在一个圆上滑行，当运动员向后转身时，总是要把外侧肩朝向争球点转身。可顺时针和逆时针滑行做这个练习。

2. 第二个区域，运动员滑行轮滑场的宽度，用正滑和倒滑来做这个练习，中间穿插压步和急转弯。

3. 第三个区域，滑“8”字，滑到圆圈时用倒滑，在两个圆圈之间用正滑。各组轮换在各个位置练习。

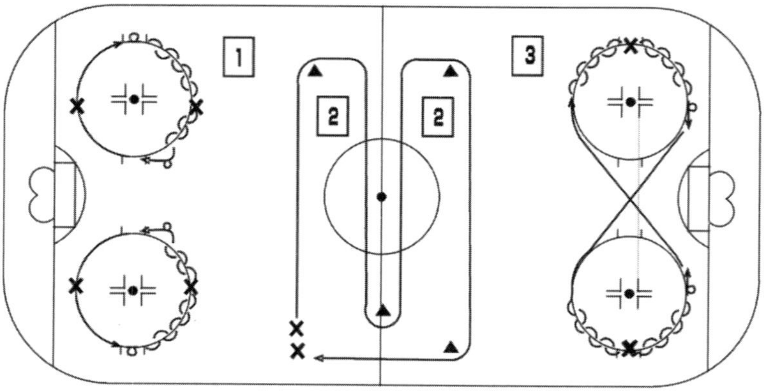

图 6－3－5

（六）滑行综合练习

把场地分为四个区域进行站式训练（图 6－3－6）。

1. 第一个区域，运动员在路线上滑行时跳过标志物。要保持双脚同时跳起，熟练掌握时，可以增加 360°转身。

2. 第二个区域，运动员利用轮滑场的宽度倒滑，滑到标志物时转身。绕着标志物做急转弯，然后转身再做倒滑回来。

3. 第三个区域，运动员运球向前滑，滑到轮滑场的对侧，在标志物处急转弯，再滑回来。根据学生的掌握情况，可在直线部分添加难度。如变向、跳跃、蹲下等。

4. 运动员滑行轮滑场的宽度，然后摔倒打个滚，在绕过标志物做急转弯后，再做同样的动作，回到出发的地方。运动员多的话可分为两组或多组同时进行。

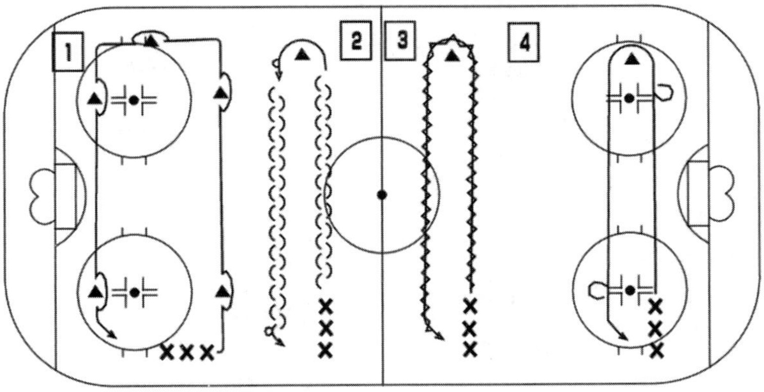

图 6－3－6

（七）滑行综合练习

把场地分为三个区域进行站式练习（图 6－3－7）。

1. 第一个区域，进行的是“8”字滑行，中间交叉的位置正滑，到圆弧的地方进行倒滑。

2. 第二个区域，进行压步、正滑和倒滑三个动作的交替练习。

3. 第三个区域，同样进行压步、刹车、正滑交替练习。

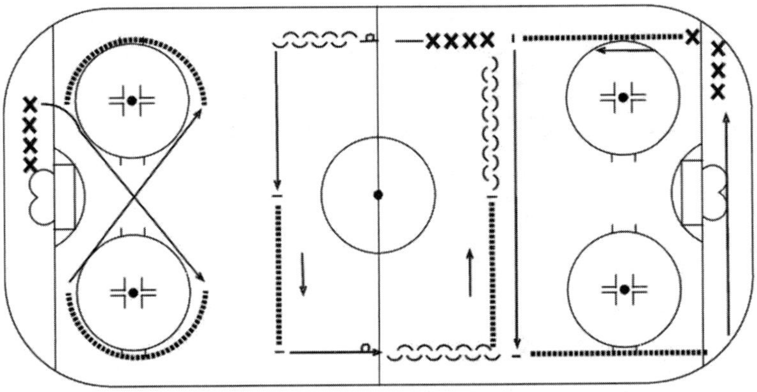

图 6－3－7

（八）滑行综合练习

把场地分为三个区域进行站式练习（图 6－3－8）。

1. 第一个区域，运动员绕着标志桶进行正滑加速压步，然后转身变成倒滑，到标志桶再变成正滑加速、到争球圈弧线时变成倒滑进行连续压步，最后变成正滑，加速滑回起点进行急停。

2. 第二个区域，进行大“8”字滑行，两侧进行倒滑，中间进行正滑。

3. 第三个区域，进行矩形滑法，充分利用场地宽度，进行正滑和倒滑练习。

当运动员熟练掌握时，可以增加正滑和倒滑的难度。比如，中间增加急转、单脚、转身等等。

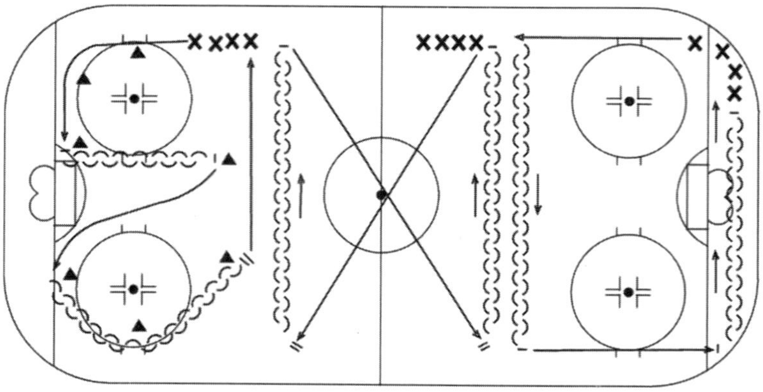

图 6-3-8

（九）滑行综合练习

运动员按照图中的路径绕着滑行并完成下列练习（图 6-3-9）。

1. 在场地四分之一处单膝后双膝跪起。
2. 在中线处扑倒，打一个滚。
3. 在四分之一处和中线上做一个跳跃。
4. 在两个争球圈之间倒滑。
5. 在两个争球圈之间单脚滑行。
6. 在两个争球圈之间做“射鸭”滑行，即单腿蹲下把另一条腿和双臂伸向前方。

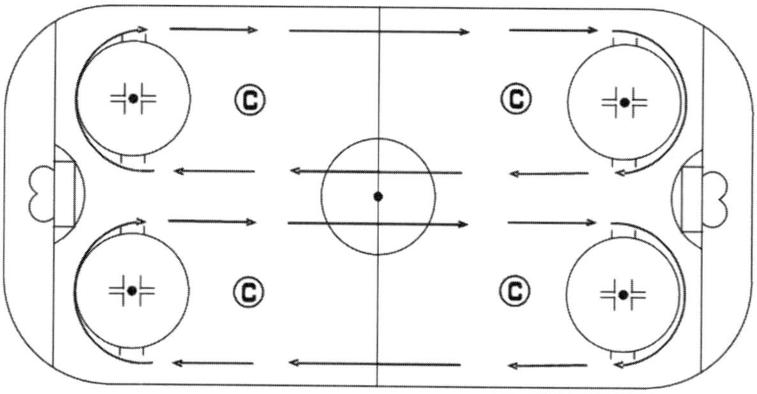

图 6-3-9

（十）短距离滑行练习

这个练习使用整个场地，运动员应该有自由专用的区域（图 6－3－10）。

1. 第一步：运动员把球杆放在地面上。运动员站在球杆旁边面向教练员，当听到哨声，运动员跳起越过球杆，用手接触球杆这一侧的地面。然后再跳到球杆的另一侧。一直做这个动作，直到听到下一声哨响。注意保持良好的滑行姿态，抬头并保持平衡。

2. 第二步：运动员从杆一端的地面开始向前滑行，跳到球杆的另一侧，用手触及地面，做一个急转弯，再跳回到球杆的另一侧，用手接触地面。

3. 第三步：运动员向前滑行到球杆的一端，做一个转身，向后倒滑，到球杆另一端。继续做，在球杆两头做从向前滑行到向后倒滑和从向后倒滑到向前滑行的转身。

4. 第四步：运动员面向一名同伴。同伴抓住球杆拍头把球杆立在地面上。当听到哨声时，同伴松开握球杆的手，运动员做一个 V 字型起动，试图在球杆倒在地面之前抓住球杆。

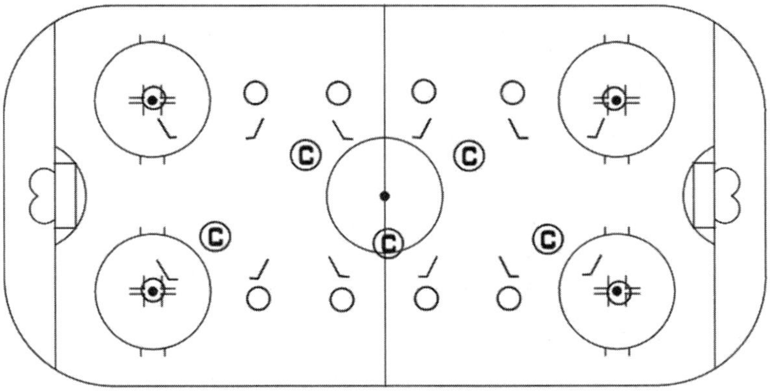

图 6－3－10

（十一）滑行综合练习

连续动作练习（图 6－3－11）。

1. 绕争球圈向前滑和倒滑转身。
2. 然后到中线处绕着锥形柱子做急转弯。
3. 到另一半场转身倒滑，绕过争球圈后再转身。
4. 双脚并排滑行——轮子内外刃控制练习。
5. 到另一争球圈处向前压步。
6. 到中线处横向压步。
7. 最后倒滑压步绕争球圈。

当前一名运动员做完第二项，下一名同学就可以出发了。

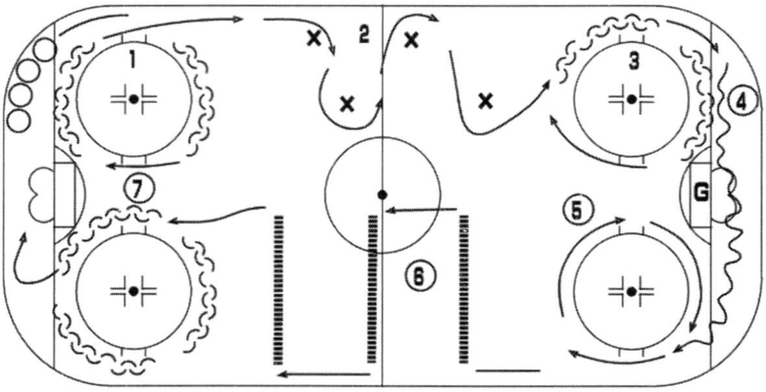

图 6－3－11

（十二）灵活性“8”字滑行转换练习（图 6－3－12）

1. 队员 1 做两个“8”字滑行，始终面对 2。1 做完后，2 重复做，每人做两次。
2. 给两人一个球，重复做这个练习，在到达“8”字底部时，1 做一个短传给 2。
3. 守门员也做这个练习。

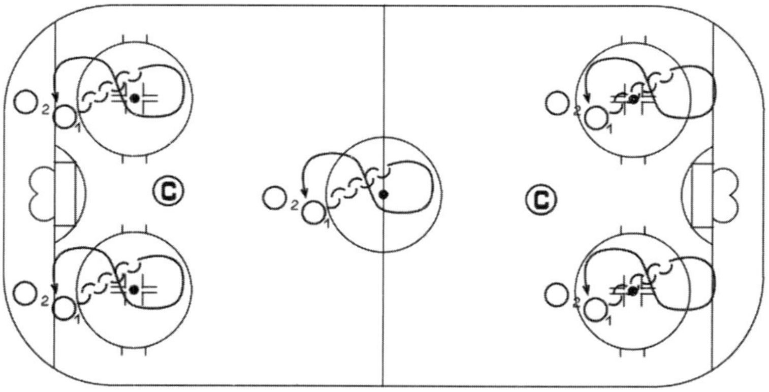

图 6－3－12

（十三）滑行综合练习

把场地分为四个区域进行站式练习（图 6－3－13）。

1. 第一个区域（在轮滑场的一端）

运动员绕着第一个争球圈压步（压步两圈半）然后绕第二个争球圈压步（两圈）。一次 2～3 名运动员一同做。

重复 2～3 次。

带球做这个练习。

2. 第二个区域（在场地中间左侧）

运动员跑过横板条。在第一个锥形柱子处做一个滑动转弯，滑到第二个锥形柱子处，面向板墙做双脚急停。从第二个锥形柱子开始向后倒滑至第三个锥形柱子，急停。做横向移动回到起点。重复这个练习。

3. 第三个区域（在场地中间右侧）

第一组向后倒滑到锥形柱子，从倒滑转身成向前滑行，转身后加速，向前滑行，在板墙边做单脚急停。回到第二组队尾。

第二组向前滑行到锥形柱子，从向前滑行转身成倒滑。向后加速滑行，急停，回到第一组队尾。

4. 第四个区域（轮滑场的另一端）

运动员带球以蛇形穿过锥形柱子。运动员在最后一个锥形柱子处做滑动转弯，向前滑10 米后急停，急停时要面向界墙。然后控球倒滑到轮滑场对面。

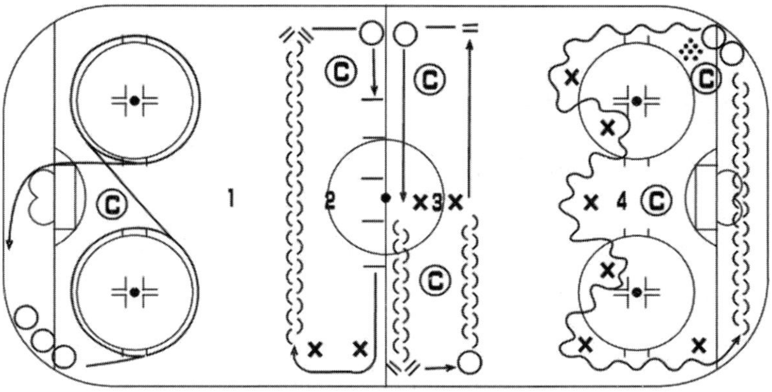

图 6－3－13

（十四）滑行综合练习

把场地分为四个区域进行站式练习，练习平衡和灵活性（图 6－3－14）。

1. 横跨轮滑场滑行，每滑一步后膝盖接触地面。例如：用左脚蹬地，左膝盖接触地面，站起来。用右脚蹬地，右膝盖接触地面，站起来，从一端滑到另一端重复这个动作，做 3 次。

2. 横跨轮滑场做向前交替压步。

3. （1）运动员向前滑行，跳过障碍板；（2）扑倒，从两个高的锥形柱子架着的障碍板下方钻过去；（3）起来跳过下一个障碍板；（4）扑倒，从两个高的锥形柱子架着的障碍板下方钻过去；运动员站起来，绕着锥形柱子转一圈；向前滑行 6 米后做一个转身；向后倒滑到板墙；横向压步回到出发点。重复这个练习。

4. 障碍设置与练习 3 相同。运动员带球滑行，必须让球从障碍物下方穿过，绕过障碍，接住球。用单手推球回到出发点。设置两个路线，运动员分别用正手和反手做这个练习。

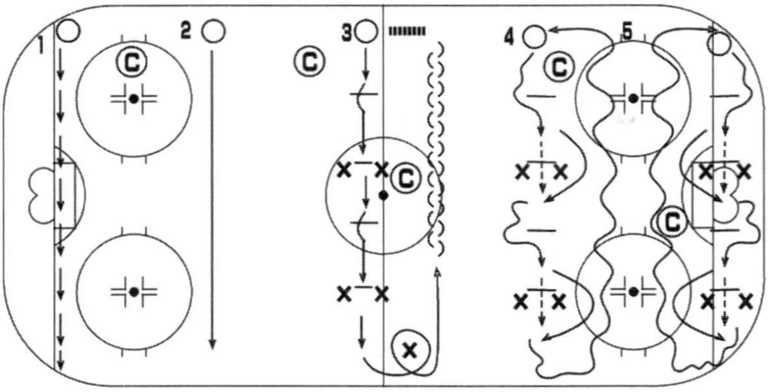

图6－3－14

（十五）起跑、急停、传球练习

把场地分为三个区域进行练习（图6－3－15）。

1. 向前V字型起动

运动员在球门线上站成一行，做V字型起动，滑行4～5步后，单脚急停。做同样的动作回到球门线，重复5～6次。

2. 站立传球

运动员在中区两人一组，用正手和反手来回传球。

3. 单脚急停

运动员从一侧板墙开始，使用V字型起动，滑行4～5步，然后做单脚急停。

恢复基本站立姿势，再做2～3次起步急停到另一侧板墙，重复4～5次。使用左右两边急停。

如果时间允许，带球做这个练习。

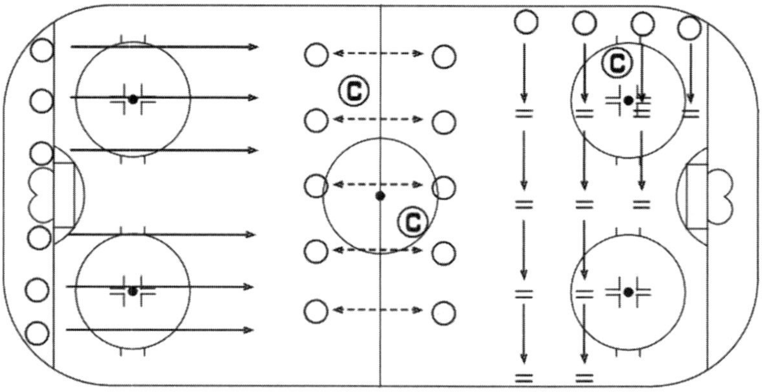

图6－3－15

（十六）滑行综合练习

把场地分成四个区域进行练习（图 6－3－16）。

1. 运动员在路线上滑行时跳过标志物。

2. 运动员利用轮滑场的宽度倒滑，滑到标志物时转身。绕着标志物做急转弯，然后转身再做倒滑回来。

3. 运动员运球向前滑向轮滑场的对侧，在标志物处急转弯，再滑回来。

4. 运动员滑行轮滑场的宽度，然后摔倒打个滚，在绕过标志物做急转弯后，再做同样的动作，回到出发的地方。

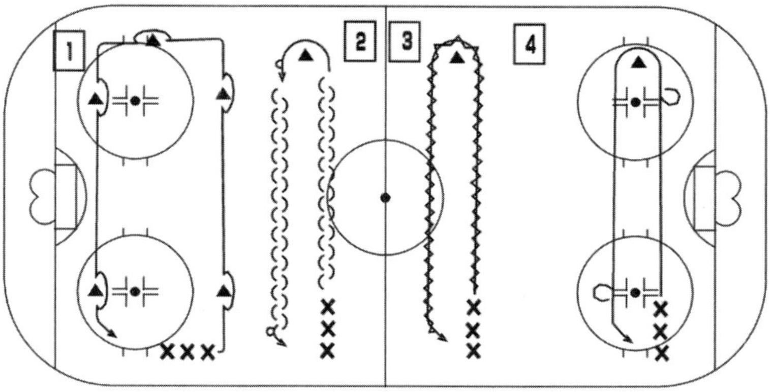

图 6－3－16

（十七）滑行、射门练习

队员 1 和队员 2 同时出发，滑到争球圈转身，沿着圆圈倒滑到内侧的短线处，然后转身正滑到争球圈上沿，急停，倒滑到中区的标志物附近，再转身，滑向放在争球圈上沿处的轮滑球。先拿到球者拿球做一次射门，没有拿到球者可充当防守者或准备补射弹回的球（图 6－3－17）。

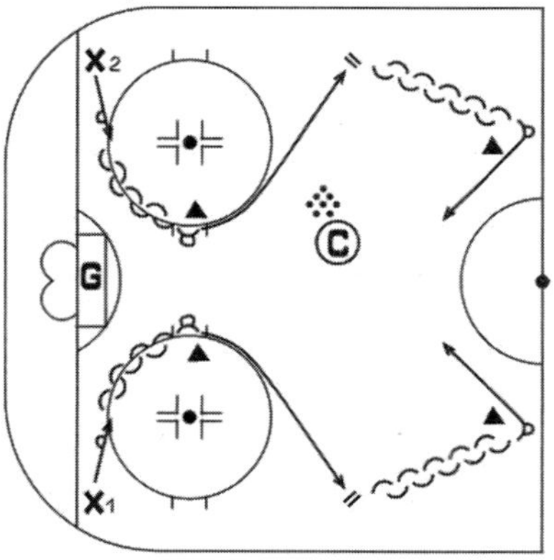

图 6－3－17

（十八）滑行、界墙反弹传球、射门练习

运动员开始带着球向前滑，向界墙为自己反弹传球一次，然后在运球滑行过程中急停一次，运动员再开始向前滑，在远处再为自己向界墙反弹传球一次，绕着争球圈向内滑行，在内侧的短线处急停，然后运动员转身倒滑到争球圈上沿，转身，正滑到中区中线急停，然后再转身倒滑到场地四分之一处，再转身正滑，做一次射门结束（图 6－3－18）。在轮滑场两侧同时做练习，中间交换场地。

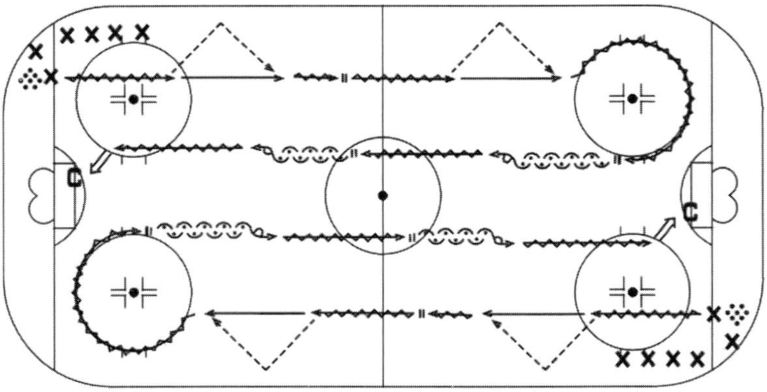

图 6－3－18

二、控球练习

（一）运球练习

把整个场地分为两个区，一边顺时针滑，另一边逆时针滑，两边同时进行，运动员运球绕圈滑行，要求连续压步，最后做一次射门结束（图 6－4－1）。

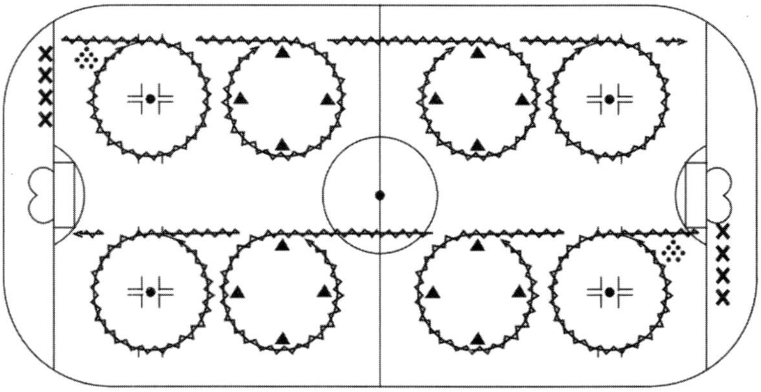

图 6－4－1

（二）运球、假动作、射门综合练习

把场地分成两个区域，运动员沿着轮滑场的右边运球滑行，在每一对标志物前做一次头和肩膀的虚晃动作，滑完后做一次射门。左侧的在每一个标志物前做一次左右或右左的假动作，最后射一次门结束（图6－4－2）。两边同时进行。

（三）运球转弯练习

队员带球在每个标志物处做360°急弯。要左右两个方向练习急转弯（图6－4－3）。

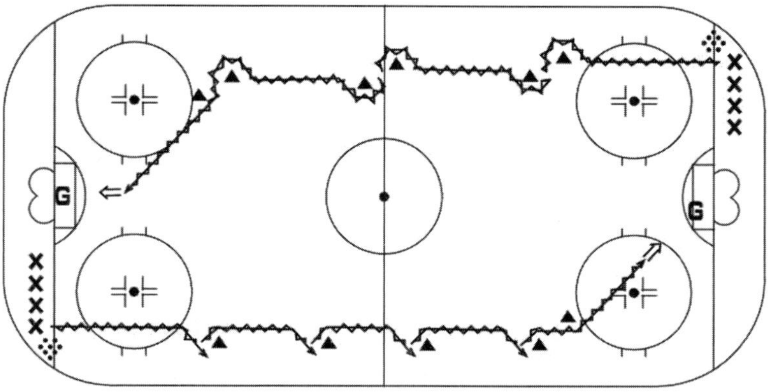

图6－4－2

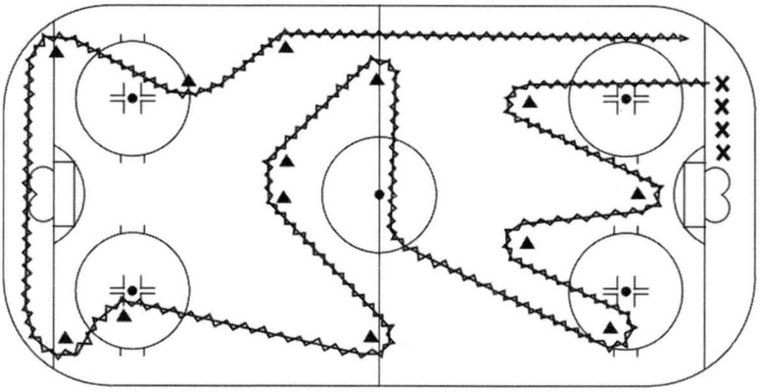

图6－4－3

（四）运球滑行练习

用标志桶在场地上按照下图的摆法进行放置，让队员带球按图示运球滑行，充分地利用场地面积。同时也可以进行其他摆放方式，要求充分利用场地，使场地面积被最大化利用（图6－4－4）。

变化：正滑、倒滑、滑行过程中加入转身之类的。

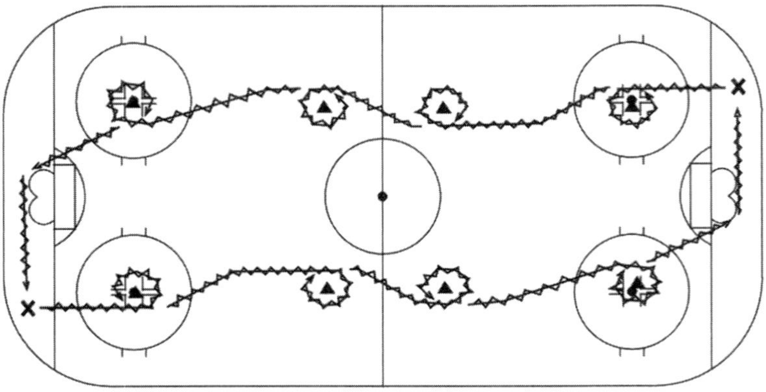

图 6-4-4

（五）运球正滑、倒滑练习

队员按图示滑行，带球做正滑和倒滑（图 6-4-5）。

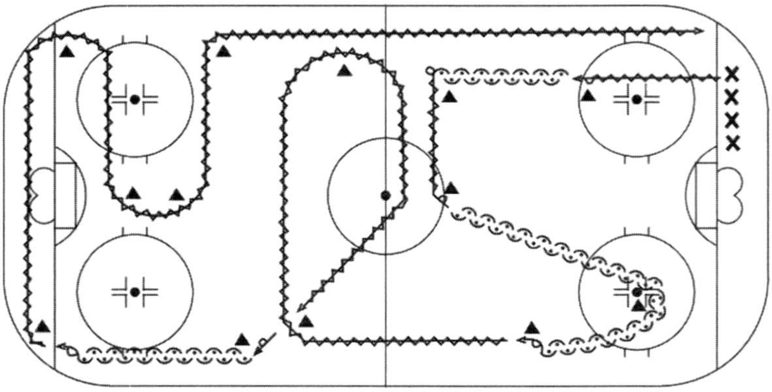

图 6-4-5

（六）运球技巧练习

把场地分为三个区域进行练习（图 6-4-6）。

1. 第一个区域：练转弯控球，要求运球过程中用身体护住球。
2. 第二个区域：练习急转，左右两个方向急转各两次。
3. 第三个区域：一个争球圈进行正滑压步运球，另一个争球圈进行倒滑压步运球。

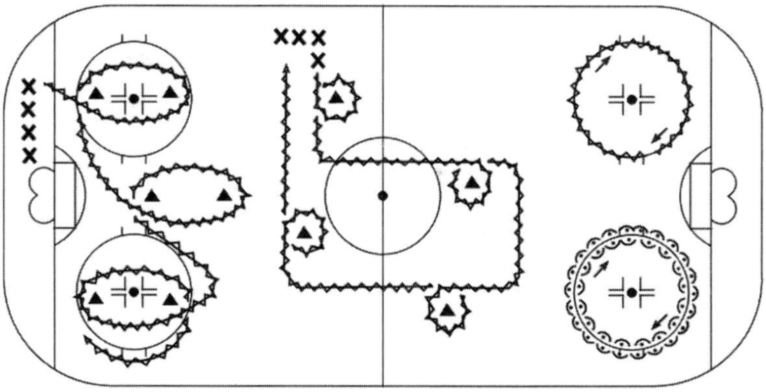

图 6-4-6

（七）站立用球杆抢截练习（图 6-4-7）

教练员把运动员两两分为一组并排站着。当听到哨声时，运动员 1 站着拨球。运动员 2 站在运动员 1 的旁边，当听到第二声哨响时，运动员 2 抢球。

变化：用压杆和挑杆动作。

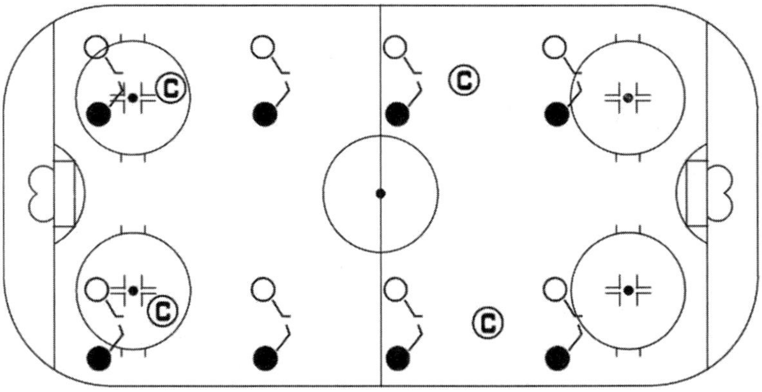

图 6-4-7

（八）球杆扫球游戏

运动员 1 跪下，把球杆平放在前面的地面上。运动员 2 站在运动员 1 的前面，采用正确的轮滑球站立姿势拨球。当听到哨声时，运动员 1 在 180°的范围内来回用球杆扫动，运动员 2 必须躲避扫动的球杆，当扫动的球杆扫过来时，把球拨向自己的身体（图 6-4-8）。持续做 40 秒，然后两名运动员交换位置。

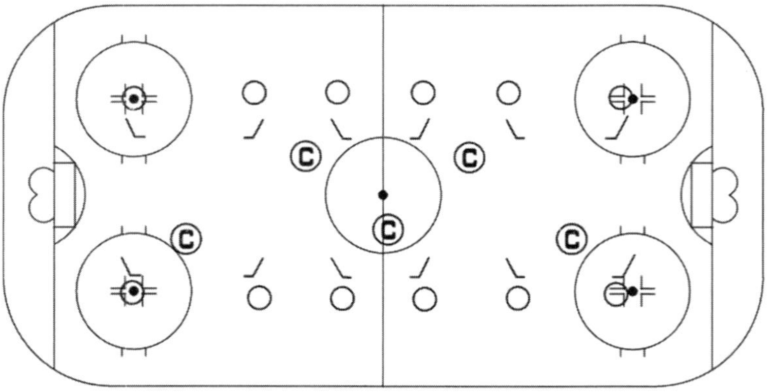

图 6－4－8

（九）假动作

队员 1 和 2 沿着板墙在每个锥形柱子前做“从外到里”和“从里到外”的假动作，从里侧返回，冲向球门射门，然后准备补射（图 6－4－9）。在运动员 1 和 2 到达第三个障碍物时，运动员 3 和 4 出发。

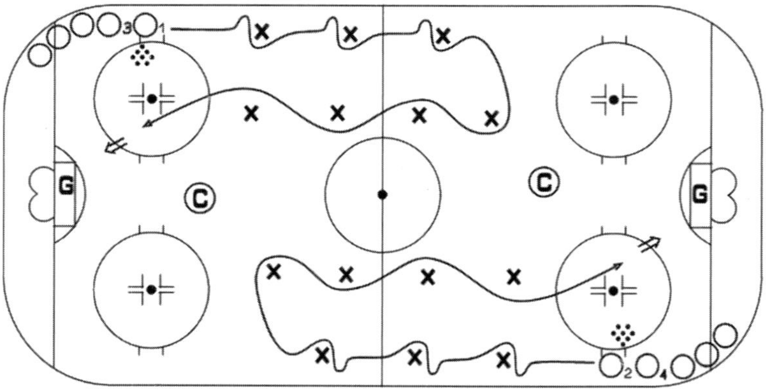

图 6－4－9

（十）运球、控球练习

把场地分成三个区域进行控球分站练习（图 6－4－10）。

1. 第一个区域：急转弯比赛。

把运动员分成两组。如图所示放置锥形柱子，让两队运动员比赛去争一个球，以射门结束（如有必要时给没争到球的运动员一个球）。

2. 第二个区域：用脚控球。

运动员横跨轮滑场用脚控球，第一种让轮滑球在两个脚之间进行来回倒球，总是把球控制在脚下。第二种由后往前踢球，把球轻轻向前踢出（1 米远），两只脚相互交替。

3. 第三个区域：混乱中带球。

让运动员带着球在区域内随机滑行，教练抢球，给运动员施加压力，鼓励运动员保持抬头。

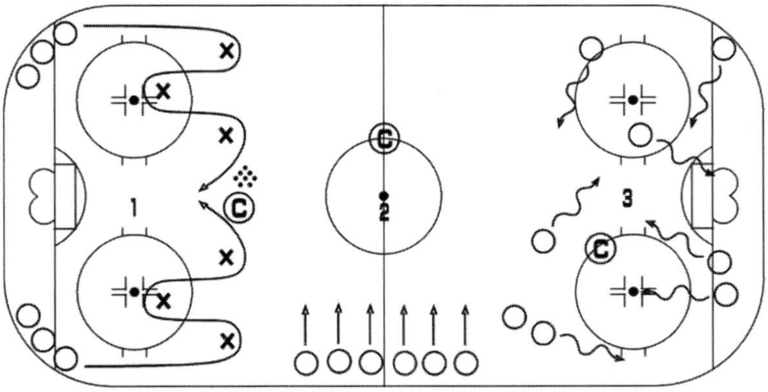

图6－4－10

（十一）传接球和带球急停（图6－4－11）

1. 运动员两人一组，分开站立，相距6米。
练习正手传接球。
练习反手传接球。
让两名运动员分开10米，再做传接球练习。
2. 带球横跨轮滑场，在界墙边急停。
重复这个练习6～7次。

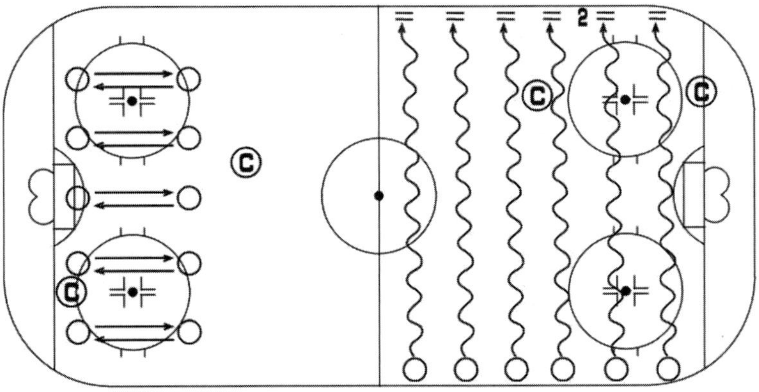

图6－4－11

（十二）假动作（图6－4－12）

运动员1带球到2，2带球到3，重复。
- 教练员演示和讲解动作。

- 急转弯。
- 转身。
- 转 360°。
- 急停和起动。
- 头部和肩部的假动作。
- 射门假动作。

教练员训练守门员。

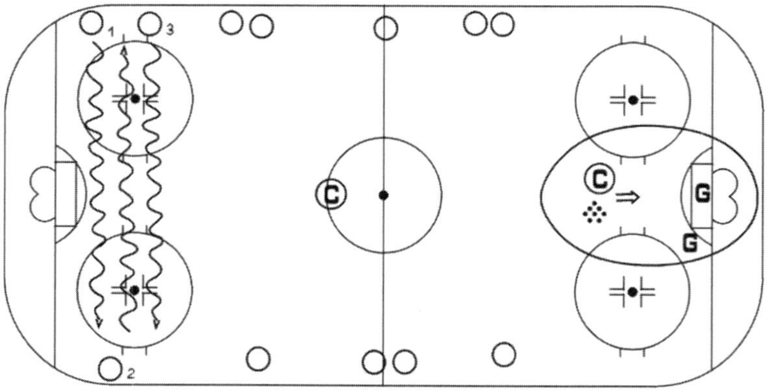

图 6－4－12

（十三）控球/抢截，“球门线后的 2 打 2 练习”（图 6－4－13）

1. 教练员把球打给队员 1 或 2，他们得到球，他们与另外两个防守的队友进行 2 打 2 对抗。

2. 一直打下去，直到进球，或球被压住或球被清出攻区。

3. 可以连续打三个球，增加练习的节奏和强度。

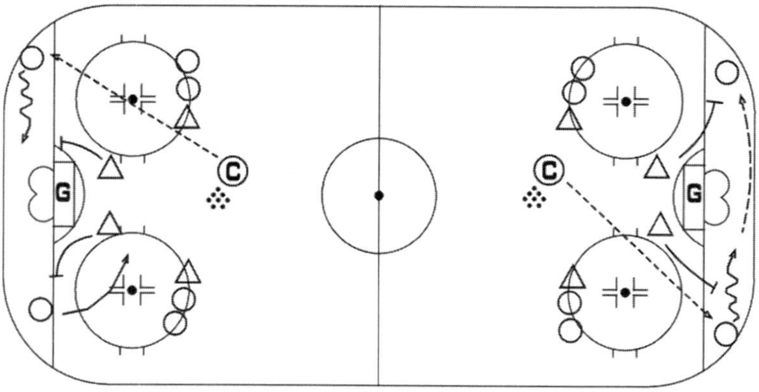

图 6－4－13

（十四）综合滑行后接球射门练习（图 6－4－14）

前锋：队员绕着锥形柱子转 360°，接教练员传过来的球，快速拉射。

后卫：队员倒滑到接近纵向中间的位置，转身后接教练员传过来的球，射门，然后绕着争球圈倒滑一圈。

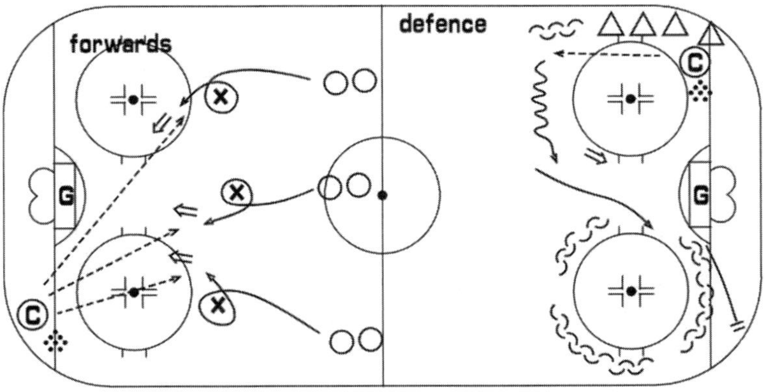

图 6－4－14

（十五）传球、运球、射门综合练习

先由一名队员或教练在每一端做第一次传球。第一组的队员朝第一个标志桶滑行，接住传球，跳过中线上的标志物，在远端的争球圈上沿处做 360° 急转弯，然后射一次门；然后该队员滑到球门后边，在那里他拿一个球并传给第二组的队员，然后站到第二组队员的行列中。第二组队员按图示滑行做一次射门，然后继续滑到球门后拿一个球传给第一组队员，然后站到第一组的行列中（图 6－4－15）。

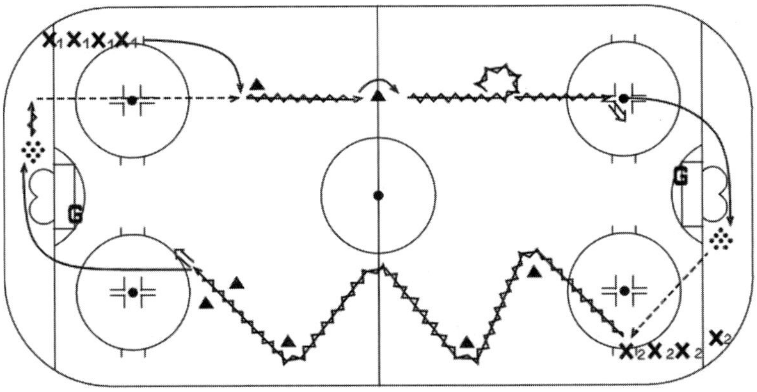

图 6－4－15

（十六）运球技巧练习

队员按图示滑行，先直线运球滑行、再连续横向压步，360°急转，连续绕过障碍物，倒滑运球、运球过程中跳过障碍物，最后直线滑行至底线单脚急停（图 6－4－16）。轮滑场另一侧教练员训练守门员。

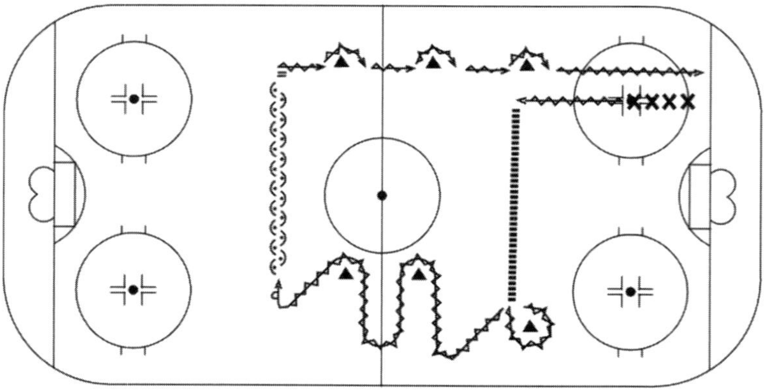

图 6－4－16

三、传球练习

（一）传球练习

队员进行原地传接球练习，当传球技术进步时可以不断地调整距离，如：5 米、8 米、10 米、15 米进行变换式传接球练习（图 6－5－1）。

变换：正手传球、反手传球、传腾空球。

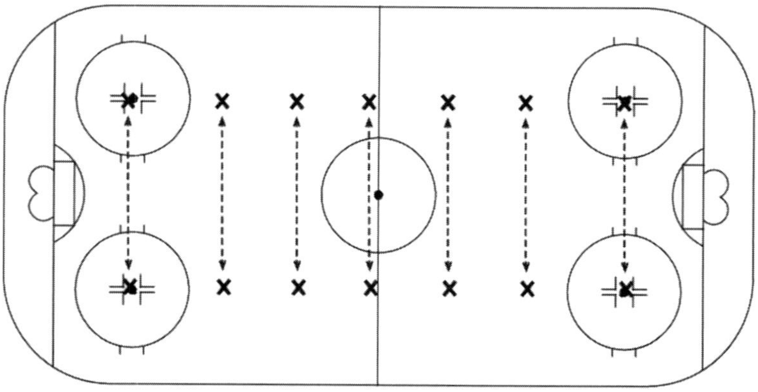

图 6－5－1

（二）传球、拦截传球游戏

将队员分组在每个争球圈位置，队员围圈进行传球，在圈内一名队员设法拦截传球（图 6 –5 –2）。

要求：被截住了，传失误了，都要进行位置交换。

变换：固定位置、变换位置。

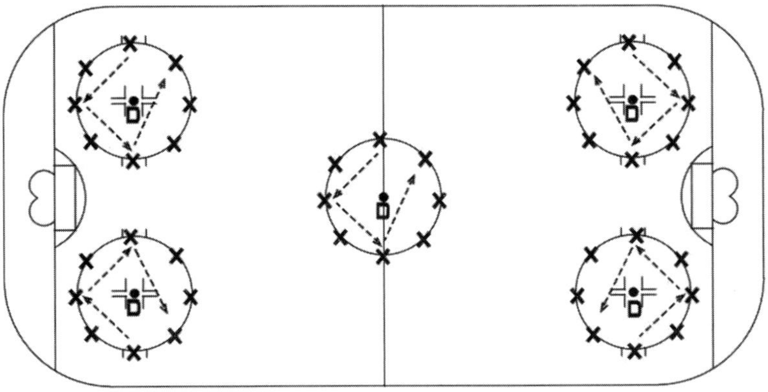

图 6 –5 –2

（三）传球、接球、射门练习

从队员 1 开始，把球传给队员 2，2 再传给 3 等，在球传出之后，传球者滑到接球者的位置（图 6 –5 –3）。两边可以进行比赛，看哪个组射门次数最多，意味着传球效率高。

要求：传球过程中，如果失误了，必须去捡球回来重新传。

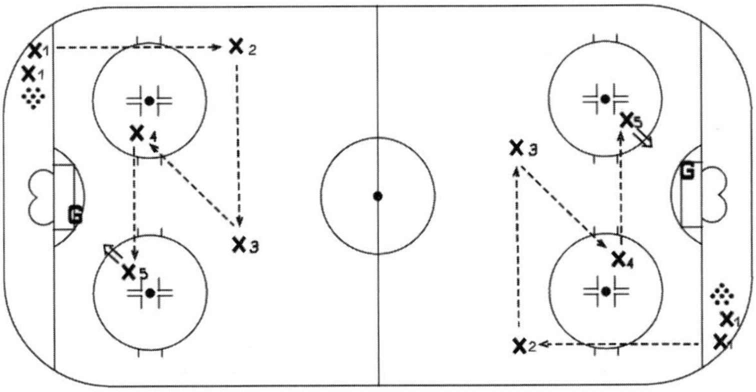

图 6 –5 –3

（四）移动传接球练习

将队员进行两两分组，队员 1 把球传给跑动中的队员 2，接球后队员 1 和队员 2 都做急转弯，这时，队员 2 回传球给队员 1。接球者应该做反手接球。两人不停地前后滑行（图 6 – 5 –4）。

变化：当队员 2 倒滑时，队员 1 向前滑，当队员 2 接近界墙时，队员 1 传球给队员 2，队员 2 急停并在队员 1 倒滑时开始向前滑。

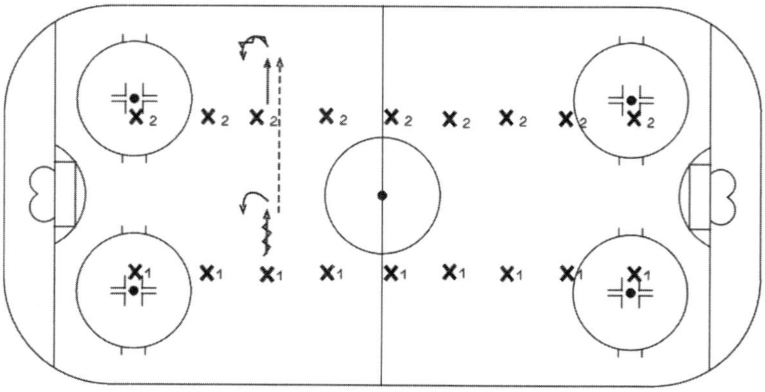

图 6 –5 –4

（五）移动中长、短传球练习

队员在中线滑行时做短传和转弯，回来时做轮滑场宽度的长传球。要求运动员增加传球的次数（图 6 –5 –5）。

变化：同时用两个球。

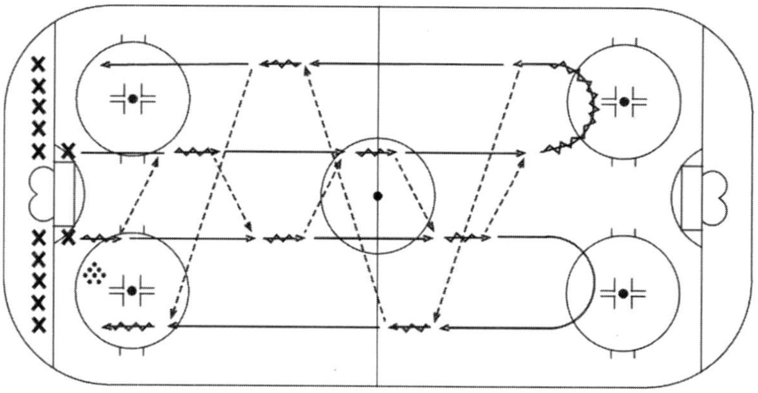

图 6 –5 –5

（六）传球、接球、攻门练习

将运动员分为两组，分别站在中线两侧界墙边的位置，分出两名队员进行定点的传接球，队员 1 传给队员 2，队员 2 做一板回传球（不停球的一拍传回）给队员 1，1 绕过标志物再传给 2，2 再用一板传切回给队员 1，队员 1 接球做突破攻门（图 6 –5 –6）。定点传接球的人随时更换。

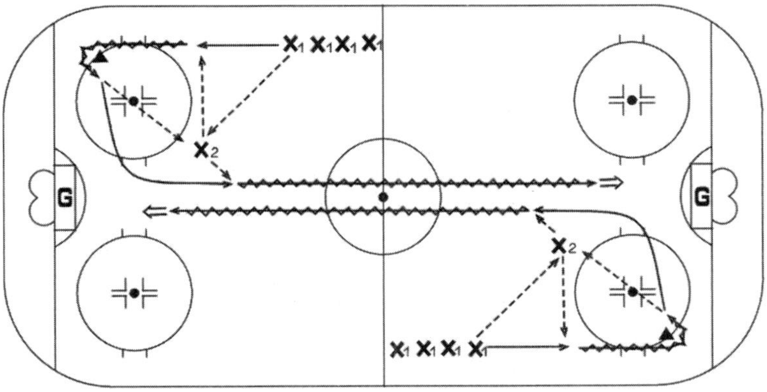

图 6 –5 –6

（七）传球、接球、射门练习

把场地分为两个区域练习（图 6 –5 –7）。

第一区域：前锋 1 传给后卫 1，这个后卫向界墙滑去再回传给转过去的前锋，前锋向前场滑去并做一次射门。

第二区域：前锋 2 传球给后卫 2，后卫 2 带球滑向球门，然后把球回传给转过来的前锋 2，前锋 2 向前滑去射门。

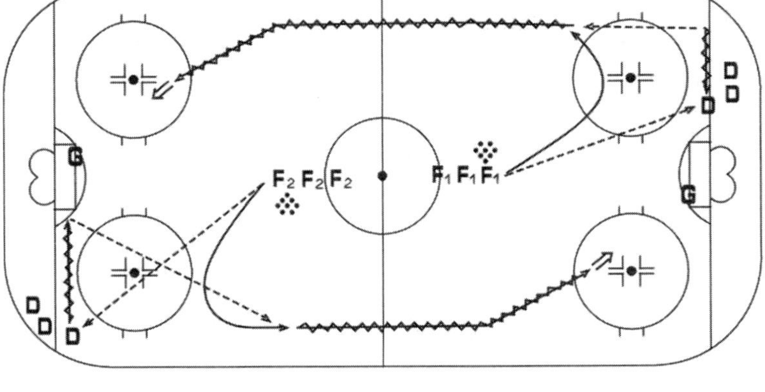

图 6 –5 –7

（八）传球、接球、射门练习

把场地分为两个区域进行练习（图6－5－8）。

第一区域：左侧场地的队员相互传球，靠近界墙那边的一个队员射门并且在场地中间的一个队员去拿反弹球。

第二区域：在另一侧场地的队员相互传球，贴板墙的人高速滑行吸引守门员注意力，然后传给中间的队员进行射门。

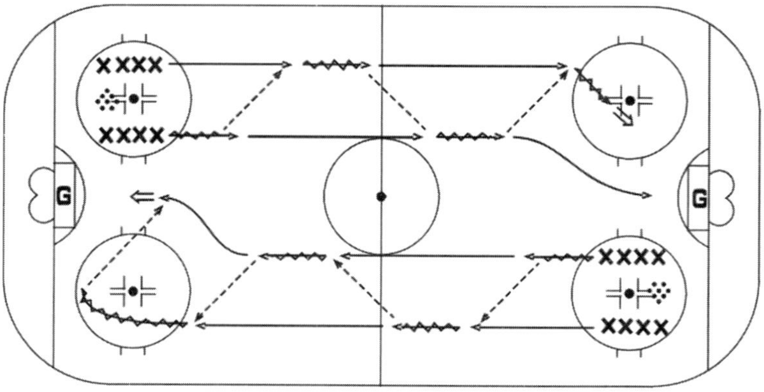

图6－5－8

（九）传球、接球、射门练习

队员1和队员2通过中圈做急转弯，接成队员3和队员4从对角线处传来的球，然后射门。射门后队员3和队员4滑一个椭圆形，接成队员1和队员2从对角线处传来的球去攻门（图6－5－9）。训练到一半时交换场地，以便正、反手传切都能练习。

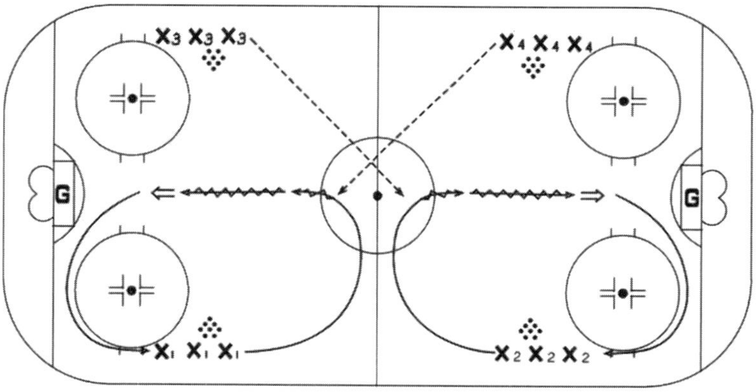

图6－5－9

（十）移动传接球练习

队员 1 传球给 2，滑到界墙接回传球，后滑过中线传给队员 3，做急转弯绕过标志物，接队员 3 的回传球，队员 1 再次传给队员 2，做急转弯绕过标志物，再接队员 2 的回传球，然后滑过中线时再次传给队员 3，然后队员 1 沿着界墙向前滑，再接队员 3 的回传球，最后去攻门（图 6－5－10）。轮滑场两侧同时进行这个练习。

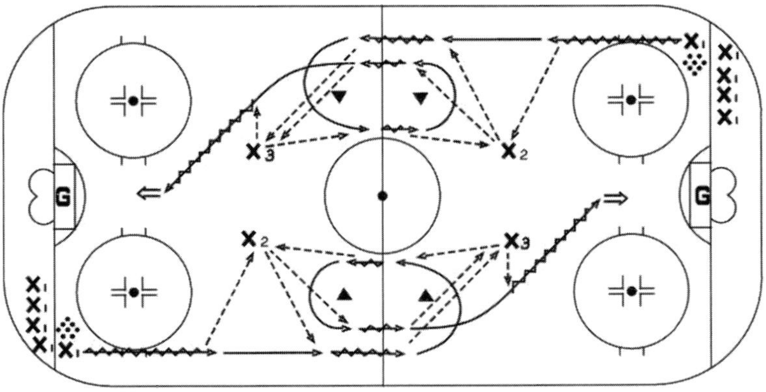

图 6－5－10

（十一）移动传接球练习

队员 1 传切给在争球圈上沿的队员 2，队员 2 再回传给追上的队员 1，队员 1 传给队员 3，后绕中圈的外侧滑行，再接队员 3 回传的球，然后再传给队员 4，滑个大圈绕回来，接队员 4 的回传，做一次射门（图 6－5－11）。

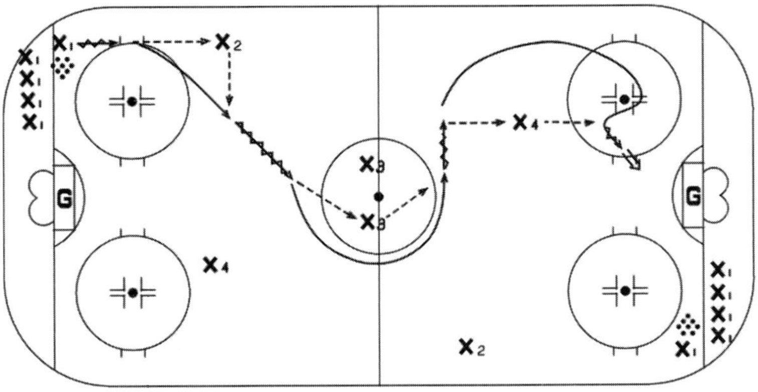

图 6－5－11

（十二）传接球练习

运动员分成两组练习（图 6－5－12）。

1. 两人一组正手和反手传球（两人交换位置）。
2. 两人交叉传球。传球人传完球后从接球人身后走向前要球。

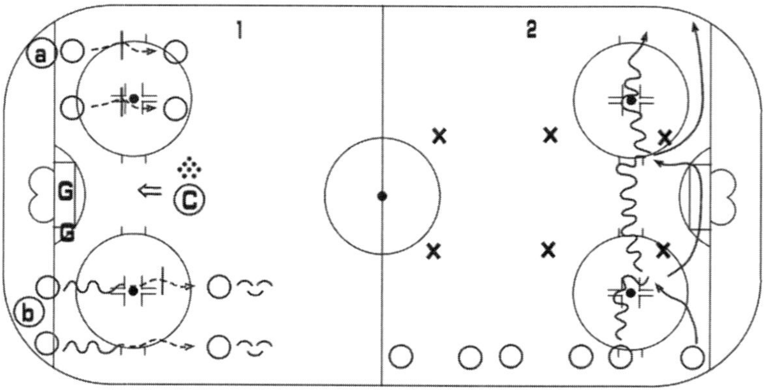

图 6－5－12

（十三）对界墙传接球练习

运动员分成两组练习（图 6－5－13）。

1. 站着打界墙传球——练习和理解打板的不同角度。
2. 运动中打界墙传球——滑向轮滑球弹出的方向。

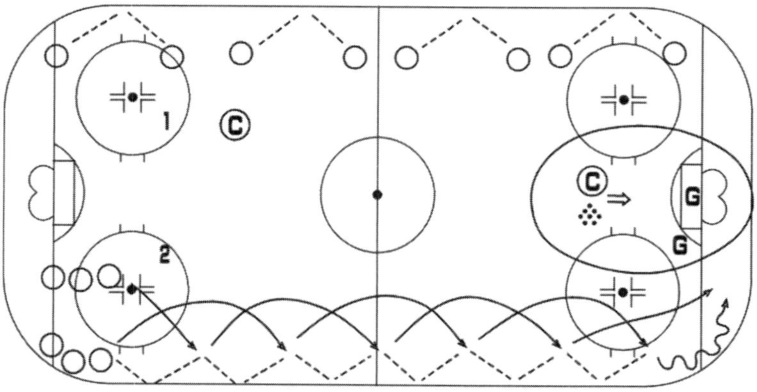

图 6－5－13

（十四）腾空球、留传球

把场地分为两个区域（图 6－5－14）。

1. 站着传腾空球。变化：原地和行进。
2. 滑动（两人同时向一个方向滑）中传飞碟球。后留球（演示）。

运动员在锥形柱子前做后留球，然后交叉换位。

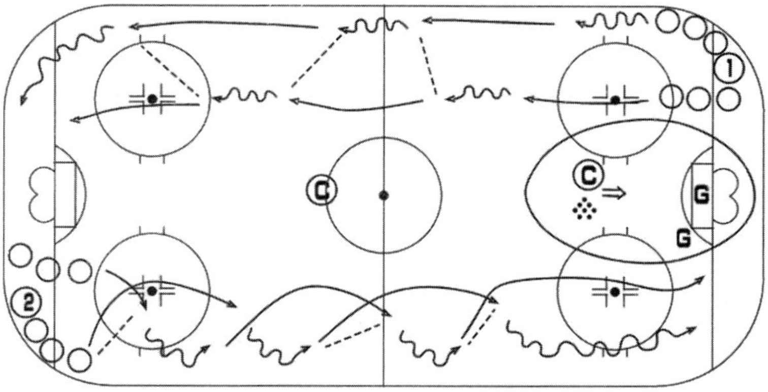

图 6－5－14

（十五）传球、切入、接球、射门练习

从里向外和从外向里（图 6－5－15）。

队员 1 把球传给队员 2，队员 2 传给队员 3，队员 3 再回传给队员 1。

队员 1 发起传球后要做：

1. 从里向外转。
2. 从外向里转。

队员 1 接队员 3 的传球，冲向球门，射门。

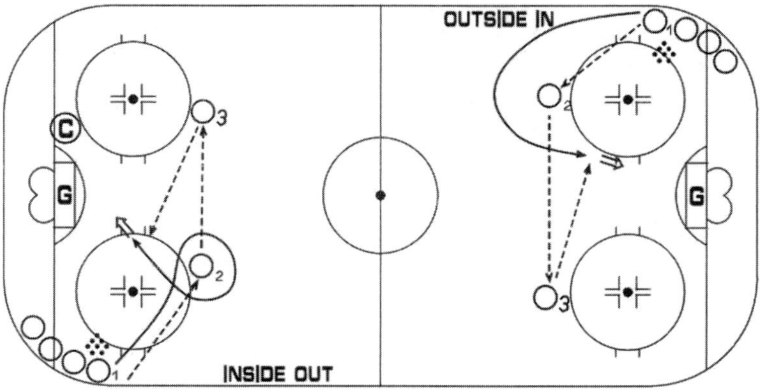

图 6－5－15

（十六）滑动中传球

1. 用锥形柱子把轮滑场分成两半，如图所示（图 6 – 5 – 16）。
2. 运动员慢速滑行（最快速度的一半）中彼此来回传球直到轮滑场的另一端。
3. 运动员在到达另一端后，回到这一端板角上的队尾。

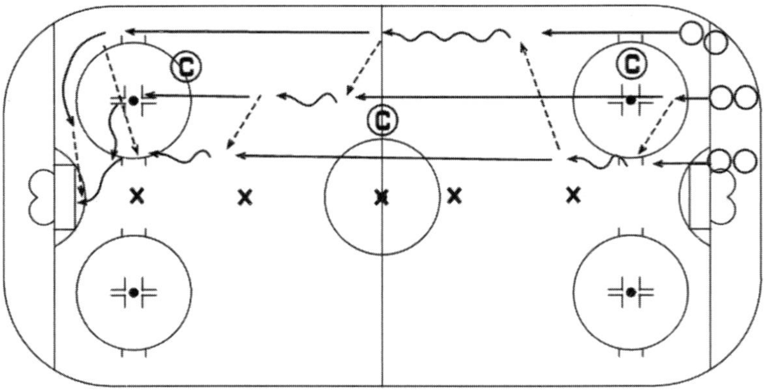

图 6 – 5 – 16

（十七）站传球（图 6 – 5 – 17）

1. 1 传球给 2，2 传球给 3，3 传球给 4，4 再回传给 1，1 射门，然后轮转。
2. 传球的准确性：在锥形柱子的外侧，横向移动做传接球。
3. “小猪在中间”：1 名抢截运动员在 3 名运动员之间，3 名运动员连续传球直到被抢截的运动员抢断，抢截的运动员与丢球的运动员才交换位置，成为传球手。

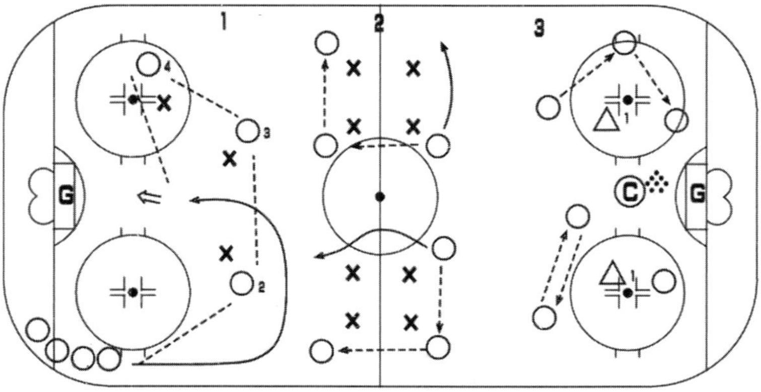

图 6 – 5 – 17

（十八）传接球循环（图6－5－18）

1. 运动员4传给1，1传给2，2传给3，3传给滑动门前的4（轮换位置）（与前一练习基本相同，但图中没有画出1传给2的路线）。

2. 传球的准确度：运动员横向移动，在锥形柱子的外侧传接球。

3. “小猪在中间”——遛猴。

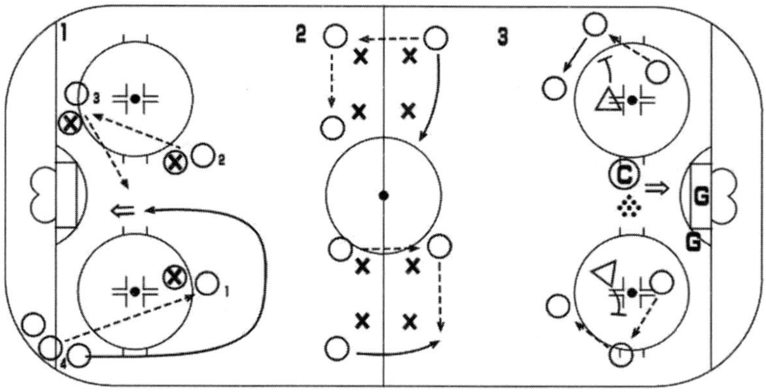

图6－5－18

（十九）传球、切入、攻门练习

攻门队员做两次传切切入，通过中场，然后运球攻门（图6－5－19）。

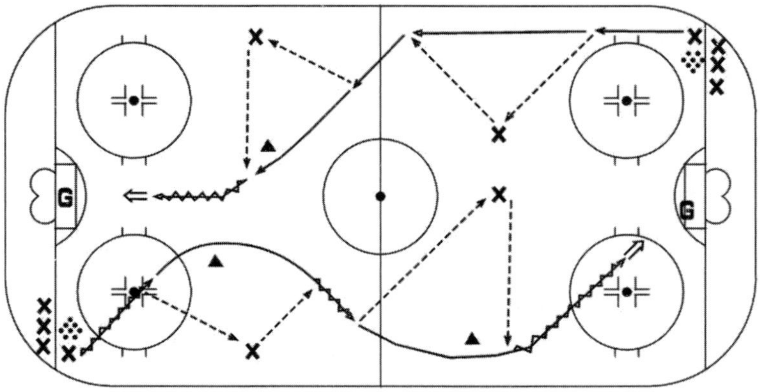

图6－5－19

（二十）传球、切入、射门练习

队员 1 在争球圈顶部的位置，队员 2 在另一争球圈底部的位置，队员 3 和 4 分别站在中线两侧。队员们轮换和队员 1 传切，然后射门，然后再向前滑接队员 2 传来的球，和队员 3 和 4 分别做两次传切，然后射门（图 6 – 5 – 20）。

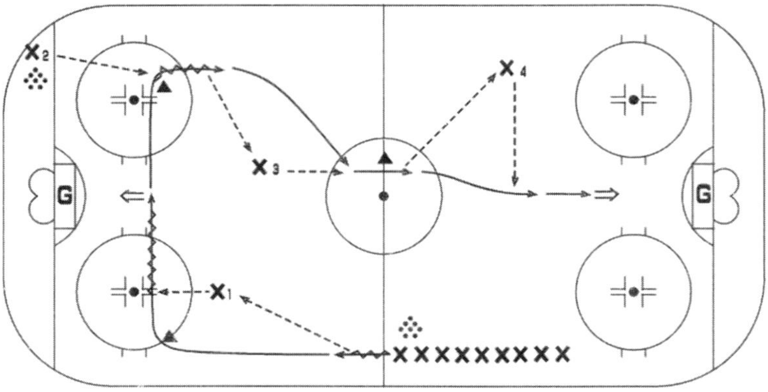

图 6 – 5 – 20

（二十一）传球、接球循环

这个练习是把带球和传球结合起来。把队员按图示分好组，队员 1 带球滑行，听到队员 2 叫时把球传给他，然后滑到 2 的队尾；队员 2 带球通过标志物后传给队员 3，然后加入到 3 的行列；队员 3 听到队员 4 叫时把球传给他，然后滑到 4 的队尾，队员 4 接球后射门，然后沿着界墙滑到队员 1 的队伍中（图 6 – 5 – 21）。

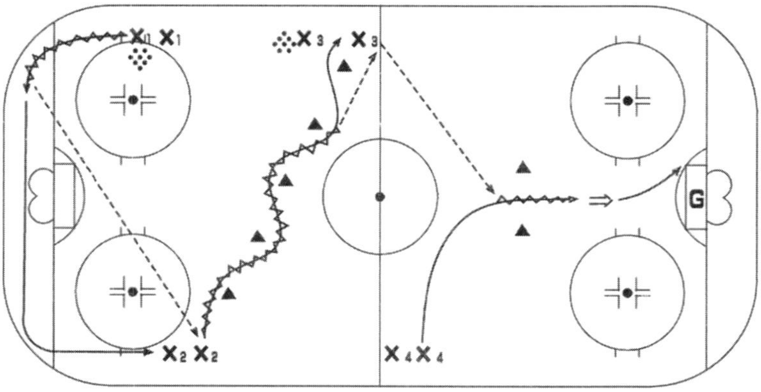

图 6 – 5 – 21

（二十二）传接球、切入射门练习

队员1和2同时起跑。队员1在圆圈顶部带球起跑，队员2在圆圈底部不带球起跑。队员1把球传给在中圈的队员3，然后全速滑到远处的争球圈上沿绕过标志物向里滑，再接队员3传回的球，然后冲向球门并射门，或者留球给跟过来的队员2，或者带球向边上滑去，然后传给处于有利位的队员2（图6－5－22）。

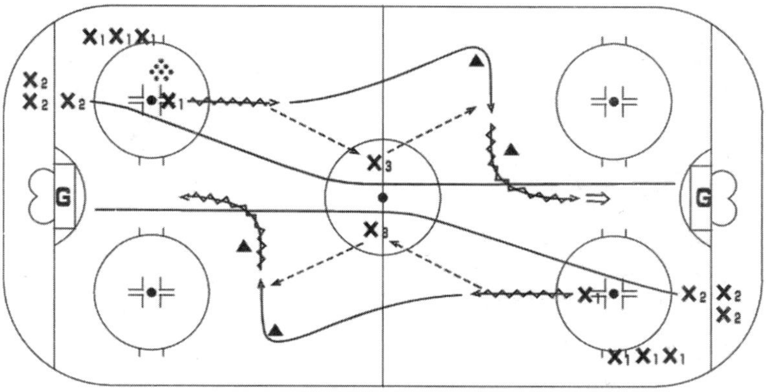

图6－5－22

四、射门练习

（一）拉射练习

队员静止不动形成一个半弧形。从争球圈上沿处开始进行连续的多球射门练习。每个队员完成一次射门之后向前移动5英尺，只能采用拉射（图6－6－1）。

变化：连续的轮流射——左侧、右侧。

（二）射门练习

队员在移动中向界墙射球。从中区开始，利用半场或全场，采用各种不同形式的射门技术（图6－6－2）。

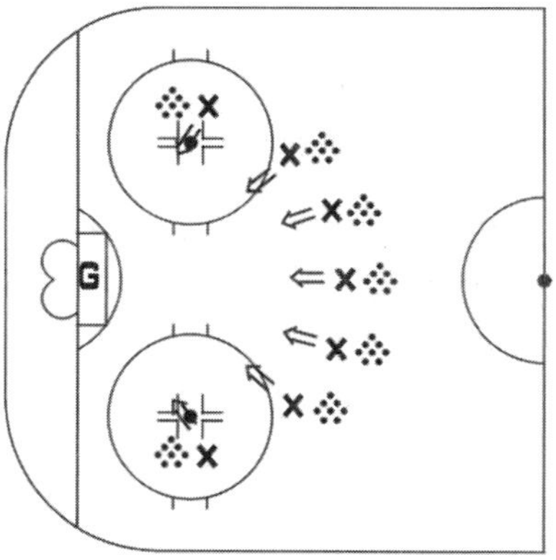

图6－6－1

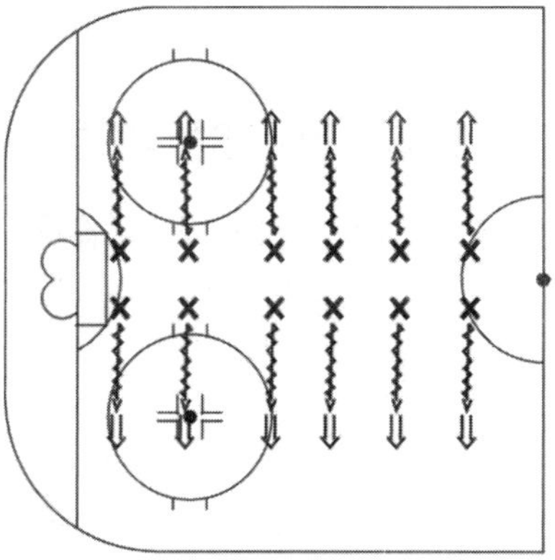

图6－6－2

（三）运球射门、接球射门练习

一个队员围绕着争球圈的顶端运球，从中间处射门。继续向里滑，围绕着另一个争球圈的底部，策应、倒滑，接墙角传给的球，进行另一次射门（图 6－6－3）。

变化：第二次射门之后，队员可以急停，朝场地中间的上部移动，接从墙角传给自己的另一个球，然后射门。

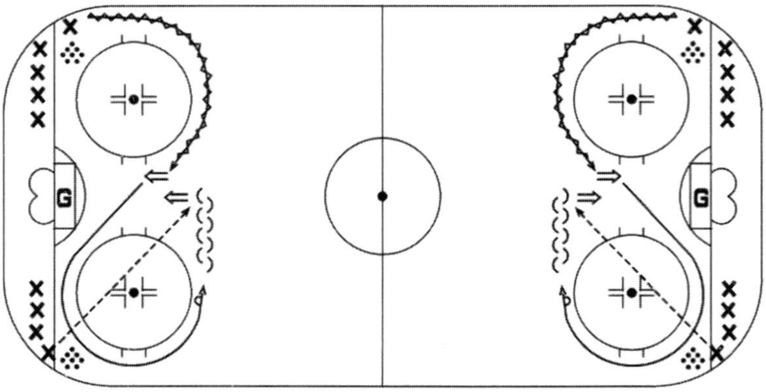

图 6－6－3

（四）抢球射门练习

为了拿到球，全速滑行射门，预案必须在同一时间开始，围绕着标杆全速滑行，并且第一个队员拿到球射门，另一个队员试图阻截运球的队员（图 6－6－4）。

变化：两队员倒滑，转身进行此项练习。

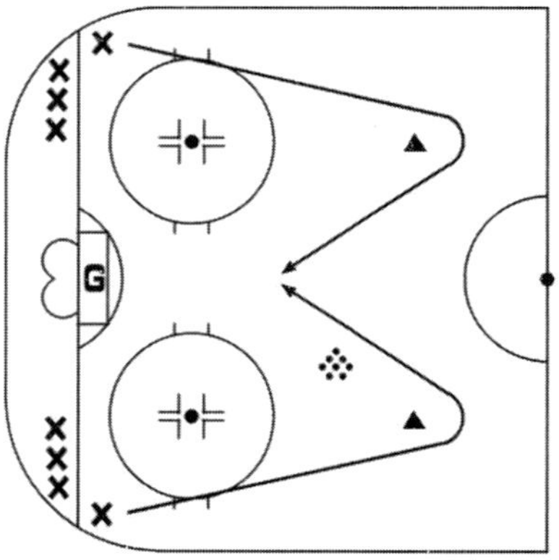

图 6－6－4

（五）接球、运球射门练习

队员冲到门前、射门、围绕着球门滑行，接教练的传球，射门，再向上滑并接从起点处传给的球，然后穿越标杆、射门，在球门后拾球，然后出来到门前做最后一次射门（图 6－6－5）。

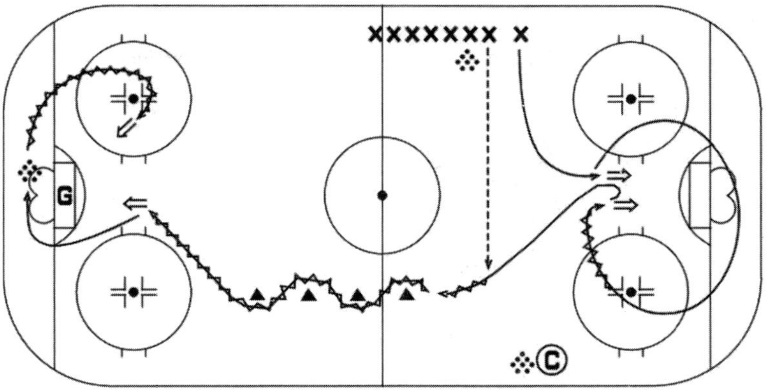

图 6－6－5

（六）接球射门练习（图 6－6－6）

第一部分：队员 1 在中间争球圈上沿离球门较远的位置击射，然后面对教练员©绕争球圈滑行，接传球快速滑行射门，在另一侧重复这个练习。

第二部分：快传快射——队员 1 快速面向传球队员，叫一名队员传球，接球后射门。面向不同的队员要球，重复这个练习。

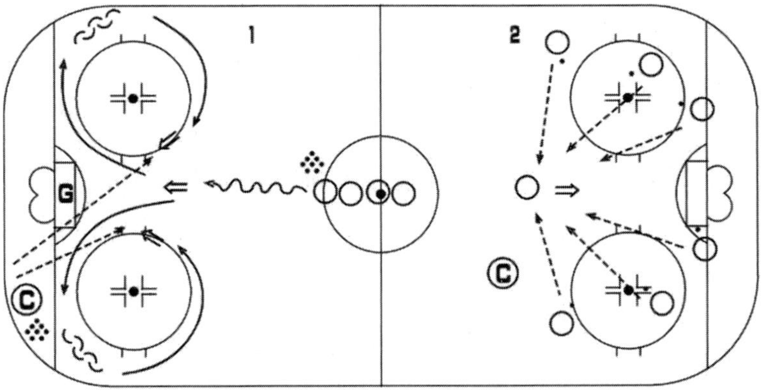

图 6－6－6

（七）射门循环训练（图 6－6－7）

1. 拉射——传球后跟随球跑位，再接球射门（两边交替做）。

2. 击射——原地对墙击射。

3. 2 通过界墙传球给 1。1 把球带出门后区域绕过锥形柱子，做一次反手射门。

图示文字说明：LeftHand：左手；RightHand：右手。

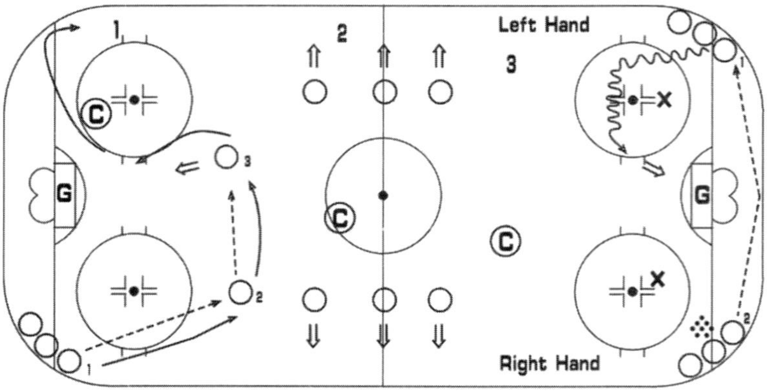

图6－6－7

（八）射门接2打1练习（图6－6－8）

队员1带球射门，然后担当2打1中的防守。队员2和3也做射门，然后接教练员©的传球，2打1进攻。

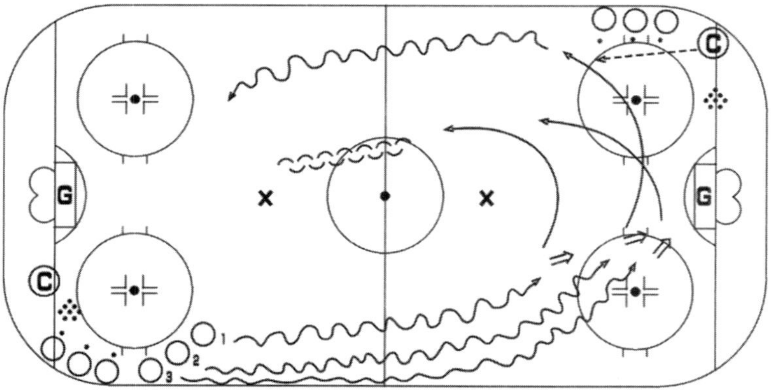

图6－6－8

（九）射门练习

三种方法循环训练，每个分站练3～4分钟（图6－6－9）。

1. 射3球，绕两圈练习转身和灵活性。
2. 转360°，接传球，射门。
3. 在锥形柱子处做假动作，冲向球门射门。

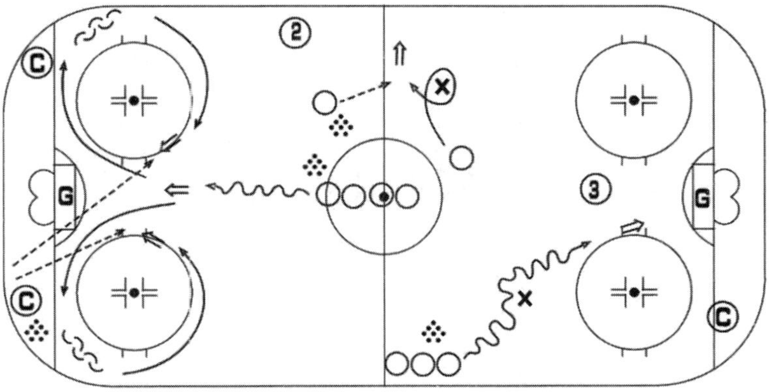

图6-6-9

（十）射门练习

分为两个区域练习（图6-6-10）。

1. 定点射门。后卫进行射门练习。

2. 前锋射门。F 传球给 D，然后 F 向上滑（利用标杆或争球点）横切至场地中间接 D 的传球。射门之后，前锋队员交换场地，这样可以用正反传接球。

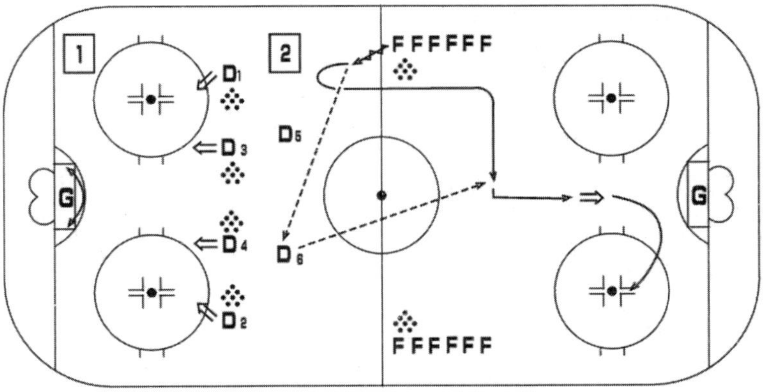

图6-6-10

（十一）传切、射门练习

X1 和 X2 在原地固定站位，其他的所有队员在中圈里，圈内两半场的 X3 分别给各自半场的 X1 传球，然后向前滑，再分别接 X1 回传球进行射门，再接 X2 的第二个球，进行第二次射门（图6-6-11）。

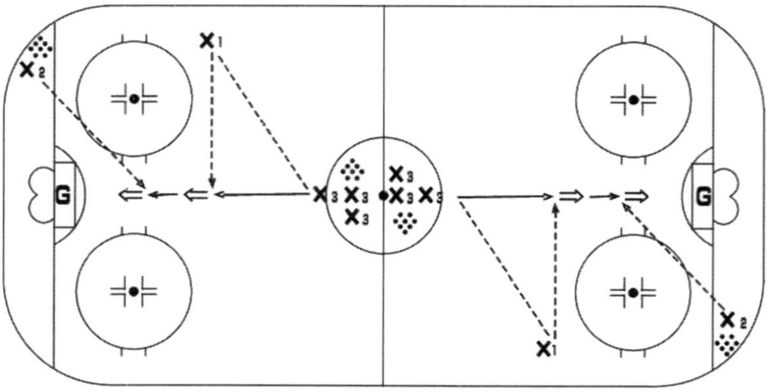

图 6 –6 –11

（十二）射门练习（图 6 –6 –12）

1. 一个队员从墙角向外滑，在标杆▲和门柱之间的位置试图射门。利用两个半场。

2. 正手/反手射门：一个队员接传给的球，并朝标志杆处滑行。身体在标杆的一侧，可射门却在标杆的另一侧。使用正手和反手射门，每做完 4 次后，交换场地。

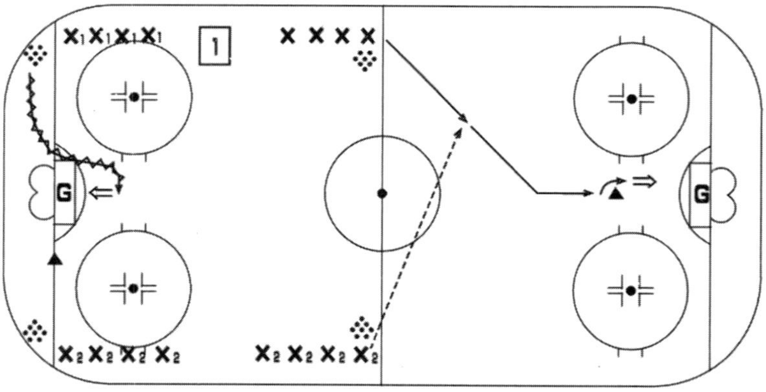

图 6 –6 –12

（十三）传球、接球射门练习

后卫分布在各个墙角，前锋在中区争球圈，F1 传球给 D1，D1 接球并倒滑（围绕争球圈），并传球给 F1，F1 转弯后接球滑到界墙处，F1 回传给 D1，横切接 D1 传来的球攻门，D1 传球同时，向前移动接 D3 的传球，然后射门（图 6 –6 –13）。

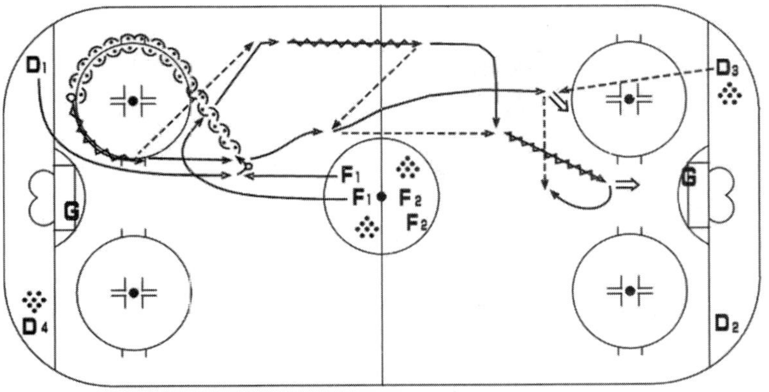

图 6－6－13

（十四）传切射门练习

X1 横切轮滑场接球并且传球给墙角的 X2，X2 回传给 X1，X1 滑到中间，倒滑（围绕着争球圈）并在中线处传球给 X3，缓冲一下，再接 X3 回传后射门，当 X1 越过中区中线的时候，X4 起跑在另一半场进行同样练习（图 6－6－14）。

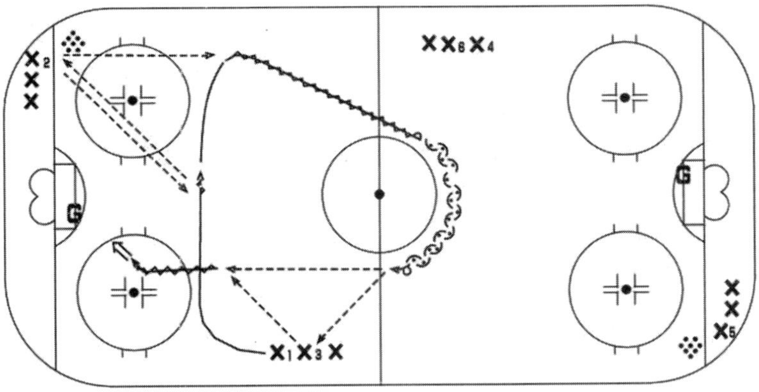

图 6－6－14

第五节　单排轮滑球运动员的战术训练

一、个人战术训练方法

（一）1 打 0 训练

1. 第一个队员由界墙处开始倒滑，接第二个队员的传球，然后运球转弯接射门（图 6－7－1）。场地两侧同时进行。

注意要点：射门不要离球门太近；滑行时可以增加传球的次数。

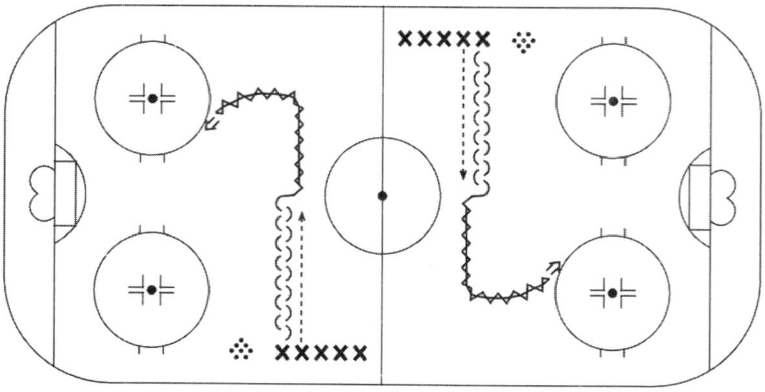

图 6-7-1

2. 马蹄式练习，队员从端线开始，滑至远处迂回，接传球（接球分为两种方式：①与传球队员迎面接球。②转身后接球）然后射门（图 6-7-2）。

变化：

（1）队员传球，X2 接 X1 传球，并回传给 X1。

（2）队员传球，X2 跟随 X1 想得到可能有的反弹球以便补射，然后转弯接从墙角传来的球。

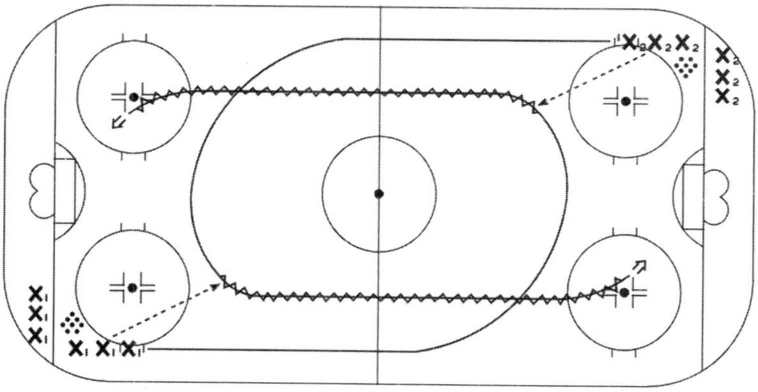

图 6-7-2

3. X1 从墙角滑出，接 X2 传来的球，X1 回传给 X2，然后迂回反切，接 X2 的第二个传球射门（图 6-7-3）。两侧场地同时进行。

注意要点：根据队员的实际情况来判定传球的次数，2～4 次为益。接到球后迅速调整射门，可以增加身体的假动作。

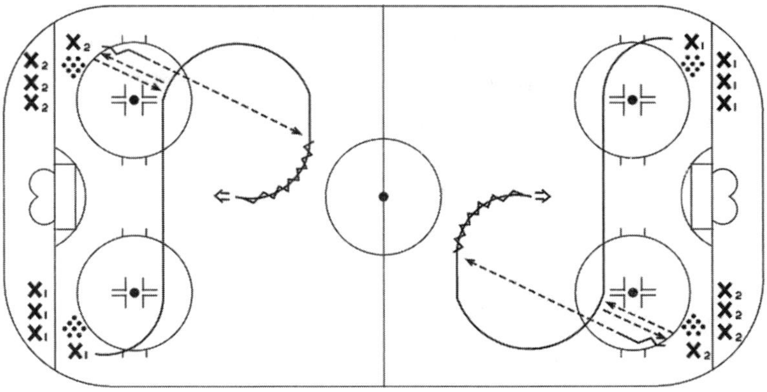

图6－7－3

（二）1打1训练

1. D1绕门后传球给F1，同时滑向中区绕过标杆变倒滑退守，形成1打1。D2和F2在另半场同时开始练习（图6－8－1）。

注意要点：传球队员传完球以后，不要跟进攻队员太近，保持一段距离，进行侧逼，尽量不要让进攻队员从中路切入球门。

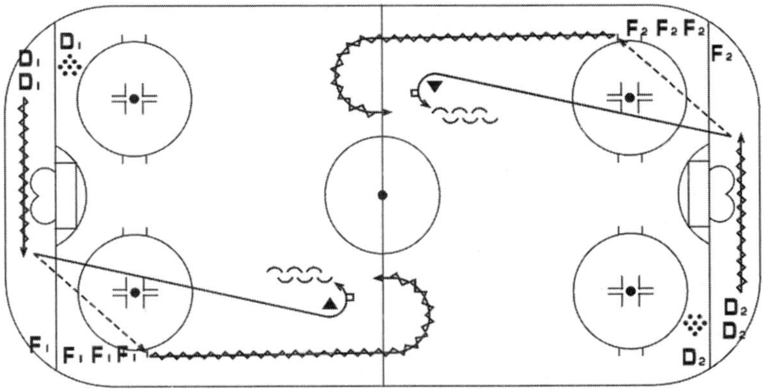

图6－8－1

2. 队员的位置如图所示，F沿界墙快速滑行，直向球门，当F接近攻区时，D转身倒滑与F形成1打1。场地两侧同时做此练习（图6－8－2）。

训练要点：进攻队员用速度过人，所以要把滑行速度滑到最快然后切入球门。

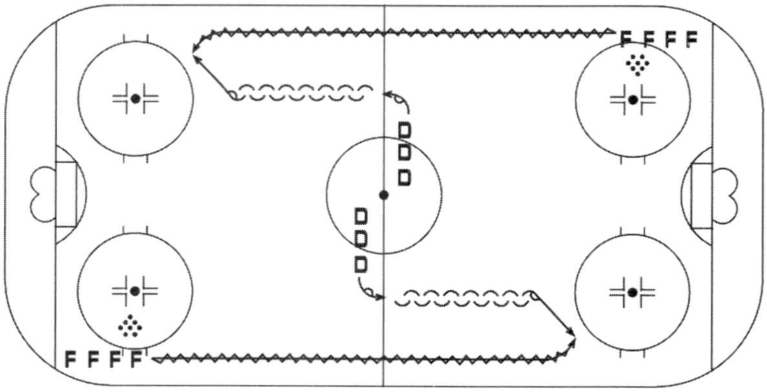

图6－8－2

3. X 传球给 D 开始练习，然后 X 正滑，D 传球给 X 后马上转为倒滑进行防守，与 X 形成1 打1（图6－8－3）。

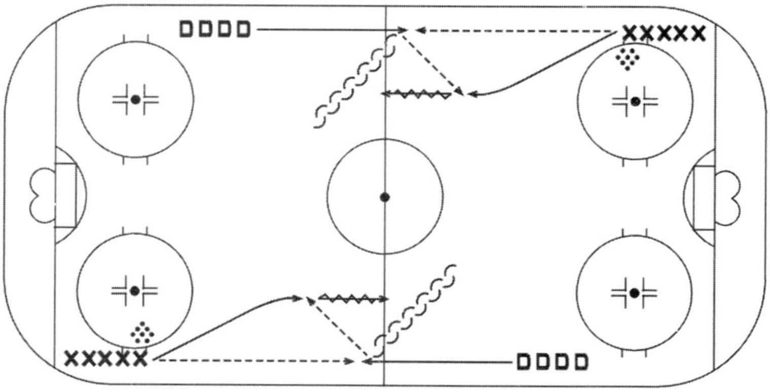

图6－8－3

4. F 向前滑，接 D 传的球，F 再轻击回传给 D，D 倒滑策应然后向前滑并把球传给突破的 F。现在 D 滑到对面的场地去配合由对面而来的 F（图6－8－4）。

训练要点：两个人同时出发，D 传完球后直线滑行转为倒滑变成防守对侧的 F 队员。

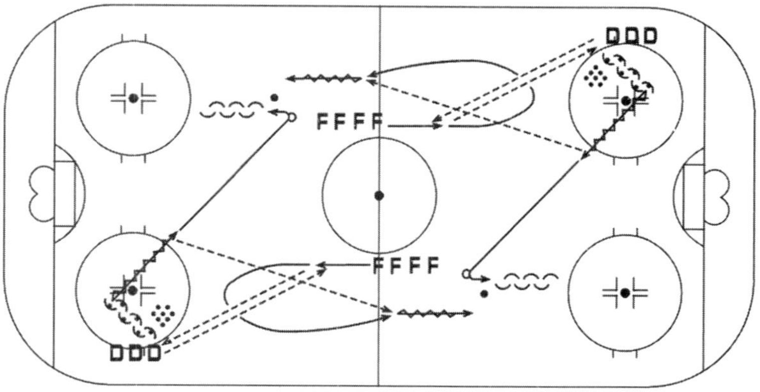

图6－8－4

5. 听到哨声，运动员△快速进攻，在运动员 1 前双脚急停，1 做 1 打 1 进攻射门，△做防守。当听到第二声哨响，△挑战在另一个板角的 2。进攻队员 2 等着防守队员△，选择位置（图 6 –8 –5）。

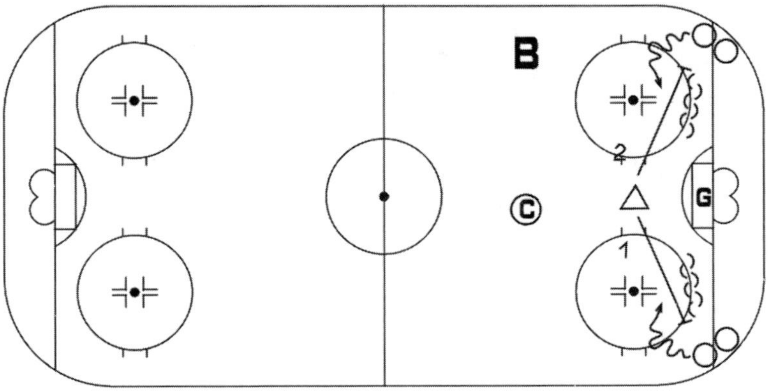

图 6 –8 –5

6. ○与教练员做一次传接配合，△前滑绕标志物后倒滑，与绕教练滑过来的○形成 1 打 1。在两边同时做，两边交换着做（图 6 –8 –6）。

训练要点：进攻队员在教练员身后做连续压步进行加速，然后将球拍放在地上，给教练员指示一个传球的方向。

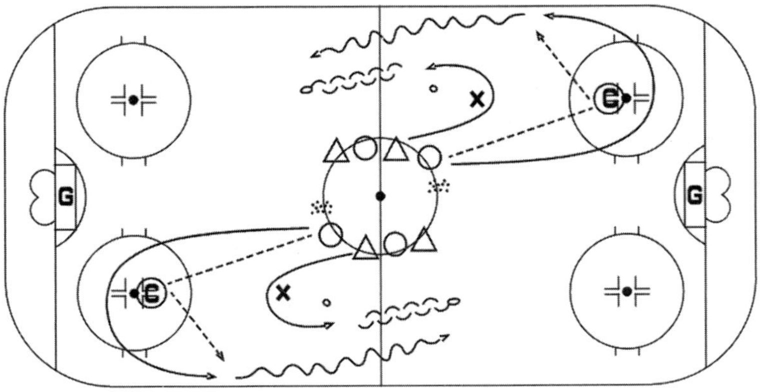

图 6 –8 –6

7. 队员○传球给△后沿界墙前滑，过中线接回传来的球后内切向后半场进攻，与传球给他的△形成 1 打 1（图 6 –8 –7）。两边同时做。在做了一半时间后，交换位置。

训练要点：注意间距控制。

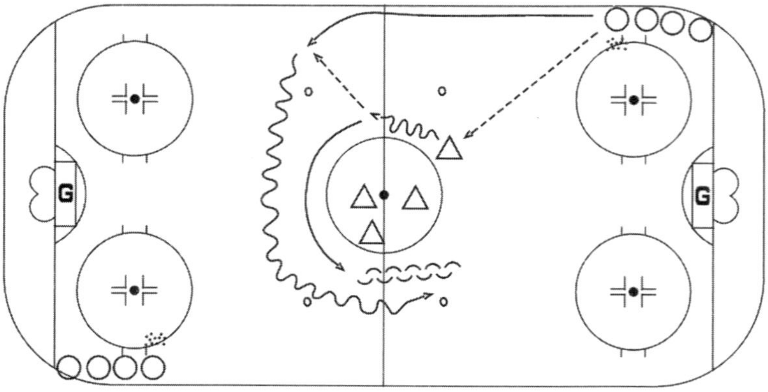

图6－8－7

二、集体战术训练方法

（一）出守区

1. 教练员C把球打给守门员，守门员把球给后卫△。△发起出守区，把球传给接应的前锋队员○3。队员○1、○2、○3滑向底线迂回接应，然后反攻与△1和△2形成3打2（图6－9－1）。

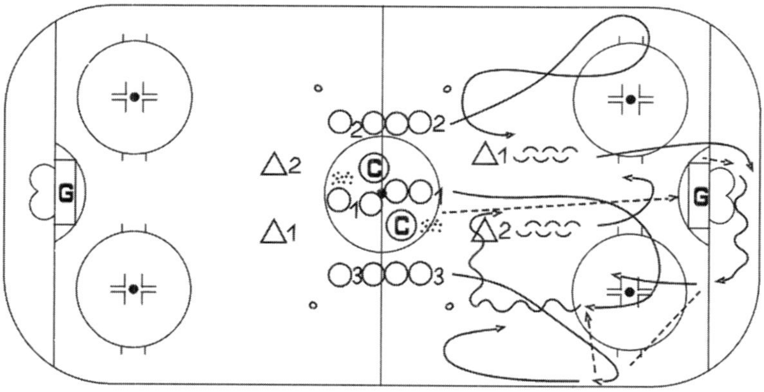

图6－9－1

2. 从场地的一端开始发起3打2，教练员鸣笛后，2名后卫D作为新的一组防守队员与3名新队员（前锋F）在对面的方向出守区（图6－9－2）。

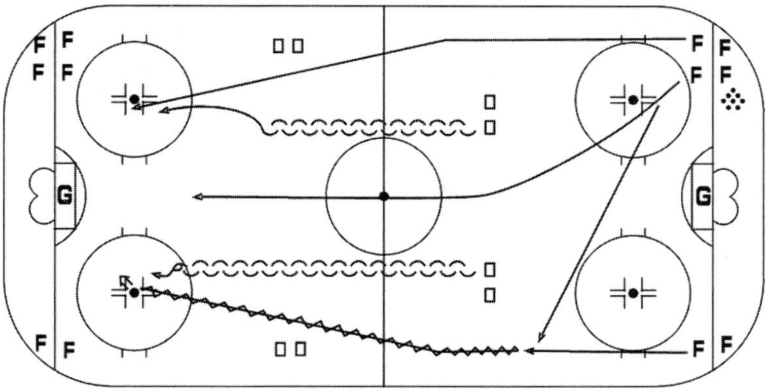

图6－9－2

3. 听到哨声，运动员△和○出发，△总是保持与○之间较近的间距。○带球滑行到远一些的锥形柱子，转回来进攻，形成1打1。△必须滑过近一些的锥形柱子，做1打1防守（图6－9－3）。

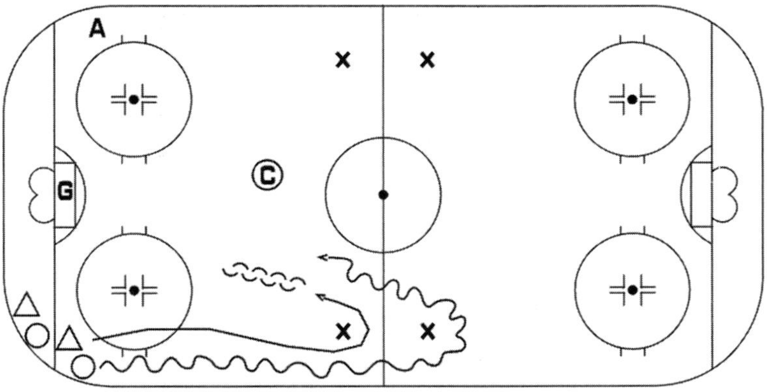

图6－9－3

4. 在中区，教练C把球传给位于底线的防守队员△。防守队员△把球传给另一防守队员△，他把球传给要进攻的○后，迅速退守。3名队员○观察控球队员的意图，滑行转换，接应控球队员○，形成3打2进攻，原来的防守队员△1和△2防守（图6－9－4）。

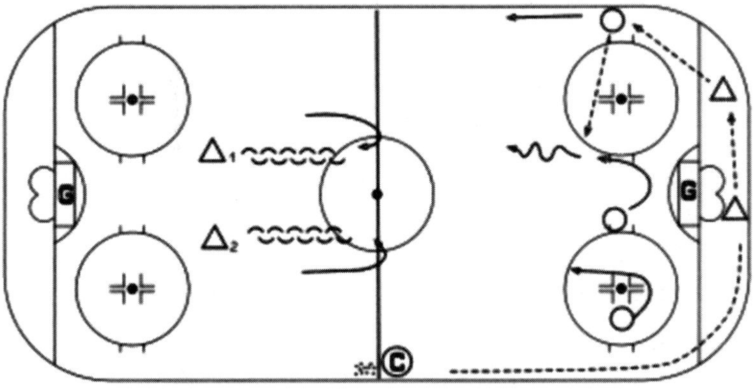

图6－9－4

（二）“三角”进攻战术

1. 技术层面的训练：接应。

四个角练习，用喷涂器或锥形柱子标记4个角，形成一个盒子形。一个防守队员在盒子中央，两名无球的队员○和○必须接应控球的队员○。传球队员有两个传球选择。教练员©训练守门员（图6－10－1）。

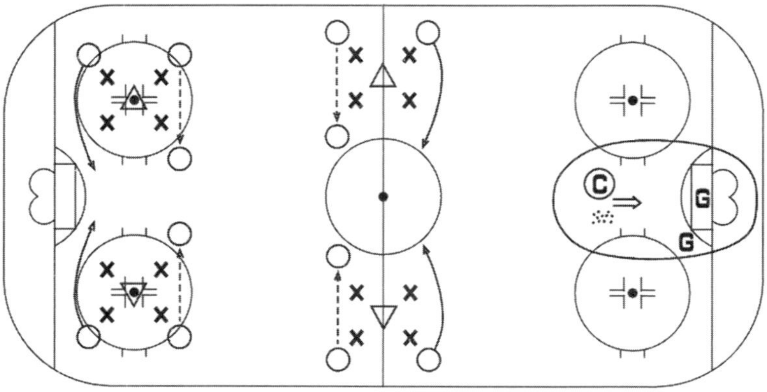

图6－10－1

2. 队员分成两组，在两个半场上练习。教练员要向每个队员讲清楚他的责任（图6－10－2）。

1——门口前冲（渗透）。

2——在门前远一些的位置接应（深度）。

3——在门前低一些的地方接应（宽度）。

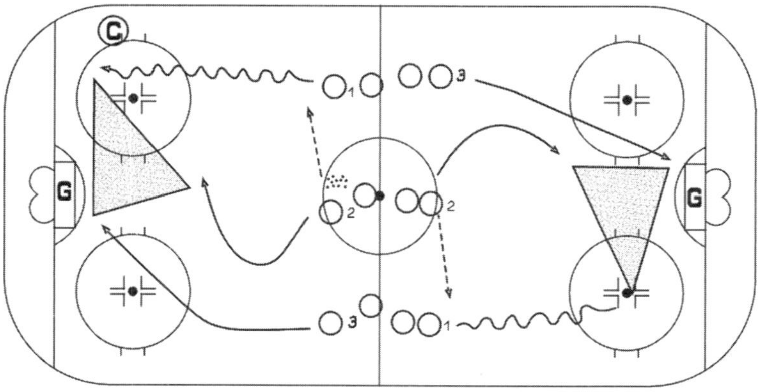

图6－10－2

3. 将队员分为2个组练习，每个组中分为3个小组（图6－10－3）。

1——带球切入门前（宽度和深度）。

2——从中路冲向门前靠近球门的位置接应（宽度）。

3——在门前远一些的地方也可接应（深度）。

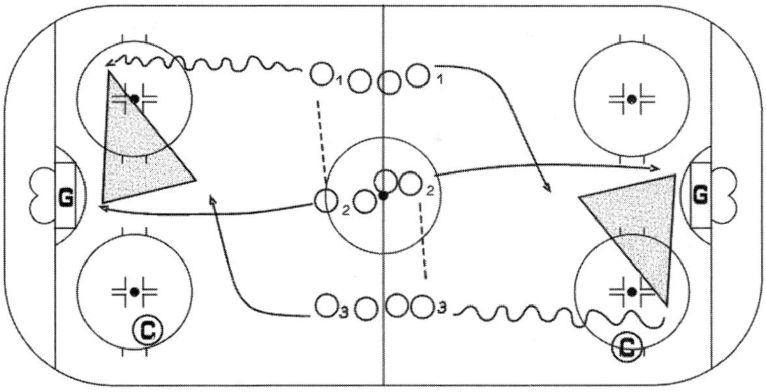

图 6－10－3

4. 效率层面的练习：没有防守的压力。强调对前面讲述的 3 人“三角形”进攻战术的观察和反应能力，3 打 0。在两边交替做这个练习（图 6－10－4）。

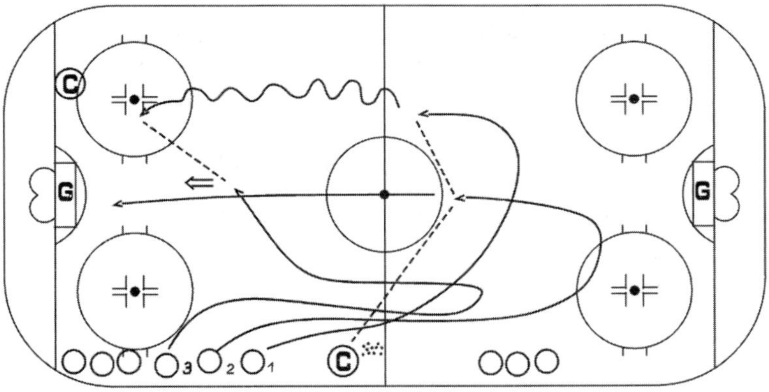

图 6－10－4

（三）攻守转换

1. 队员○ 1 把球传给△1 后转变为进攻队员，△1 做一个倒滑动作，发起攻守转换。队员○ 1 观察比赛，对△1 的控制和意图做出反应，○ 1 要控制滑行的速度和位置，寻找接传球的时机。○ 1 带球向前冲，端区争球圈回转。○ 2 寻找合适的时机和位置接○ 1 的传球（图 6－11－1）。

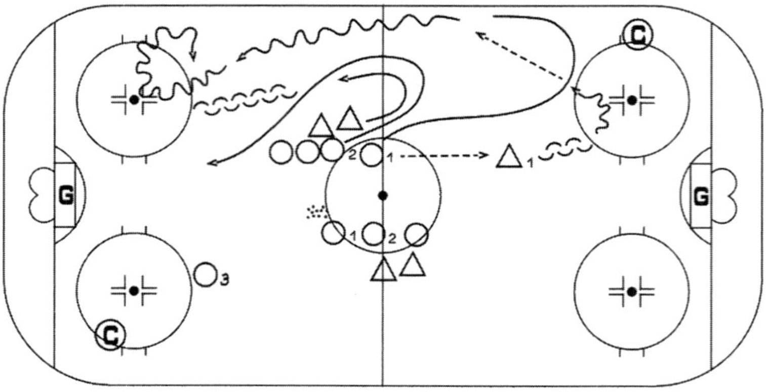

图 6－11－1

2. 队员○1 把球传给△1 后转变为进攻队员，△1 做一个倒滑动作，发起攻守转换。队员○1 观察比赛，对△1 的控制和意图做出反应，○2 提供快速的接应。队员○1 把球传给○2，○2 接球后向前冲，△2 防守○2。队员△1 跟上去作为进攻的第三人（图 6－11－2）。

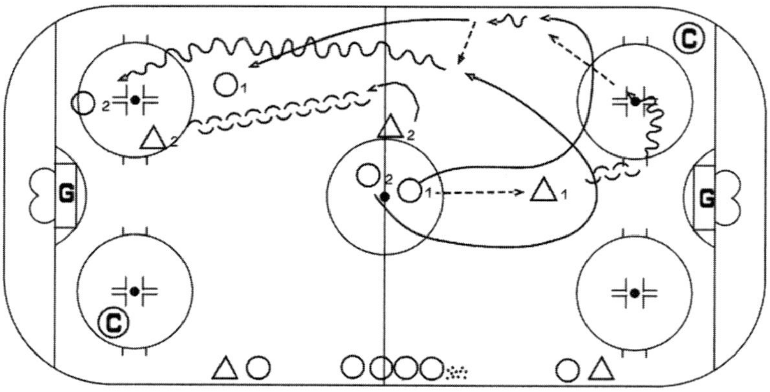

图 6－11－2

3. 听到哨声，队员○1 把球传给在中区的△1，△1 向回运球，○1 控制滑行的速度和位置，接应△1，○1 接△1 的传球，形成 1 打 0。加入○2 作为第二个接应点（图 6－11－3）。

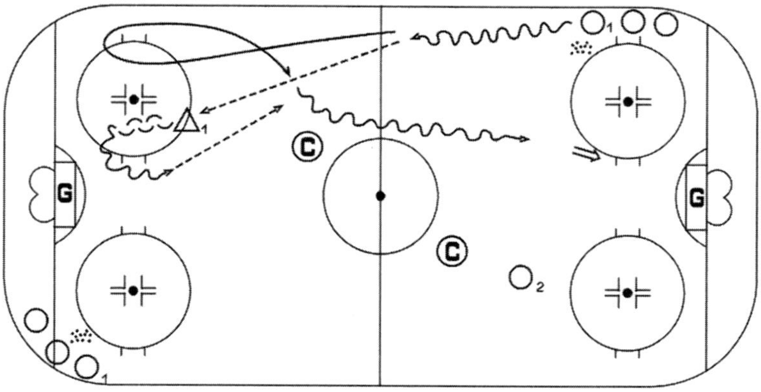

图 6－11－3

4. 引入第三名队员，队员○1 传给△1，○2 在靠近球的一侧接应。○1 向着靠近○2 的方向接应。○3 拉开到远离球的位置接应，然后再滑向中间通道接应。下一组从另一端进行练习（图 6－11－4）。

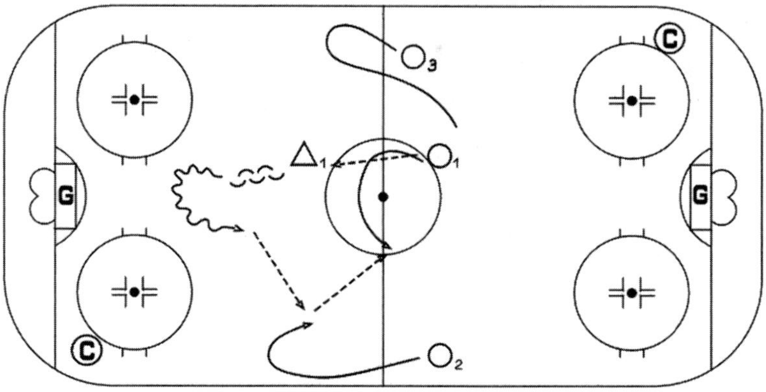

图 6－11－4

5. 队员△1 带球滑行并射门。守门员得球或拿一个球传给○1，○1 进攻，△1 变为防守，形成 1 打 1，△1 必须把○1 逼向外侧。○1 必须做从外向里切入门前（图 6－11－5）。在球门旁边放一些球，用于守门员传球。

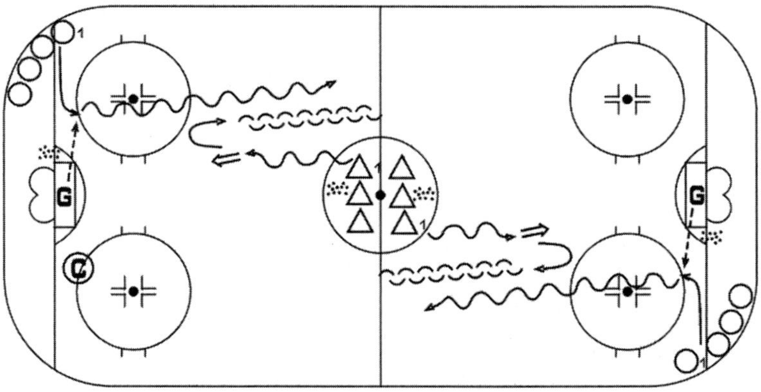

图 6－11－5

6. 队员△1 带球滑行并射门，然后变为防守。守门员拿一球传给○2（在球门旁边放一些球用于守门员传球）。队员○1、○2 与△1 形成 2 打 1，从中路和边路进攻（图 6－11－6）。

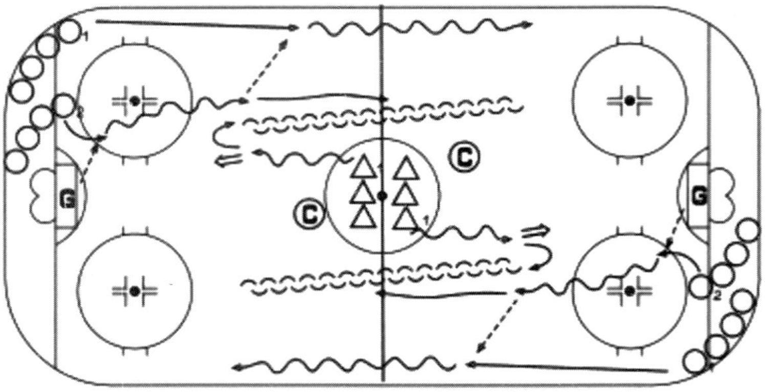

图 6－11－6

（四）多打少

1. F1 和 F2 同时起动，F2 向前滑，然后向一侧横滑接 D1 的传球，接着向纵深滑到争球圈的限制线处，寻找时机将球传给 F1 射门。F1 滑行迂回，向一侧横滑，紧接着冲向球门接 F2 的传球、射门（图 6－12－1）。

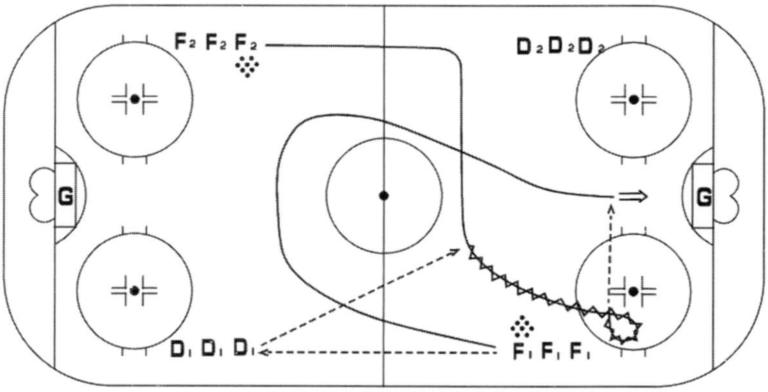

图 6－12－1

2. 队员○ 1 横跨场地滑行接○ 2 的传球，○ 1 接球后快速绕着锥形柱子的外侧滑行，加速冲向球门，射门。○ 2 向里侧滑行，冲向门前接球或补射（图 6－12－2）。

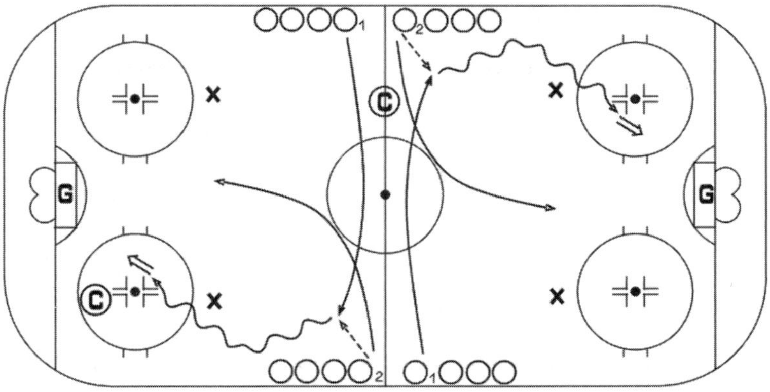

图 6－12－2

3. △1 与○ 1 一同出发离开板墙，△1 在中间通道向后倒滑。队员○ 1 滑向○ 2，接来自○ 2 的传球。队员○ 2 滑进中间通道，与○ 1 一同进攻，对△1 形成2 打 1。△1 必须防守中路的冲击，把射手○ 1 交给守门员去防守（图 6－12－3）。

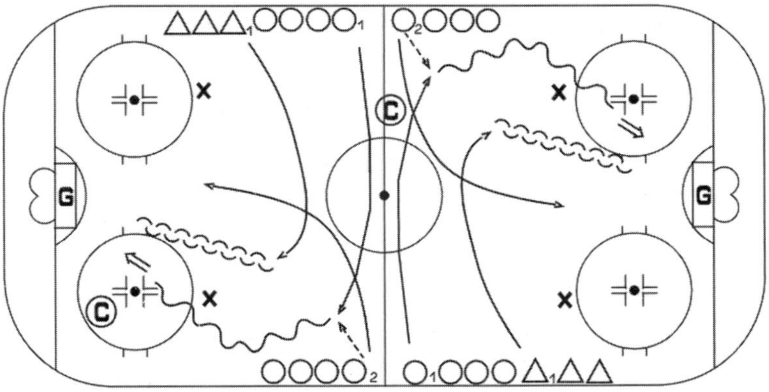

图 6－12－3

4. 两个前锋在轮滑场的两边和 D 做 2 打 1 练习（图 6－12－4）。

变化：两个前锋在场地四分之一处开始，D 则在中线位置。

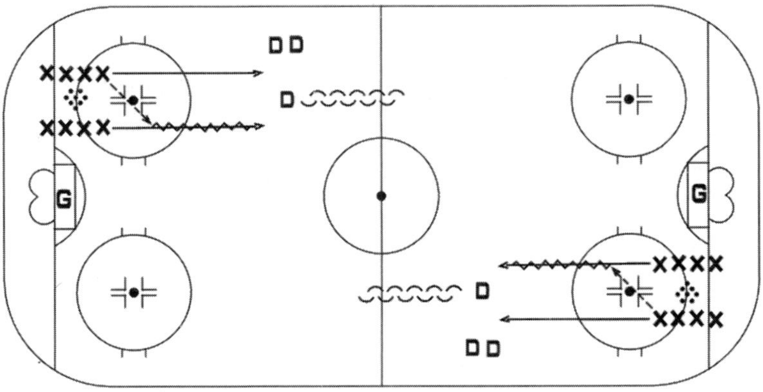

图 6－12－4

5. 两个前锋从端区争球圈处开始行进间互相传球，射门一次，D 运球并打一次门，然后准备防守，两个前锋得到反弹球后返回，两前锋与 D 做 2 打 1（图 6－12－5）。他们也可在门旁边拿起另一个球。

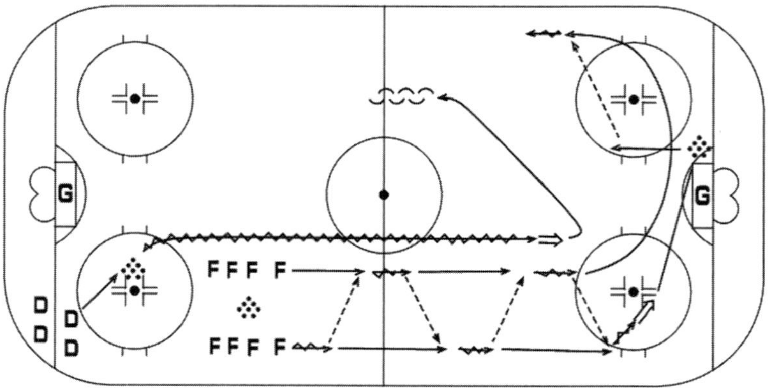

图 6－12－5

6. 队员○1 把球传给守门员 G，守门员 G 把球传给接应的△1。△1 把球传给回来接应的○2。○1 和○2 进攻，△2 防守，形成 2 打 1（图 6－12－6）。在前一组完成后，守门员 G 或△2 把球传给○3 或○4，○3 和○4 向另一个方向做 2 打 1。

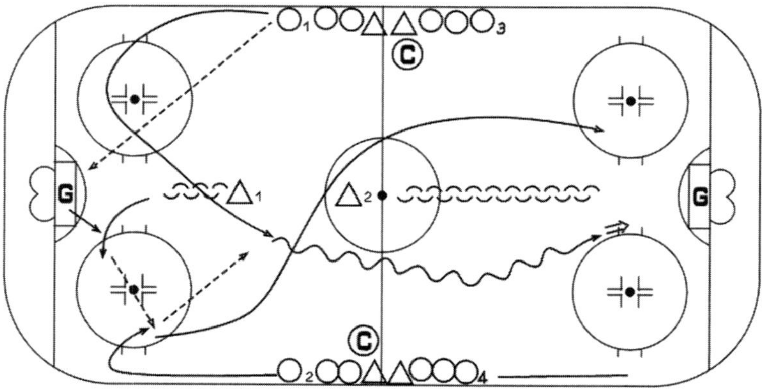

图 6－12－6

7. 教练员将球打入攻区，守门员把球停在门后，F1 或 F2 拿球出守区与 D3 形成 2 打 1（图 6－12－7）。

变化：球也可传给 D2，之后 D1 和 D2 可变 F 进行 3 打 1。

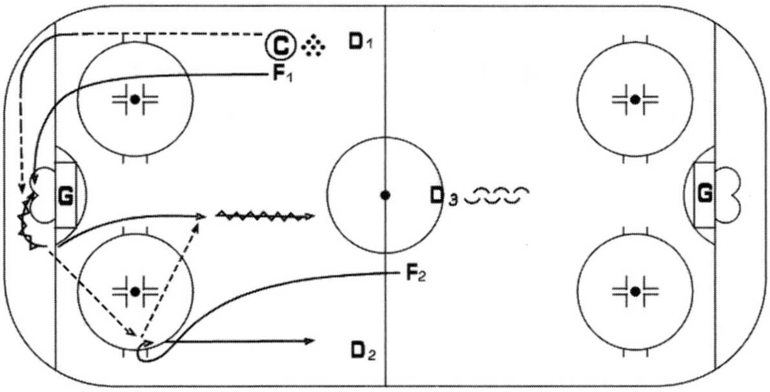

图 6－12－7

8. F1 将球传给滑到争球点的 F2，F2 直接把球传给 D 射门。F1 和 F2 直奔球门补射，射门或鸣笛之后 F1 和 F2 出守区与 D 形成 2 打 1（图 6－12－8）。

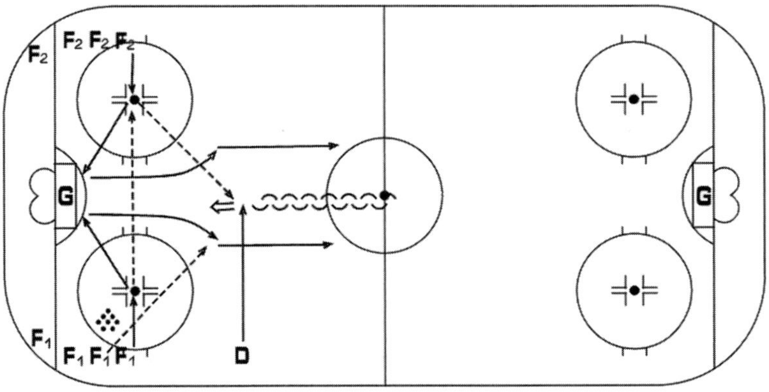

图 6－12－8

（五）综合练习

1. 队员位置如图所示，F1 传球给 D3，然后 F1 转弯去接 D3 的回传球，接着 F1 和 F2 进攻 D1 和 D2，形成 2 打 2（图 6－13－1）。D3 和 D4 向上移动到对面中线附近去配合 F3 和 F4，在返回时形成 2 打 2。

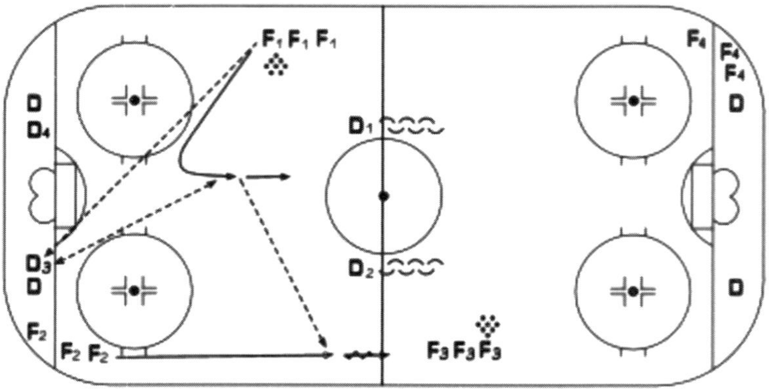

图 6－13－1

2. F1 和 F2 做大转弯，接 D4 的传球，以便进攻 D1 和 D2 形成 2 打 2。D3 和 D4 滑到中线附近处以便防守 F3 和 F4 的下一轮进攻（图 6－13－2）。

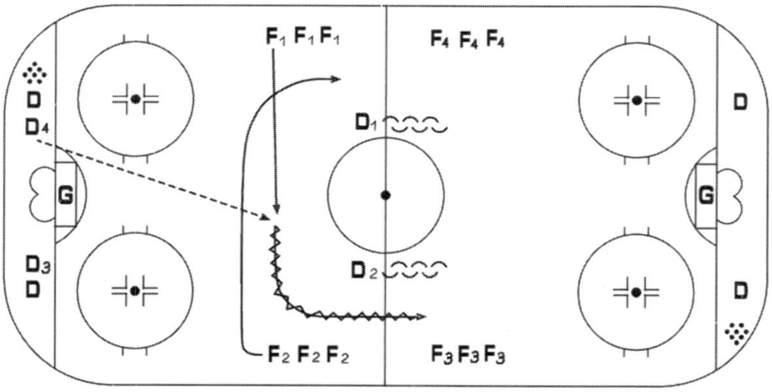

图 6－13－2

3. 两名队员 X 进入争球圈限制处向外上转弯，去接守门员传的球，并且发动进攻，与两名 D 形成 2 打 2。射门或听到哨声后，教练向一个进攻队员传球以便继续进攻（图 6－13－3）。

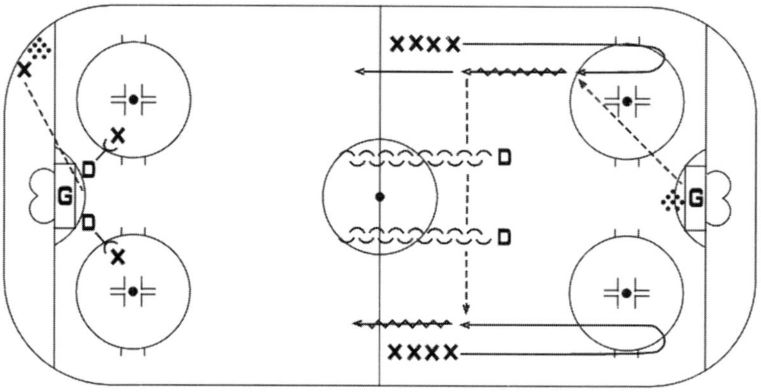

图 6－13－3

4. X1 传球给墙角的 X2，X1 滑向界墙角并返上接 X2 的回传球。另一 X1 从中圈向外滑弧接 X1 的传球，他将球带入攻区，做一个转弯，再把球传给迎面来的 X1 攻门（图 6－13－4）。

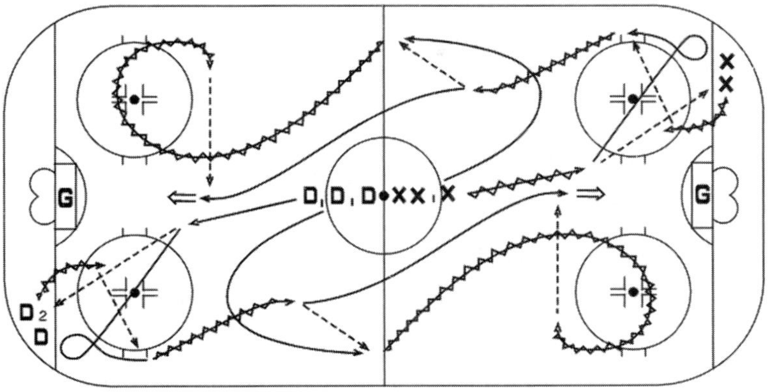

图 6－13－4

5. 所有三个 X 队员同时开始，他们越过中线迂回。如图，X1 接对面 X1 传来的球，转回入攻区，将球留给 X2 后横切中间，X2 带球向外滑行，然后回传给 X1 射门。X3 从中区滑向门前（图 6－13－5）。队员完成了三个位置之后，换位进行练习。

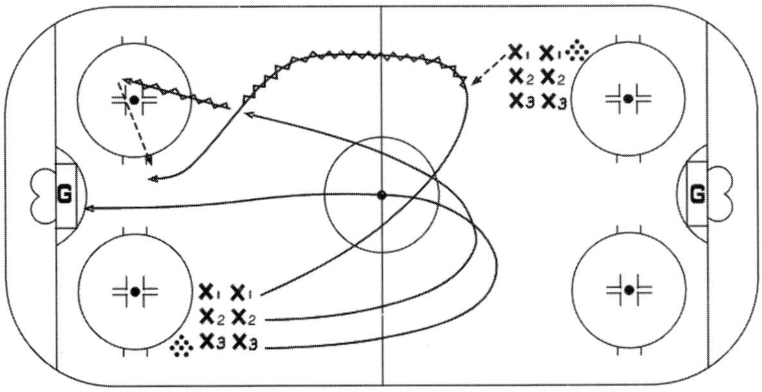

图 6－13－5

6. D 运球绕门后，传球给 C，两个边锋前插，形成 3 打 2，两名 D 队员进行防守（图 6－13－6）。同一组连续做 3 打 2 直到教练员发出下组开始的信号。

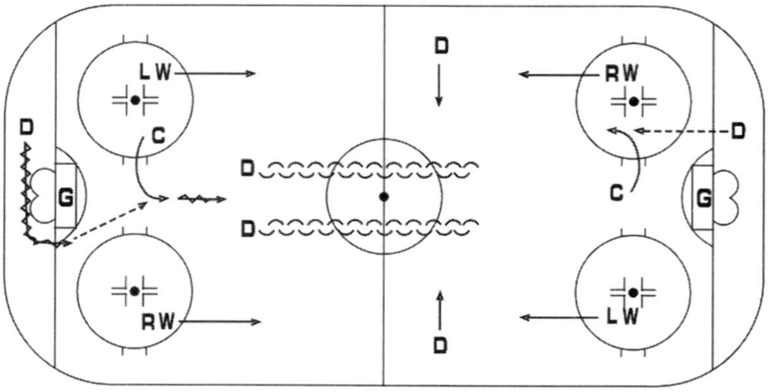

图 6－13－6

7. 开始时 5 名队员都向前滑，D1 开始向靠近界墙的 X2 传球并接他的回传，他再传给 D2 去射一次门，然后两名 D 队员迂回并倒滑，开始防守 3 名 F 的进攻。X1、X2 和 X3 从开始就直接滑向远处球门并射门，然后返回接教练员的传球，开始对两名 D 队员进行 3 打 2 练习（图 6－13－7）。

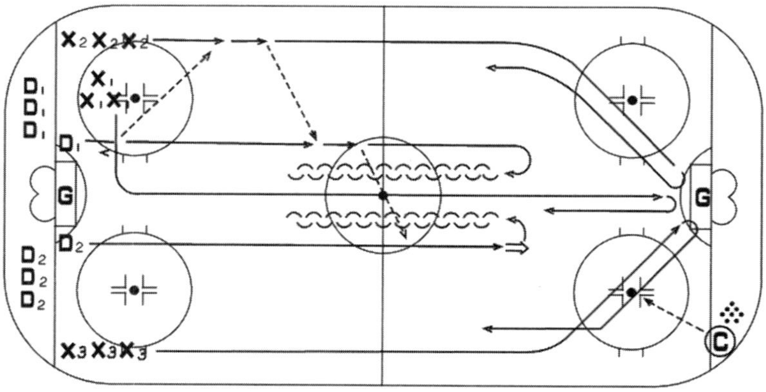

图 6－13－7

8. 1 打 0 练习（图 6－13－8）

队员传球给一个在争球点与中线之间处静止不动队员并接他的回传球，然后带球快速滑过中线，切入到门前射门。

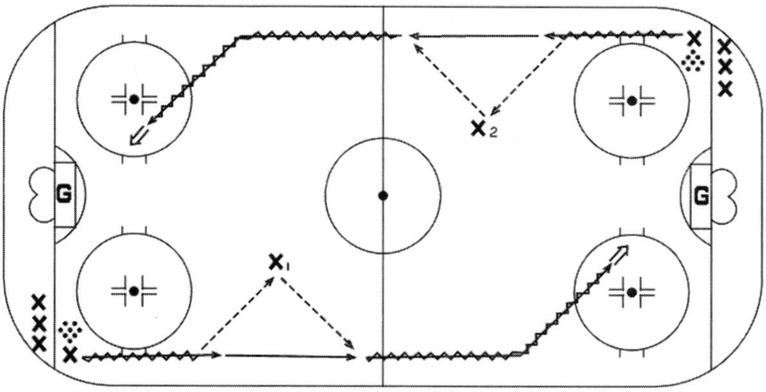

图 6－13－8

9. 2 打 0 练习（图 6－13－9）

队员进行横向的长传球，向前滑行形成 2 打 0。当一组队员结束时，下一组队员开始。

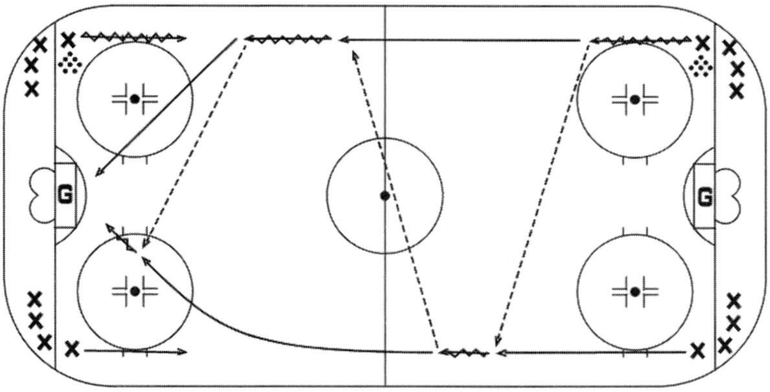

图 6－13－9

10. 2 打 1 练习（图 6－13－10）

两个前锋在轮滑场的两边和 D 做 2 打 1 练习。

变化：两个前锋在场地四分之一处开始，D 则在中线处。

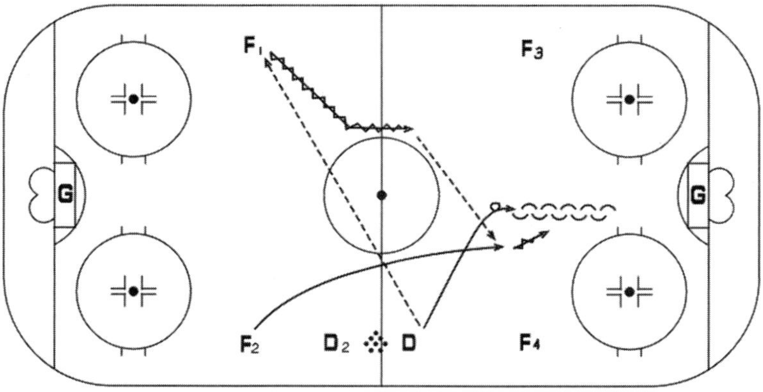

图 6－13－10

11. 1 打 0 练习（图 6－13－11）

D 绕争球点滑行，转身，倒滑至争球圈的顶端，然后再转身，全速滑行去拿球，拿球之后，D 长传给 F，F 接球滑过中圈返回进行攻门，F 射门之后，两名队员回到原来的位置。

变化：这个练习可以进行 1 打 1，D 传球后滑上前方，然后倒滑防守接球的前锋。

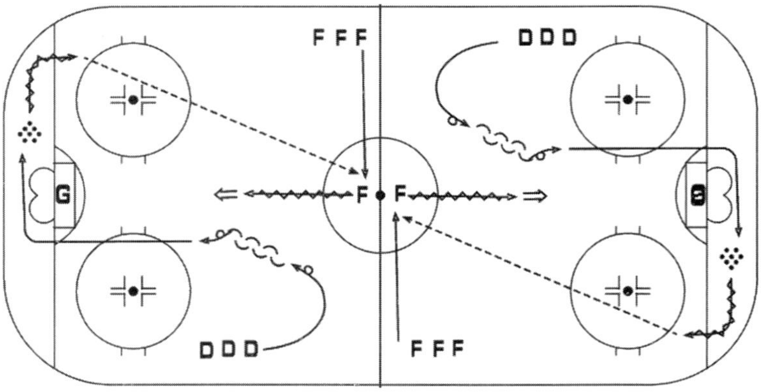

图 6－13－11

12. 1 打 1 练习（图 6－13－12）

队员列队如图所示，F 沿界墙滑行，然后切入射门。F 起动后，D 开始倒滑，不能转身，直到 F 滑过中线时方可正滑逼近进攻队员。

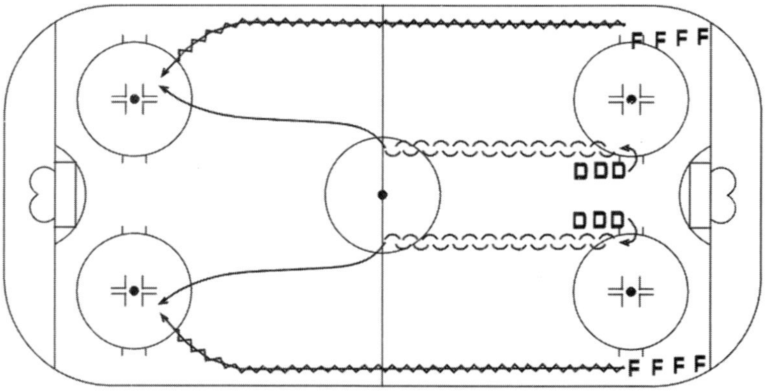

图 6－13－12

13. 队员的位置如图所示，D1 传球给 D2，D2 传球给向前滑行的 F1，D1 倒滑同沿界墙滑来的 F 形成 1 打 1（图 6－13－13）。两侧可同时练习。

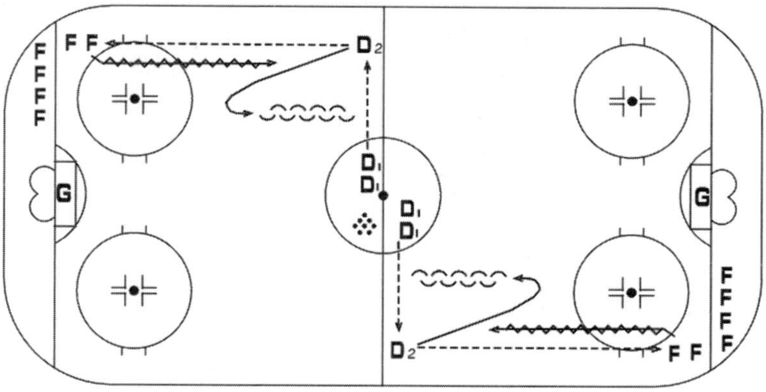

图 6－13－13

14. 1 打 1 练习（图 6－13－14）

X1 对 X2 进行 1 打 1，X1 射门之后，X2 在争球圈里拾起一球，X2 变成进攻队员，X1 变成防守队员。

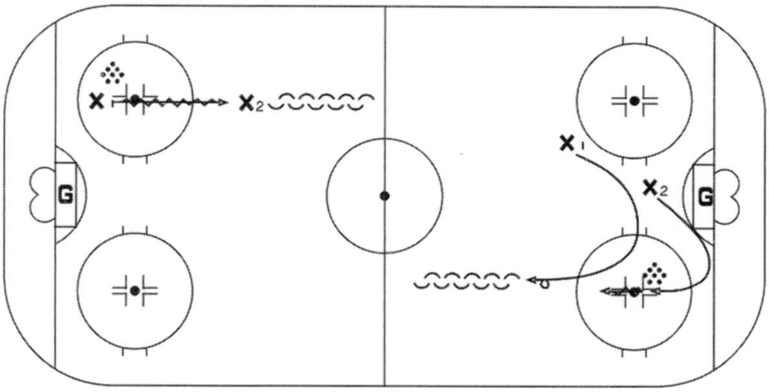

图 6－13－14

15. 快速出守区练习（图 6－13－15）

D2 传球给 D3，D3 传球给 X1 或 X2，X1 和 X2 与 D1 形成 2 打 1，开始时 D1 在中间滑行，然后转身倒滑防守 X1 和 X2。

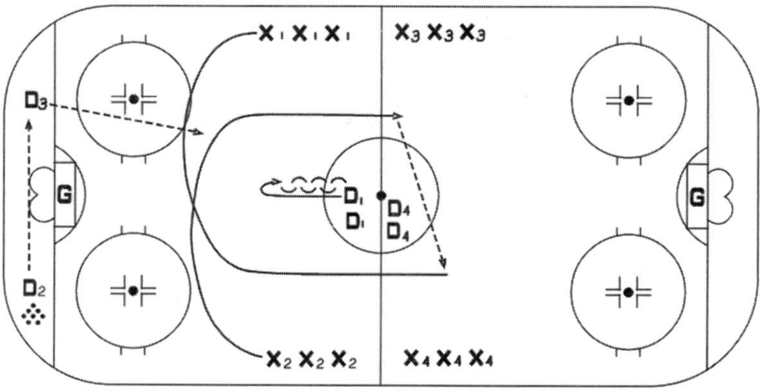

图 6－13－15

16. F1 传球给 D 并向对面滑行至中区争球点如图位置，D 传球给向上滑出的 F2，然后滑到门前上方进行防守，F2 接球后与 F1 配合进攻 D，形成 2 打 1（图 6－13－16）。

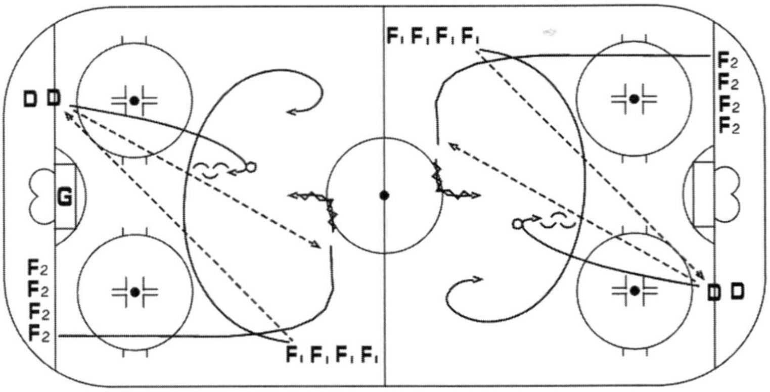

图 6－13－16

17. 2 打 1 练习（图 6－13－17）

F1 传球给 D1，D1 传球给 D2，传球之后，D1 滑到中圈开始倒滑，配合进行中的 3 打 1。前锋 F1、F2 和 F3 做弧形切入并重新组合进攻形成 3 打 1。D2 传球给 F2 或 F3 之后，D2 在轮滑场中圈迂回并接教练员传来的球并在这半场做一次射门。

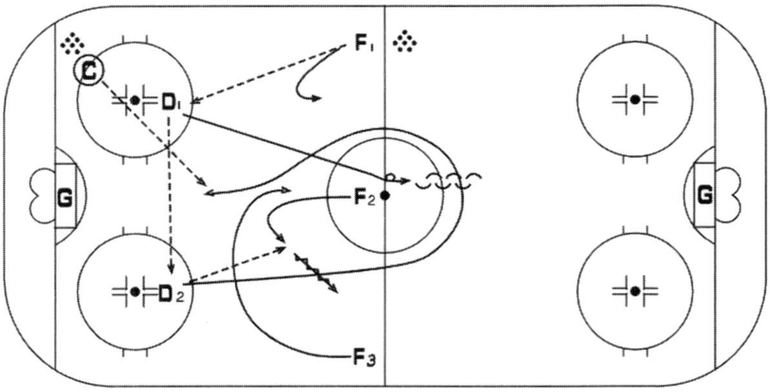

图 6－13－17

第六节　守门员训练方法

一、守门员练习 1

图 6－14－1：

1. “之”字形倒滑，在标杆处急停。

2. 过球门线单腿跳。
3. 跪挡，向前正滑。
4. 两腿交替进行压步。
5. 向前正滑、倒滑，对扔出的球做出反应。
6. 救球：双膝、腹部、臀部、背部。变化：在救球后停球。

动作要领：

1. 注意蹬地用力，转头观察移动方向，在标杆处急停，注意保持重心的稳定，并迅速调整变更到下一个方向。
2. 跳跃时脚踝应用力支撑，重心降低并落于支撑腿，保持身体稳定。
3. 在行进中先急停，再做跪挡动作，蹬地做到一步到位，减少多余动作。
4. 压步时注意重心跟随脚步变化。
5. 眼睛时刻注意球的位置，集中注意力，对来球做出反应。
6. 眼睛时刻注意球的位置，救球后停球，对球进行控制。

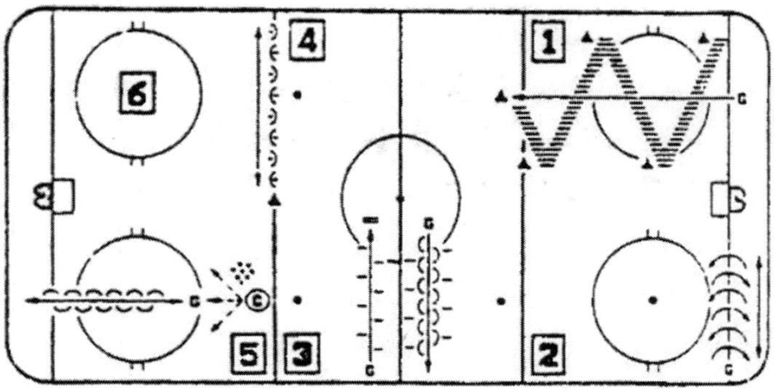

图 6－14－1

二、守门员练习 2

图 6－14－2：

队员位置如图所示，3 个队员用 3 种方法射门，第一个队员在半场射门，第二个队员在场地中间的上部射门，第三名虚晃射门。

动作要领：

1. 在每次摆正防守姿势时，应给守门员一点复位时间。
2. 在进行训练时应重视动作和位置。
3. 守门员必须首先发力启动、摆好防守姿势并实现位置战术。

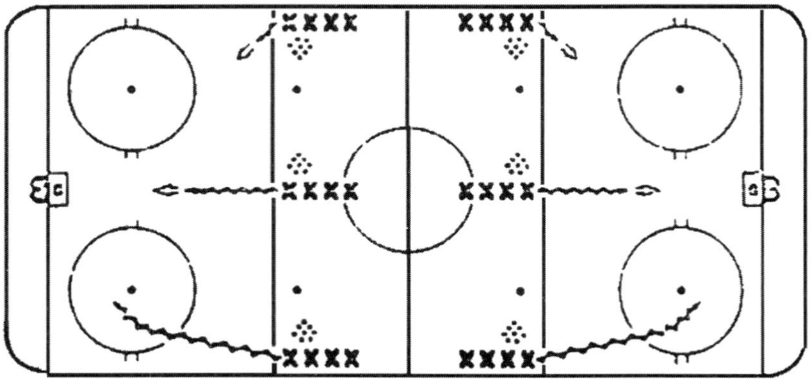

图 6－14－2

三、守门员练习 3

图 6－14－3：
两个队员相互传球并且射门。
动作要领：
1. 在进行训练时应重视动作和位置。
2. 时刻注意球的位置。
3. 注意无球队员。

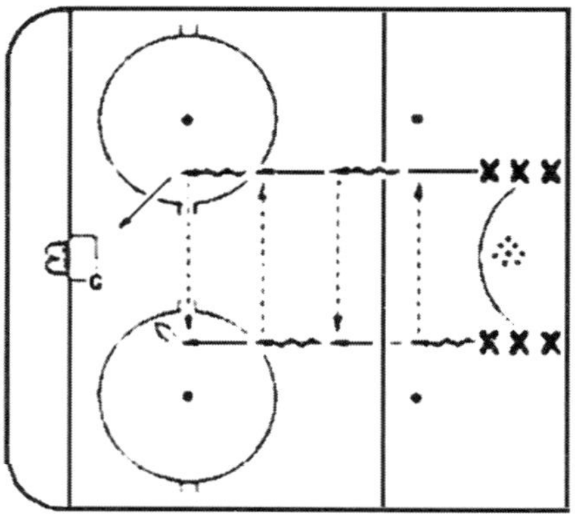

图 6－14－3

四、守门员练习 4

图 6－14－4：
教练员演示或喊出滑行动作。

1. 单脚、双脚蹲坐滑行。
2. 左膝、右膝、双膝跪下接触地面。
3. 莫霍克滑行（脚跟对着脚跟），360°一圈。
4. 倒退滑行。
5. 冲刺滑行。
6. 扑倒、打滚。
7. 双膝跪下转 360°。
8. 带球做上述动作。

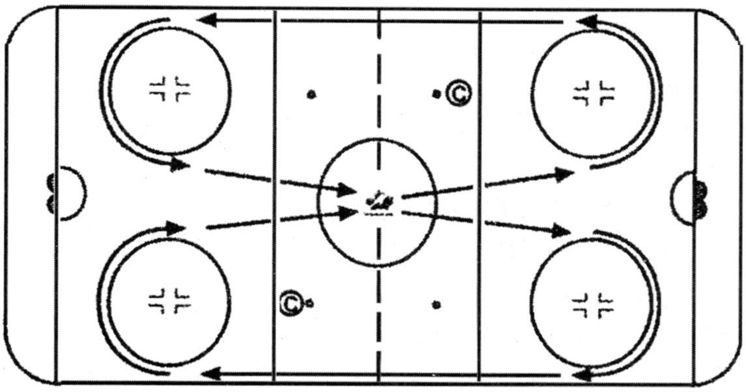

图 6－14－4

动作要领：
1. 收到指令之后快速做出反应。
2. 变换动作时注意身体协调。

五、守门员练习 5

图 6－14－5：

1. 第一阶段——球在争球点外圈的顶部和发球点扇形区发出。

2. 第二阶段——球从上面⊹字形标志和争球点处发出。

3. 第三阶段——球从⊹字形标志的下面和争球点外圈的底部发出，全部如图所示。

4. 守门员通过移动形式和定位应对全部射门。

5. 在各个阶段，第一次射门在守门员从里侧门柱出击后实施，第二次射门在两脚交替慢滑到中间后实施，第三次射门在守门员回球门线中间随即面对 X3 出击后实施。

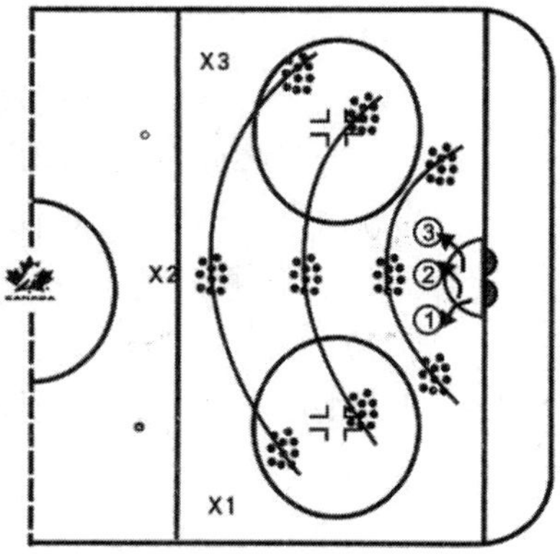

图 6－14－5

动作要领：

每套训练都有3次射门，在每次摆正防守姿势时，应给守门员一点复位时间。

1. 在进行训练时应重视动作和位置。

2. 有这些在头脑中，防守扑救应该是容易办到的。

3. 保证射门球员一定要在守门员摆好防守姿势后再射门。

4. 守门员必须首先发力启动、摆好防守姿势并实现位置战术。

六、守门员练习6

图6-14-6：

1. 球门正中的角度封锁。

2. 球放置在球网侧面（到每边的距离为10英尺）的球门线上。

3. X2站位在扇形区内，恰好在球门区顶部的正前方，X1传球给X2，X2不停球，必须直接射门。

4. 守门员必须直接穿过球门区进入中间，同时身体放低，摆成收缩形防守姿势。换个方向再练习。

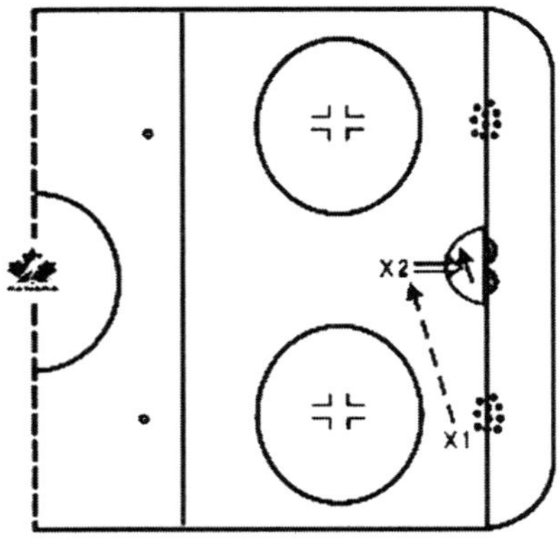

图6-14-6

动作要领：

1. 守门员必须直接移动进入扑救状态，并进入球门区的中间。

2. 扑救是通过结合中网角度调整及紧凑的身体位置调整。

3. 守门员不会做所有的扑救动作，但应该鼓励X2试着把球通过守门员的身体位置打入球门。

4. 球杆位置必须合理，守门员一定不能滑过中间点。

七、守门员练习7

图6-14-7：

1. 固定位置，定点平传助攻。

2. 把轮滑球都放在争球圈底部（靠近球门那侧）。

3. 开始命令发出后，守门员从左门柱位置出击，守门员转身面向C摆好防守姿势，C把球传给X1，X1接球射门（开始训练阶段，X1应一直用1/2强度——以正常比赛速度的1/2射门）。

4. 球传出后，守门员应前腿屈膝，身体摆好姿势，从球门前穿过进行扑救，两侧交替练习。

动作要领：

1. 由于无球侧（对方接应队员给球门造或）的威胁，守门员出击距离不应过大。
2. 守门员应在出击时转头观察无球侧（对方接应队员给球门造成）的威胁。
3. 侧滑使用一只脚蹬地发力，重心移到前腿上，然后开始侧向移动。
4. 后脚蹬地发力完成，守门员应立即收缩身体，收紧四肢。
5. 发力后守门员应保持双腿的间距以及转动上身。

八、守门员练习 8

图 6－14－8：

1. 球在争球点开始训练。
2. 守门员面对 X1 所在的争球点。
3. X1 传球给 X2。
4. 球传出后，守门员必须外八字两脚拖着滑到球门区的中点，摆好防守姿势。
5. 当守门员摆好防守姿势后 X2 射门。
6. 守门员处理射门的球后，然后面向另一侧的争球点，准备迎战下一轮。

动作要领：

1. 守门员应该在每套动作训练过程中保持基本站姿，包括：起始姿势、侧向移动、摆好防守姿势、停球步骤等。

2. 守门员对这些射门不应该畏缩，而要积极进行应对。

3. 如果一侧技能较另一侧弱，那么就注意反复练习薄弱一侧。

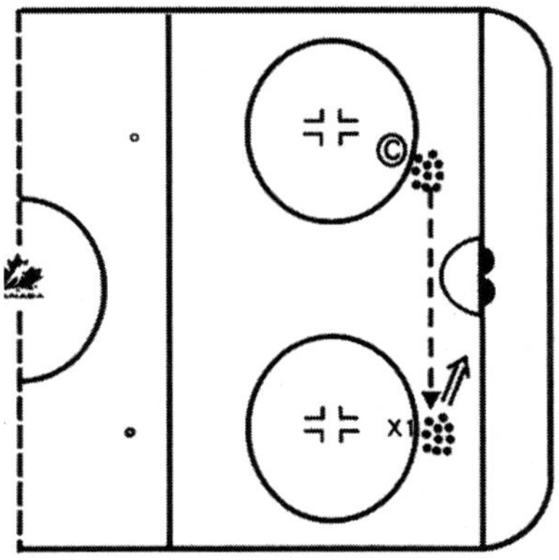

图 6－14－7

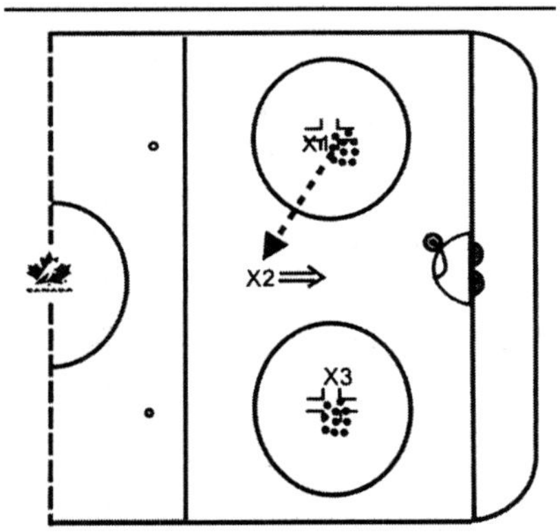

图 6－14－8

九、守门员练习 9

图 6－14－9：

1. 球在中线附近开始。
2. 塔架横放在单排轮滑球场上，紧靠场地四分之一处内侧。
3. 守门员从球门线开始训练。
4. X1 取一枚球，随机选择一个塔架，门前绕过塔架。
5. 守门员判断选择了哪个塔架，然后斜向出击对抗进攻球员。
6. 绕过塔架后，X1 向球门跑几大步然后射门。

动作要领：

1. 在这个介绍性的训练中，守门员在 X1 选择塔架前一直待在球门中间不动。
2. 这样可以允许守门员获得相对较近的适当角度的站位。
3. 守门员在每套训练中射门之前，应该试图出击到 FSP。

十、守门员练习 10

图 6－14－10：

外八字跑/角度/门前动作，球放置在门的侧面，尽管守门员没有学过特殊扑救动作，但也允许守门员做本能的扑救动作。X1 传球给 X2，X2 面向守门员射门。球传出后，守门员只要外八字离开门柱，跑到球门中间，做完扑救动作后，守门员复位，然后到另外一侧的门柱那里。守门员应该能用外八字（一步或者两步）跑到中间。

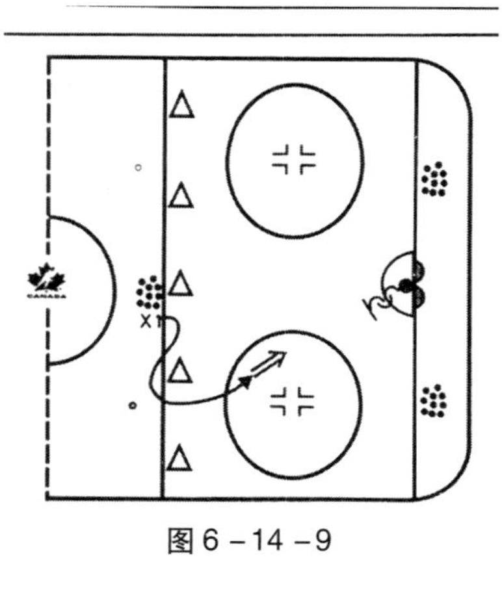

图 6－14－9

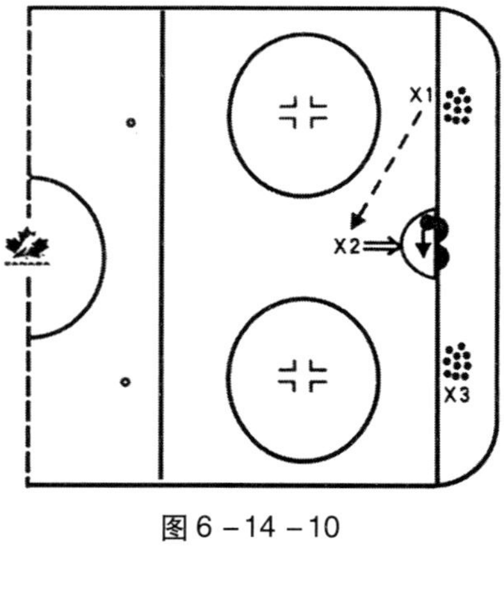

图 6－14－10

十一、守门员练习 11

图 6－14－11：

球放的位置见图。X1 取一枚球，带球进入场地中间，当 X1 到达场地中间时，沿着地面射门。射门完成后，X1 绕圈到对面一侧的放球处，另取一枚球从这一侧进入场地中间，再次沿着地面射门。守门员必须盯住 X1 的所有动作。

动作要领：

1. 守门员应该把重点放在球杆上。
2. 地面射门一般都采取球杆防守，而不是护具防守。
3. 球杆应该具有下列特点：拿稳、与身体有间隙、笔直、平。
4. 球应该被挡到一个角或者拦截住用身体压上。

十二、守门员练习 12

图 6－14－12：

1. 开始时守门员在球门区中间。X1 把球放在扇形区上部堆球点的范围内。听到“开始”口令，守门员外八字慢速向前正滑到球门区顶部，守门员停住时，X1 贴地面射门。

2. X1 尽量把球都射到守门员挡球手的球挡一侧（重复射一个点 20 次），然后再全部射到抓手手套侧（定点重复射门 20 次）。

动作要领：

1. 当做球杆旋转动作时，球杆必须与身体保持正确的距离（也就是身体或护具的前方大约 18 英寸的地方）。

2. 球杆应该稍微带点角度，以允许球有高度，还可以稳定球杆姿势，球杆应该在身体前沿着弧线移动。

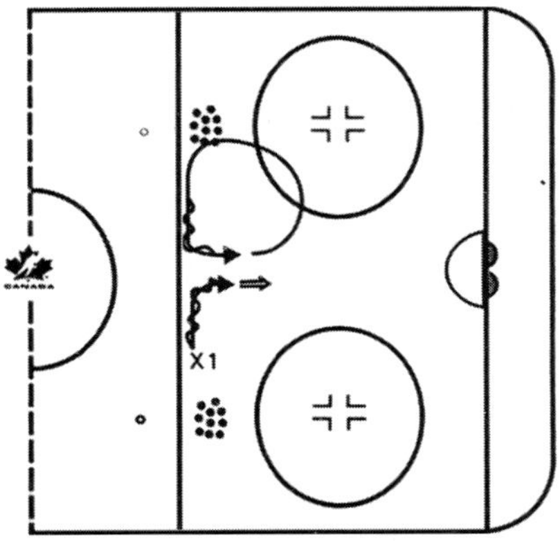

图 6－14－11

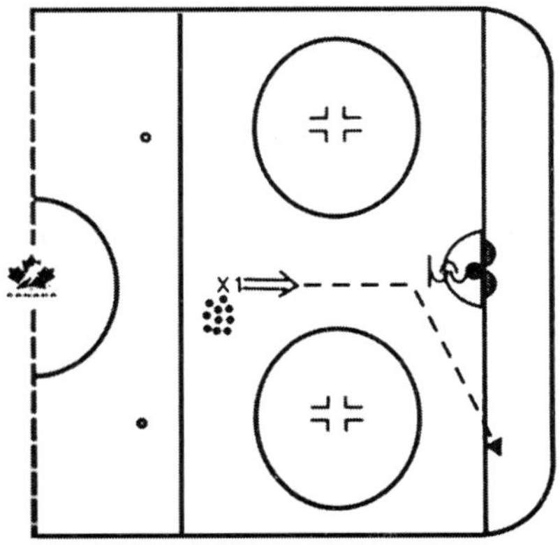

图 6－14－12

十三、守门员练习 13

图 6－14－13：

1. 第一阶段：球分别在 2 个争球点发出；第二阶段：球在争球点的外围圆圈的底部发出，守门员在球门线的中间开始。

2. 听到教练员喊“开始”，守门员用外八字正滑带角度侧移出击到面对 X1 的合适位置，然后摆好防守姿势。

3. 守门员摆好姿势后，X1 可以向守门员的身体位置（理想的射门高度是在膝上腰下的高度）射门。

4. 守门员返回到球门线，然后移动到另一侧，面对 X2，防守 X2 的射门。

动作要领：

1. 保证守门员的移动稳健，球杆稳、直，上身稳定，用轮刃启停要好，保持身体弯曲，除非球的行走路线要求直身观察，否则不能直身，不脱离球。

2. 球向身上某个部位飞来时，应该用身体接挡，不能用手套抓。

十四、守门员练习 14

图 6－14－14：

1. 球在两个争球点位置。守门员面向某争球点开始训练。

2. 教练喊“开始”，守门员用丁字步滑法横扫过球门，然后在球门区顶部摆好防守姿势。

3. 守门员就位后，X1 可朝向守门员的身体各部位射门。

4. 两侧轮流进行训练。

动作要领：

1. 尽管丁字步是比较放松的动作，但守门员应该力求用力蹬地推动自己，并在预定目标位置准确急停。

2. 守门员开始横过球门移动的时候，应该把重点放在目的不明确的球上，以判断射门的角度和时间。

3. 强调身体扑救技术，不向外偏，用身体而不是手套，允许球打在身体上。

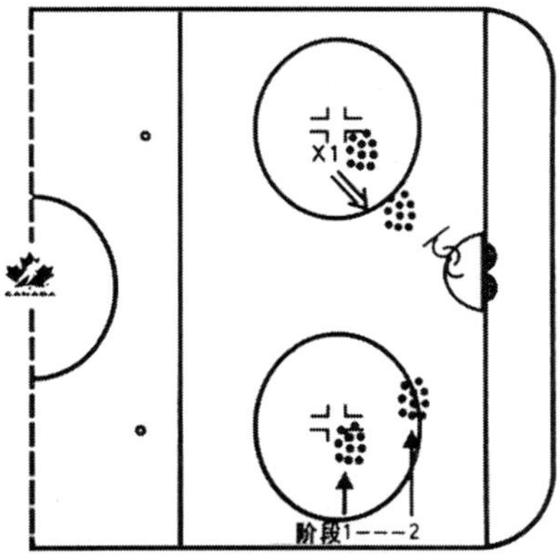

图 6－14－13

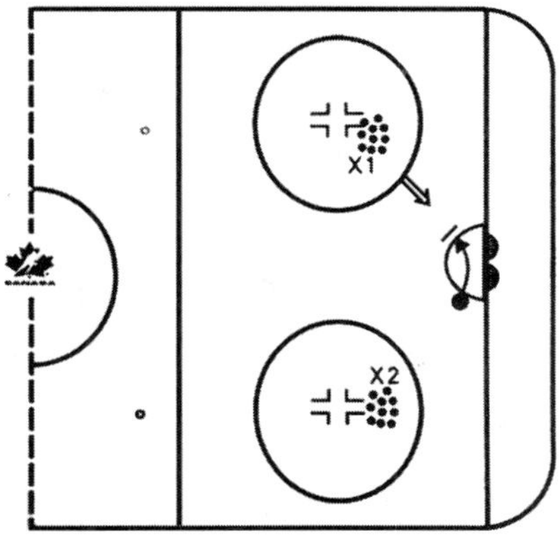

图 6－14－14

十五、守门员练习 15

图 6－14－15：

1. 球在球门正前方适当距离的位置。守门员面对某一侧的争球点。

2. 教练喊“开始”，守门员原地转身，移动到中间，面对射门。守门员摆好防守姿势后，X 可以朝抓手手套侧射门。

3. 两侧交替进行训练。

动作要领：

1. 守门员不能退缩。

2. 守门员在球飞向手套的时候，全程要看着球。

3. 守门员抓球的时候要走直线，不走弯路。

4. 站立姿势的基本技巧要合理。

十六、守门员练习 16

图 6－14－16：

1. 这个练习要求的重点是熟悉正确的门柱定位，提高守门员的位置感。

2. 教练员应该关注并给守门员讲解和复习关键的门柱角度封锁事项 。

3. 复习结束后，守门员在球门区中间开始训练，听到“开始”口令后，守门员要用八字步滑行，进入抓手手套侧的门柱位置，并封锁好门柱。

4. 在每次到达全部正确的位置之前，教练员不应该允许守门员进入下一个重新定位训练。

5. 完成 20 套一个门柱位置的重新定位及封锁动作后，开始挡球手套侧的练习。

6. 作为变化形式，用较慢的速度带球包抄逼近门柱练习，可重复训练。

动作要领：

由于现在比赛中的门后打法增多，门柱角度封锁是个实质性的技术，正确的角度封锁包括滑到门柱位置的动作组合、包抄门柱侧翼、球杆位置（手套侧，护具侧面球杆复原）、两脚分开站在球门线上等。

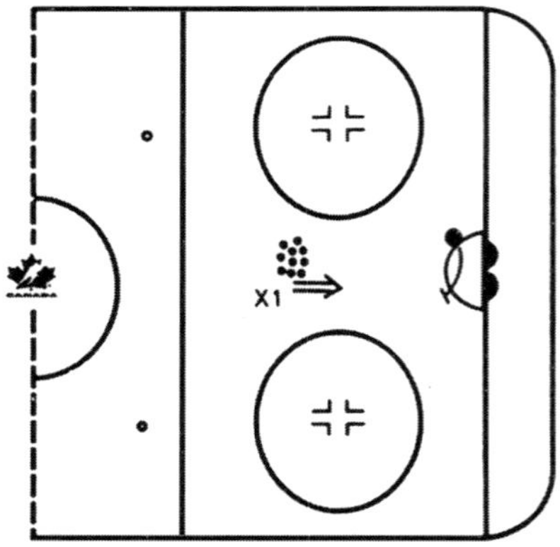

图 6－14－15

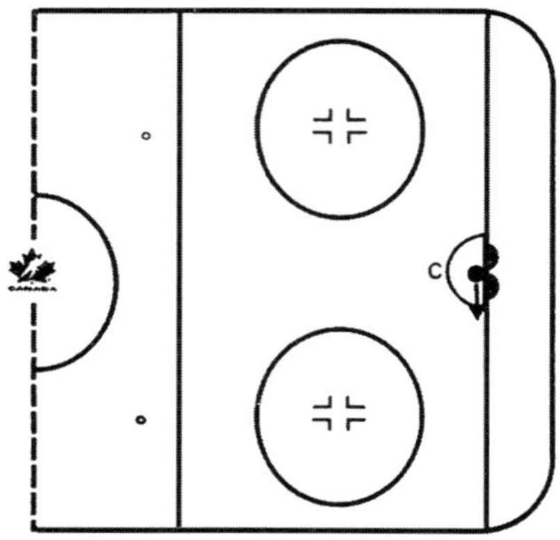

图 6－14－16

思考题：

1. 单排轮滑球训练的主要内容是什么？
2. 请解释战术意识和战术能力的含义，它们之间的关系是什么？
3. 请说出运动训练的 11 条基本原则。
4. 请解释“三从一大”训练原则指的是什么？
5. 单排轮滑球体能训练的主要功能是什么？
6. 体能训练的任务主要体现在哪几个方面？
7. 灵敏素质的定义是什么？灵敏素质的两种表现形式是什么？
8. 专项体能训练是指什么？

第七章　单排轮滑球竞赛、规则与裁判法

第一节　竞赛的编排和竞赛组织

一、竞赛的编排

轮滑球作为集体球类项目，在竞赛方法上有多种选择，主要和最常用的是循环赛。根据参赛队数的多少和比赛天数的长短，在循环赛的基础上可以变换多种比赛方式。如循环赛制、分组循环后交叉淘汰赛制、分组循环后再分组循环等。

（一）循环赛制

循环赛制可分为单循环、双循环、多循环。

1. 单循环

单循环赛就是参赛的所有队或某组内的所有队都相互比赛一次的方法。单循环赛的排名方法首先根据各队在全部比赛中胜负场数所得的分数排列，如有分数相等的情况，则根据竞赛规程中的规定一步一步去区分名次。

单循环比赛根据队数可以计算出比赛的轮次和比赛的场数。

单循环比赛轮次的计算方法：参加比赛的队数是单数时，轮次等于队数；参加比赛的队数是双数时，轮次等于队数减 1。

单循环赛比赛的场数计算公式是：比赛场数 = 队数 ×（队数 − 1）÷2

例如：8 个队参加单循环赛，比赛总场数 = 8 ×（8 − 1）÷2 = 28 场。

单循环赛比赛的编排方法：

第一步：编排轮次。

首先用号数代表队数，如果参加比赛的队数是双数，把参加队数平均分为两半，前半号数由 1 开始自上而下写在左边，后半号数自下而上写在右边，然后用横线把相对的号数连起来，这样就是第一轮的比赛。

不论参加比赛的队数是奇数还是偶数，一律按偶数编排。如果是奇数，可以加一个“0”号使之成为偶数，碰到“0”的队就是在本轮轮空，没有比赛对手。

以后各轮次的循环办法是：把 1 号为轴固定不动，其余号数按逆时针移动一个位置，再用横线把相对号数连起来，就是第二轮的比赛。依此类推，排出其余各轮比赛对阵表。

例如：6 个队比赛时，第一轮是：

左 1——6
2——5
3——4 右

5 个队比赛时，第一轮是：

左 1——0
2——5
3——4 右

6 个队比赛的循环对阵如下表：

表 7－1　6 个队单循环比赛对阵表

第一轮	第二轮	第三轮	第四轮	第五轮
1——6	1——5	1——4	1——3	1——2
2——5	6——4	5——3	4——2	3——6
3——4	2——3	6——2	5——6	4——5

第二步：为各队安排位置，也就是为每个队安排一个号数。

通常有两种方法。第一种，如果该比赛以前有过比赛历史，可以以前一届的比赛名次为序号，如上届冠军为 1 号，亚军为 2 号。对个别新参加的队采用按报名先后的方法在后面排号。第二种方法是抽签，就是将各队抽到的号数填到轮次表里，一般对首次进行的比赛，对各队水平不了解或不好确定时采用抽签的方法。

以 1 为轴其余队轮换位置只是方法之一，有时也可以根据需要以其他的号数为轴，这个方法是可以灵活掌握的，但一般以 1 为轴的好处是强队可以在最后一轮相遇，使比赛越来越精彩。

单循环比赛的对阵除了上面这个方法外，国际冰球联合会在其运动规则中对部分队数的单循环比赛对阵做了具体规定。由于国际冰联规定在对阵表中名字在前边的队为主队，它的对阵尽可能使各队做主队和客队的机会相等或接近；它的第二个优点是使实力接近的队都在最后一天相遇，最后一天的比赛有点决赛的味道。以下是国际冰联对 8 个队单循环的对阵编排：

表 7－2　国际冰球联合会 8 个队单循环比赛对阵表

轮次（天数）	第一场	第二场	第三场	第四场
第 1 轮（第 1 天）	2——7	3——6	4——5	8——1
第 2 轮（第 2 天）	1——7	6——2	5——3	4——8
第 3 轮（第 4 天）	1——6	4——7	2——5	3——8
第 4 轮（第 5 天）	7——3	6——4	5——1	2——8

续表

轮次（天数）	第一场	第二场	第三场	第四场
第 5 轮（第 7 天）	6——7	1——4	2——3	8——5
第 6 轮（第 8 天）	7——5	4——2	3——1	8——6
第 7 轮（第 10 天）	5——6	3——4	1——2	7——8

注：国际冰联规定，每个队每赛两天就必须休息一天，因此比赛共需 10 天。

2. 双循环

双循环赛就是参赛的所有队，或某组内的所有队都相互比赛两次的方法。双循环赛的排名方法同样根据各队在全部比赛中胜负场数所得的分数排列，如有分数相等的情况，则根据竞赛规程中的规定一步一步去区分名次。

双循环赛的第二次循环的对阵方法可以和第一次循环相同，也可以在第一次循环结束后按照第一个循环的比赛结果排出名次，按照新的名次重新编排对阵表，这样可以把最精彩的比赛放在最后一天，也就是最强的两个队在最后一天相遇，有决赛的效果。

3. 多循环

多循环就是参加比赛的所有队彼此相遇三次以上。一般多是在一个赛季里进行的联赛采用这种方法。

多循环赛的排名方法同样根据各队在全部比赛中胜负场数所得的分数多少排列，如有分数相等的情况，则根据竞赛规程中的规定一步一步去区分名次。

多循环赛的对阵方法应根据规程的规定和要求，如果该联赛全部采用循环赛的方式，一般在赛季开始就编排了全部比赛的对阵表和日程表；如果该联赛采用常规赛加季后赛（决赛）的方式，通常常规赛都采用多循环赛的方式，而季后赛则采用交叉淘汰赛的方式。一般从开赛前就编排了全部比赛的对阵表和日程表，只是季后赛的对阵队名用名次号代替。

（二）分组循环加交叉淘汰赛制

分组循环加交叉淘汰赛制就是把所有参赛队分成几个小组，小组内进行单循环赛，然后根据各组名次，按照事先编好的对阵方法进行淘汰赛，直至最后分出名次。这种方法一般是在参赛的队比较多，而比赛又受日期或天数的限制时采用的比赛方法。

1. 分组的原则和方法

分组的原则，应该使每个组的实力，即各组内的强队和弱队数尽可能接近，以便使实力较强的队都有出线的均等机会。一般有以下几种方法。

（1）根据以前比赛的名次或成绩排序，采用蛇形分组法。下面是 8 个队和 16 个队蛇形分组的举例。

8 个队分成两组：

A 组		B 组
1	→	2
		↓
4	←	3
↓		
5	→	6
		↓
8	←	7

分组的结果是 A 组有 1、4、5、8 四个队，B 组有 2、3、6、7 四个队。

16 个队分成四个组：

A 组		B 组		C 组		D 组
1	→	2	→	3	→	4
8	←	7	←	6	←	5
9	→	10	→	11	→	12
16	←	15	←	14	←	13

蛇形分组法是球类集体项目最基本、最常用的分组方法。

（2）设立种子队的方法。根据对参赛队的了解，或其他可以证明某些队是实力较强的队，把这些队分到不同的组里，以便使这些队出线的机会尽可能均等。对于不是种子队的分组，一般采用抽签的方法。

（3）对于首次举行的比赛，或在对参赛队实力均不了解的情况下，采用在排好分组和对阵后，各队抽签对号入座。在这种情况下，小组循环赛以后的交叉淘汰方法应尽可能完善，即使某些组内强队较多，而且有的强队名次不好，但在交叉淘汰赛中还有机会取得好名次。

2. 交叉淘汰赛的方法

交叉淘汰赛是使预赛时不在同组且不是同名次的队经过比赛确定初步名次区间的比赛，这种比赛必须每场分出胜负，胜队将进行较好名次的争夺，负队将与其他负队进行余下名次的争夺。下面是 8 个队分两组循环赛后交叉淘汰的两种对阵方法实例。

第一种方法：

第一轮交叉：第 1 场：A1——B4，第 2 场：A2——B3，
第 3 场：A3——B2，第 4 场：A4——B1，

第一轮比赛结束后，四个胜队进入前四名，四个负队进入后四名。

第二轮：第 5 场：第 1 场胜队——第 3 场胜队，
第 6 场：第 2 场胜队——第 4 场胜队，
第 7 场：第 1 场负队——第 3 场负队，
第 8 场：第 2 场负队——第 4 场负队，

第二轮比赛结束后，第 5 场和第 6 场的胜队将争夺冠亚军，负队争三四名。

第 7 场和第 8 场的胜队将争夺五六名，负队争七八名。

第三轮：第 9 场：第 5 场胜队——第 6 场胜队，

第 10 场：第 5 场负队——第 6 场负队，

第 11 场：第 7 场胜队——第 8 场胜队，

第 12 场：第 7 场负队——第 8 场负队。

第二种方法：

第二种方法只进行两轮，小组预赛的前两名直接进行前四名的争夺，小组后两名进行后四名的争夺。这种方法适宜于小组实力分配比较平均的情况下使用。

第一轮：第 1 场：A1——B2，第 2 场：A2——B1，

第 3 场：A3——B4，第 4 场：A4——B3，

第二轮：第 5 场：第 1 场胜队——第 2 场胜队　　决定一二名，

第 6 场：第 1 场负队——第 2 场负队　　决定三四名，

第 7 场：第 3 场胜队——第 4 场胜队　　决定五六名，

第 8 场：第 3 场负队——第 4 场负队　　决定七八名。

（三）分组循环后再分组循环

分组循环后再分组循环的方法比较简单，当把所有参赛队分成几个组后，各小组进行一个单循环赛，排列出小组的名次，然后将同名次或相近名次的队再编成几个小组，分别进行单循环赛，名次靠前的小组决出的名次就是前几名，名次居中的队决出的名次就是中间几名，名次靠后的小组决出的名次就是后几名。例如：8 个队分成两个小组进行单循环赛后，两组的前两名再组成一个小组，进行一次单循环即可决出前四名的名次，两组的后两名再组成一个小组，进行一次单循环即可决出后四名的名次。再例如：9 个队分成三个小组进行小组单循环后，三个小组的第一名组成一个组再进行单循环，即可决出 1 ~ 3 名；三个小组的第二名组成一个组再进行单循环，即可决出 4 ~ 6 名；三个小组的第三名组成一个组再进行单循环，即可决出 7 ~ 9 名。

小结：竞赛的编排方法有很多种，可以灵活掌握和运用，但原则是要尽可能地公平、合理，使各个队有相对平等的机会去争取好成绩。

二、竞赛的组织工作

竞赛的组织工作是一项复杂而又细致的工作，是决定竞赛能否顺利进行的关键。竞赛的组织工作可分为三个阶段。

（一）比赛前的准备工作

要进行一项比赛，承办单位首先要成立筹备组织机构（大规模比赛要成立筹备委员会），讨论决定比赛的组织方案、组织机构、比赛工作计划等。

1. 讨论和决定组织方案

根据主办单位下发的竞赛规程或竞赛任务，确定竞赛的组织方案。组织方案是大会一切工作的依据，一般包括下列内容。

（1）如果主办单位已经制定好竞赛规程，则根据规程估算比赛的规模、所需场地、器材、工作人员人数等。如果主办单位没有具体竞赛规程，只下达了比赛的任务，就需要

承办单位根据比赛的任务，确定具体的比赛名称、时间、地点等，并需要制定具体的竞赛规程。

竞赛规程是比赛的指导性文件，是竞赛工作进行的依据。竞赛规程一般由主办单位制定，有时也由主办单位和承办单位共同制定，而竞赛组织机构应认真执行。竞赛规程应提前公示或发给参赛单位，以便各单位做好参赛的准备工作。

竞赛规程主要包括下列内容：竞赛名称，竞赛的目的和任务，主办单位和承办单位，竞赛日期和地点，参加单位和人数，运动员参赛资格，竞赛办法，确定名次的办法，竞赛规则，奖励办法，报名方法和报到日期，经费，裁判员选派，注意事项等。

（2）比赛的组织机构，包括组织形式，组委会下设的主要部门及负责人名单，工作人员名额等。

（3）比赛经费预算。根据实际工作需要制定预算，一般包括场地修建、器材准备、奖品、交通、食宿、接待、劳务、印刷、文具费用等。

（4）工作流程计划。主要说明竞赛筹备工作分为几个阶段进行，各个阶段工作的内容、步骤和要求，执行部门和负责人等。

2. 成立组织机构

竞赛的最高权力机构为组织委员会，下设不同的职能部门，虽然在名称或形式上有些不同，但工作内容基本是相同的。

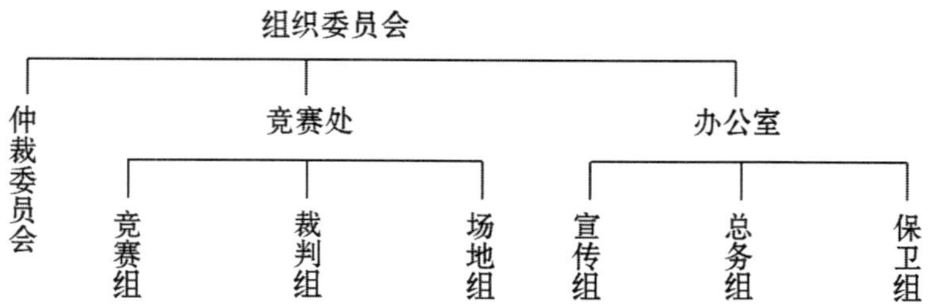

图7－1　竞赛组织机构主要部门构成示意图

3. 制订工作计划

根据组委会的组织方案、竞赛规程和比赛的主要日程计划，由各部门拟定具体工作计划，经组委会批准执行。各部门主要工作内容如下。

（1）仲裁委员会

解决竞赛中出现投诉的问题。

（2）竞赛处

①编印比赛秩序册。秩序册应包括竞赛规程、开幕式和闭幕式程序、组委会名单、大会工作人员名单、裁判员名单、各代表队名单、比赛日程表、大会活动日程表、成绩记录表等。如果比赛有赞助或冠名，还应插印有关的广告。

②裁判工作。组织裁判员分工、学习、实习，做好赛前的各种准备工作。

③检查场地、器材、设备的准备情况。

④审查参赛者的资格。

⑤安排和组织好各队赛前训练的时间和场地，以及休息日及轮空队的训练时间。

⑥召开领队、教练员、裁判员的联席会议，讨论和研究竞赛的有关问题。

（3）办公室

（1）制定大会活动日程：包括开、闭幕式，比赛，会议，文娱或参观，休息及其他活动等，要做好具体安排。

（2）组织宣传组做好比赛的宣传报道工作，有时还需要通过宣传拉取赞助，因此还要与场地组共同搞好广告的安排设计摆放等。应建立赛会的网站，及时向外发布信息。

（3）组织总务组搞好接待、食宿、交通、票务、报销、劳务发放等。

（4）组织医务组准备好赛场急救车和医务人员，准备好医疗用品等。

（5）组织保卫组做好赛场安全、场地秩序及各项安全工作。

（二）比赛期间的工作

1. 各部门要认真按照计划进行赛会工作，相互紧密配合，及时处理出现的问题，鼓励各队公平竞赛，赛出风格和水平。

2. 组织裁判员及时总结，改进工作，相互学习，提高裁判水平，保证比赛顺利进行。

3. 做好成绩的公布和有关材料的发放工作。做好网站信息的及时更新。

4. 经常对比赛场地、器材、设备进行检查，保证运转正常。

5. 总务组应保证餐饮的卫生安全和质量，听取参赛人员对生活、交通等方面的意见并及时改进。

6. 医务组应保证赛场的急救治疗，及时处理赛场发生的伤害事故，并做好防病、卫生工作。

7. 保卫组应做好比赛驻地和赛场的安全工作，保证比赛的顺利进行。

8. 办公室应做好各方面的联系和协调工作，定期或不定期召开领队或其他会议，及时处理有关问题。

（三）比赛的结束工作

1. 组织召开大会闭幕式，公布比赛成绩，举行颁奖仪式。

2. 做好各部门和裁判组的总结。

3. 编印比赛成绩册并及时分发下去。

4. 安排和做好各队离会的有关事宜。

第二节　单排轮滑球竞赛规则

前　言

《单排轮滑球竞赛规则》（以下简称《规则》）是单排轮滑球（ROLEER IN – LINE HOCKEY）竞赛过程中所需遵循的法规性文件之一。它为单排轮滑球竞赛提供了客观、统一的标准，为正确指导运动员训练、参赛和裁判员公正、准确地执法提供依据。

本《规则》是根据国际轮滑联合会单排轮滑球委员会（CIRILH）2014 年版规则翻译而来，结合国内竞赛实践制定，并根据国际单排轮滑球技术委员会 2017 年修改的条款进行了修改。适用于全国各级、各类单排轮滑球竞赛活动。

本《规则》由北京体育大学付进学教授翻译编写。

本《规则》由国家体育总局社会体育指导中心审核。

目　录

3. 2. 12　球
4. 比赛工作人员
4. 1　工作人员的任命
4. 2　裁判员
4. 3　记录员
4. 4　计时员
4. 5　记罚计时员
4. 6　监门员

第三章　比赛规则

5. 比赛的进行
5. 1　赛前程序
5. 2　准备活动
5. 3　比赛首发阵容
5. 4　比赛的开始和每局的开始
5. 5　比赛通则
5. 5. 1　争球
5. 5. 2　暂停
5. 5. 3　整理服装和装备
5. 5. 4　运动员的替换
5. 5. 5　守门员
5. 5. 6　受伤的运动员
5. 5. 7　球必须保持运动
5. 5. 8　踢球
5. 5. 9　球出界或无法比赛
5. 5. 10　看不见球或非法球
5. 5. 11　射中和协助
6. 处罚
6. 1　处罚的定义
6. 1. 1　处罚的类别
6. 1. 2　小罚
6. 1. 3　大罚
6. 1. 4　违例
6. 1. 5　严重违例
6. 1. 6　取消比赛资格
6. 1. 7　附加处罚
6. 1. 8　罚点球
6. 2　处罚的管理
6. 2. 1　处罚情况的管理
6. 2 2　暂缓处罚

第一章　一般规则

1　一般比赛规定

1.1　球队和运动员的资格

A. 中国轮滑协会面向全国各行业单位、学校和轮滑球俱乐部开放，条件是它们的运动员须在中国轮滑协会注册，并在中国轮滑协会主办的全国性比赛规定的截止时间前确认参赛并按时交纳参赛费。

B. 运动员参赛必须持身份证和注册证，以及能证明是所代表单位的合法运动员资格。

C. 青年男子组运动员的年龄最小是 14 岁，最大是 19 岁。

D. 青年女子组运动员的年龄最小是 14 岁，最大是 19 岁。

E. 成年女子组运动员的年龄最小是 15 岁，最大按照中国轮滑协会相关竞赛规程规定。

F. 成年男子组运动员的年龄最小是 15 岁，最大按照中国轮滑协会相关竞赛规程规定。

1.2　比赛时间和暂停

A. 正常比赛应 20 分钟一局，共两局，中间休息 5 分钟。

B. 每个队在每局可以申请一次暂停，暂停时间为 1 分钟。

C. 中国轮滑协会可根据比赛具体情况调整比赛时间。

1.3　平局

A. 如果在比赛结束时比分相等，该场比赛称为平局，每队在名次排列中各得 1 分。单淘汰的比赛必须分出胜负时除外。

B. 比赛必须分出胜负时（1/8 决赛、1/4 决赛、半决赛和决赛，或者其他类型的单淘汰比赛），决定胜负的方法如下：

◆ 在正常比赛时间结束后如系平局，将休息 3 分钟，进行一个突然死亡法的决赛，并宣布首先得分的队为胜队。

◆ 如果在 10 分钟的比赛时间里都没有得分，将采用互射点球的方法分出胜负（1.3E）。

C. 任何加时赛都是比赛的组成部分，受罚没有结束的队员都将继续受罚。

D. 在循环赛中不进行加时赛。

E. 射球（互射点球）：当采用突然死亡法的加时赛无法分出胜负时，将使用射球的方法来打破两队积分相等的平局。

◆ 射球时每队派 3 名射手，两队交替射球，其程序按照罚点球的方法进行。两队的队长在开始射球前将指定的三名射手报告给裁判员，裁判员在开始射球前将该名单交给比赛记录员。

◆ 两队的队长用抛币的方法决定哪个队先开始射球。两队的守门员防守各自的球门，不使用公共的球门。

◆ 在每队 3 次射门中得分高的队为胜队。

◆ 如果第一轮射完仍为平局，将由每队一人进行打破平局的射球。比赛使用新的队员，并由另一方先开始射球。比赛将在两名队员分出胜负时结束。

2 场地和设施

2.1 轮滑球场

A. 单排轮滑球比赛应在运动地板、瓷砖、木地板、沥青、水泥或任何合适材料铺成的地面上进行。

B. 理想的场地尺寸为 50 米 ×25 米。然而，场地可以在长 40 ~60 米，宽 20 ~30 米的范围内变化。但其宽度和长度的比例应为 1:2。

C. 世界锦标赛和国际级赛事的场地最小尺寸为 50 米 ×25 米。全国比赛场地可以允许的最小尺寸是 44 米 ×22 米。

D. 比赛场地应按照本规则所示的场地图及上面所标的精确尺寸进行画线。在场地中间画一条红线，以区别攻区和守区。

E. 场地的四周应用木板或玻璃纤维制成围墙，围墙高 101 ~122 厘米，理想的高度是 107 厘米。围墙的四角应为圆弧形，圆弧的半径约为 5 米。

F. 各地方协会的比赛场地如果与标准场地大小不同，它们的球门线和争球圈可以根据场地的大小按比例变化。如果在全国比赛或邀请赛中使用这样的场地，应在规程或发给各被邀请单位的信息中注明有关场地大小及画线情况。

2.2 球 门

A. 如图所示，球门是由铁管做成的一个矩形架，面向前面的门架内侧高 105 厘米，内侧宽 170 厘米。

B. 面向前面的门架应用 7.6 厘米直径的镀锌铁管制作，上面、底座和后面的支架应用5厘米直径的铁管制作。球门底座的深度从前面到后面弧顶的外缘应为109厘米，顶部门架的深度从前面到后面架的外缘应为74厘米，球门后面中间应用直径5厘米的立柱连接上面门架和底座，球门顶部和后面应用非常结实的门网覆盖，该网应用密集的尼龙线绳机织而成，结实到可以抗得住最强有力的射球，并保证球无法穿过。不允许使用金属制的球门网。

C. 在球门横梁向后的球门内45厘米处应悬挂一个白色垂网。这个垂网可比外侧的网细密，宽180厘米，高110厘米，悬挂在门内以防止球从门内反弹出来。这个网必须系在门顶部，让它自由下垂到地面，并与球门柱平行。球门立柱和横梁必须漆成荧光红色或橙色，其他部分应漆成白色。球门底座的弧形和后面的立柱应用吸震材料包裹起来以防止劲射后球反弹出门外。

D. 两个球门位于球场的两端相对放置于球门线上，球门线距端线围墙的距离为3.8米。

2.3 球门区

A. 在每个球门的前面，用5厘米宽的红线划定一个球门区。从两个球门柱沿球门线向外30厘米处，垂直向球门前画出两条1.2米长的线，用一条平行于球门线的线连接两条垂直线的顶端，即为球门区。对球门区的理解应是立体的，即从地面垂直向上的所有空间。

注：守门员特权区域：前面是到两个端区争球点之间，后面到球门线（见场地图所示）。守门员的身体任何部分在这个区域内时可以压或抓球。

B. 守门员可以压或抓球门线以后的球或球门网两侧的球，前提是他的身体的任何部分仍在球门区以内。如果他的身体离开了球门区或守门员特权区域而压或抓球而造成比赛停止，应被判小罚。

2.4 争球点和争球圈

A. 单排轮滑球场上标有5个争球的位置。

B. 中心争球点直径22.5厘米，严格地位于球场的中心位置。以争球点中心为圆心，在其周围画一个3米半径的争球圈。

C. 在每个端区里应画两个争球点，争球点直径22.5厘米。两个争球点的连线与球门线平行，距球门线6.10米，两点的圆心彼此相距13.40米，也就是各距球场纵长中心线6.70米。以每个争球点的中心为圆心再画一个半径3米的圆圈为争球圈，争球圈的线宽5厘米。

2.5 裁判区

A. 在紧靠记罚员席位前的场地内，画一个3米半径的半圆为裁判区。在比赛停止时未经裁判员的允许，任何运动员不得进入该区域内。裁判区的线宽5厘米。

2.6 运动员席

A. 每个场地应为每个队准备座椅或板凳，该位置称为“队员席”。每个队员席应至少有16个人的座位，位于边线围墙处尽可能紧靠球场的中央，并方便去休息室的地方。

2.7 受罚席

A. 每个场地应准备称为“受罚席”的座椅或板凳，它是为受罚运动员、记罚员、计时员、记录员准备的。如果受罚席与运动员席在场地的同一侧，受罚席应距运动员席有一定的距离。推荐将受罚席设在队员席的场地对面。

2.8 信号和计时装置

A. 每个场地应有合适的声响装置和计时装置供比赛工作人员使用。并提供电子计时显示供所有比赛的参与者了解比赛的时间情况。计时装置应显示比赛的剩余时间和运动员的剩余受罚时间。

第二章 球队和比赛工作人员

3 球 队

3.1 球队的组成

3.1.1 队员

A. 每队的登记名单最少为 6 名运动员和 2 名守门员，最多为 14 名运动员和 2 名守门员。

B. 一旦锦标赛开始，就不准许调整替补运动员或新增加运动员。

C. 达到了前面规定的最少登记人数，比赛就不能因此而被取消，除非该队由于不符合 8.1 的规定，上场人数少于 4 名运动员和 1 名守门员时该队将被取消比赛资格。

3.1.2 队长和副队长

A. 每队应任命一名队长。

B. 每队所有时候都应有一名队长在场上，如果队长不在场上，应由副队长（每队不超过 3 名）代替他行使职权。

C. 守门员不能担任队长或副队长。

D. 只有在场上的队长或副队长（但不能两人一起）在比赛停止时有权与裁判员讨论在比赛中出现的与规则解释有关的问题。

3.2 运动员装备

3.2.1 一般规定

A. 所有的装备，除了球和轮滑球鞋以外，都应是正规的轮滑球装备。

3.2.2 球杆

A. 球杆应是单排轮滑球球杆样式，用木制或其他所允许的材料制成，不允许有任何突出部分。

B. 在杆刃上可以缠任何颜色的胶带以增强或改善对球的控制。

C. 球杆从根部至杆柄端部不得长于 1.57 米，杆刃从根部到端部不得长于 32 厘米，杆刃的弧度没有限制，运动员球杆的杆刃最窄 5 厘米，最宽 9 厘米。

D. 守门员球杆杆刃的宽度不得超过 13 厘米，后根部分不得超过 14 厘米，杆刃从根部至端部不得超过 39 厘米。

3.2.3 轮滑球鞋

A. 轮滑球鞋必须是单排轮的，运动员的鞋可由 3 个或 4 个轮子组成。

B. 守门员的轮滑球鞋可以装 5 个小轮子，但所有轮子都必须在鞋的下面，前面或后面都不能突出。

C. 如果轮架是设计装一定数量的轮子，那么所有轮子都必须在位。所有螺丝和轮轴都应是镶嵌或凹进去的，并必须用保护材料覆盖起来，以防伤及他人和破坏地面。

D. 在比赛中不允许使用双排轮滑鞋。

3.2.4　保护装备

A. 所有队员，守门员除外，在全部比赛时间里必须穿戴护腿、护肘、经认证的冰球手套、经认证的头盔，男运动员要戴护裆罩，女运动员要戴骨盆保护装备。

B. 手套的手掌全部或部分被摘掉或割裂而赤手握杆的，被认为是非法装备。

C. 守门员必须穿戴合身的护胸、规定的守门员手套、经认证的面罩，男运动员要戴护裆罩，女运动员要戴骨盆保护装备。如果守门员戴前臂保护套，该套应是软的和易弯曲的。任何单排轮滑球的正规护具都是可以接受的。

D. 在全国锦标赛上，19 岁以下的运动员必须戴全护面罩，该面罩须与头盔安装在一起。这条规定对男女运动员都适用。年龄超过 19 岁的运动员必须佩带护目镜。

E. 必须佩戴护齿。

F. 所有运动员的头盔都必须用带在下颏系牢。

3.2.5　守门员的装备

A. 守门员的全部装备（轮滑鞋、球杆除外）必须是为了保护头或身体，决不允许有任何能给防守球门以不合法帮助的衣服或装备。

B. 守门员手套上的连接拇指与食指之间的连接物、窝或小兜子，不能超过拇指与食指充分张开时所形成的角度的面积。

C. 守门员手套背部的保护垫和其手套的组成部分，不得超过 20 厘米宽和 40 厘米长。

D. 守门员所穿用的护腹禁止超过大腿前部或露在运动裤外面。

E. 守门员的护腿是新的时，穿着时测量不应超过 30 厘米宽，并不允许有任何形式的改变。

3.2.6　保护装备的认证

A. 运动员的头盔和面罩，守门员的面罩都必须是 HECC/CSA/CE 认证的。

3.2.7　护具的穿戴

所有护具（手套、头盔面罩和守门员的护腿除外）必须全部穿在运动服里面，皮质护肘穿在上衣外面也不允许。

3.2.8　危险装备

A. 严禁使用金属或其他容易引起运动员受伤的材料制成的护具和保护物品。

注：护肘如未使用海棉状橡皮或类似的软材料包裹，厚度小于 12.5 毫米的，即被认为是危险装备。

B. 佩戴眼镜者的眼镜必须是塑料的，不允许用玻璃的或焦距透镜的镜片。

C. 任何运动员如需穿戴由医师包扎的保护装备，必须在赛前经组委会批准。

3.2.9　比赛服装

A. 所有参赛的运动员都应有两套不同颜色的上衣。

B. 服装必须是长袖上衣和长裤子，守门员上衣应与队友同色同款。

C. 每个队员和每个守门员都必须使用自己的号码，号码只允许缝在后背，至少 20 ~ 25 厘米高。

D. 同一队里不能有两个相同的号码，每名运动员的两套不同颜色服装必须使用同一号码。在最初的登记以后未经组委会书面批准任何运动员不得改变或更换号码。

E. 一名队长和三名副队长的“C”“A”符号应缝在左肩上。

F. 允许运动员在护腿或运动服上使用胶带，但胶带必须是透明的。

3.2.10 服装颜色的分配

A. 在比赛中，如果两队服装颜色相近，主队有责任更换队服。此事由当场执法裁判决定。主队应穿浅色的比赛服。

B. 全队的服装（“上衣及护裤”）必须是相同的款式和统一的颜色。

3.2.11 服装和装备的检查

A. 在比赛开始之前负责该场比赛的裁判人员应检查两队的服装和护具。对在比赛开始之前穿戴不符合规则的装备的运动员不予处罚。对在比赛开始之后穿戴非法或危险装备的应按照《规则》进行纠正。

3.2.12 球

A. 比赛用球必须是经组委会认证的球。

B. 主队或承办方应提供足够的比赛用球。

C. 这些球应保存在受罚席，由一名场外裁判员或一个专门的人负责保管。

4 比赛工作人员

4.1 工作人员的任命

A. 每场比赛应用两名裁判员。

B. 其他裁判员包括计时员、记录员、监门员以及负责受罚队员受罚时间的记罚计时员。

C. 如果在比赛进行中原来正式任命的裁判员到场，他们是否将替补裁判员换下场，应由中国轮滑协会裁判委员会的在场代表决定。

4.2 裁判员

A. 所有锦标赛的比赛将使用由中国轮滑协会裁判委员会任命的两名裁判员。

B. 如果指定的裁判员不能到场，将由中国轮滑协会裁判委员会任命其他的裁判员。

C. 其中的一名裁判员将被任命为主裁判员。

D. 两名裁判员有相似的职责，但在有争议时主裁判的决定是最终的。

E. 主裁判对比赛中出现的所有争议拥有最终决定权，而不会根据申诉进行重新裁决。

F. 主裁判对所有进球有最终决定权，无论有争议与否。在做出最终决定前可与另一裁判员和监门员（如果设立的话）商讨。

G. 裁判员是中国轮滑协会的代表。他们控制和管理全部场上和场下的运动员、场外裁判员和参赛俱乐部的官员。他们将在所有合法情况下得到支持。

H. 所有裁判员应穿黑色的的裤子和经认证的裁判服上衣，并穿戴其他必要装备。

I. 执场的裁判员应是来自与参赛队无关的组织。

J. 所有的裁判员和场外裁判员在比赛期间必须得到全体运动员和队的官员的礼貌对待。对这条的违反将报告给中国轮滑协会，由其给予处罚。

K. 裁判员应在每场每局比赛规定开始的时间看着双方队来到场上，并开始每局和决胜局的比赛。

L. 当某队领队或教练提出要求时，应检查运动员所穿的装备。

M. 裁判员应对所有出现的犯规进行处罚，并向记录员报告判罚时间和犯规内容。他还应报告射中者和协助者的号码。

N. 裁判员在每局和决胜局结束时应留在场上看着双方队回到运动员席或更衣室。

O. 每场比赛结束后裁判员应检查记录表、签字，并确保双方队长签好字，然后交还记录员。

P. 裁判员应在比赛结束后立即在比赛记录表上向中国轮滑协会报告有关判开除比赛、严重违例、特别严重违例和取消比赛资格的详细情况，以及非正常的延误情况。这个报告是被信任的。

4.3　记录员

A. 计录员应该：

* 比赛开始之前，记录员应从每队的领队或教练处得到比赛运动员名单，由其核实运动员名单并签字。将每队的队长和副队长在记录表上做出标记。

* 记录员应在比赛开球之前将上场阵容名单交给裁判员，并把他认为不符合规则的事情提醒裁判员注意。

* 记录员应在记录表上正确记录射中得分，得分者和协助者。

* 如果使用广播设备，记录员应在每次射中球门后立即宣布得分运动员和协助运动员的号码和姓名。

* 根据监门员的报告记录守门员的救球次数。如果没有监门员，由记录员进行记录。

* 正确记录所有的判罚，包括受罚运动员的姓名和号码，受罚时间，犯规内容以及判罚的时间。

* 记录员应提醒裁判员某运动员在该场比赛中已受第二次或第三次处罚，或已受第二次违例处罚。

* 每场比赛结束后在记录表上签字，让裁判员检查记录表并签字，并确保双方队长签好字，然后交给指定的中国轮滑协会代表。

* 每场比赛结束后，队长或教练必须在比赛记录表上签字，连同裁判员一起检查其记录的准确性。

4.4　计时员

A. 记时员应该：

* 计时员应记录和掌握比赛开始和结束的时间，和比赛中的实际比赛时间。

* 计时员应用信号通知裁判员比赛开始的时间和第二局、决胜局的开始时间。如果场地没有设置自动音响、锣、汽笛，或这些设备失灵，计时员应用吹哨通知每局和决胜局比赛的结束。

* 当每局和决胜局比赛还剩 2 分钟时，计时员应通过广播予以宣布。

＊ 从计时钟上记录每次射中得分和犯规判罚的时间，记录时间应用分和秒。

＊ 记录每队请求暂停的时间。

4.5 记罚计时员

A. 记罚员应该：

＊ 记罚计时员在比赛中掌握受罚运动员的受罚时间。当受罚运动员要求时告诉其还需受罚多少时间。

＊ 如果受罚运动员在受罚期满之前离开受罚席，记罚计时员应记下时间并示意裁判员，裁判员应尽快停止比赛。

＊ 如果有公共广播设备，记罚计时员应通过宣告员宣布受罚运动员的名字，犯什么规和受什么处罚。

4.6 监门员

A. 由中国轮滑协会决定是否使用监门员。

B. 每个球门后应有一名监门员，他们被保证在比赛中不是某比赛队的成员，在比赛过程中不能更换他们，除非在比赛开始后，发现某一监门员明显地偏袒一方或做出不公正的决定，在这种情况下，主裁判可以指定一名监门员替换他。

C. 比赛中每个监门员必须在球门后的固定位置，他们在比赛开始后全场不调换位置。他们的职权只限于当场。

D. 监门员的职责如下：

＊ 检查球门网，确保没有球可以穿过的洞。

＊ 查看球门在所有的时间里都在正确的位置上。

＊ 当球完全越过球门线而进入球门时，他向上伸直双臂，手于头上。

＊ 当球射在门上但没有进球时他应向两侧伸直手臂。

＊ 当确定攻队队员是否在球进入球门区之前在球门区内时协助裁判员做决定。

＊ 当球被守门员压住而无法继续比赛时，以伸直一臂于头上示意给裁判员。

＊ 他必须为守门员救球的次数精确地计数，在半场结束和全场结束时报告给记录员。

注：救球是指当时要进门但被守门员挡住的球。

第三章 比赛规则

5 比赛的进行

5.1 赛前程序

A. 比赛开始之前，双方的领队或教练必须把本场合法参加比赛的队员名单交给比赛记录员，名单里包括队员，守门员，队长，副队长。

B. 这些队员的名字必须是包括在锦标赛之前上交的队员名单之内的。

C. 在比赛开始之后，队员名单不能再改变或增加，除非在比赛开始后守门员受伤或得病，可由替补守门员或一名事先在名单中包括的运动员代替受伤或得病的守门员。

5.2　准备活动

A. 所有上场做准备活动的运动员必须穿戴全部护具和正规的比赛服。

B. 在赛前准备活动和各局比赛开始之前的准备活动，各队只能在自己所在的半场内进行。

5.3　比赛首发阵容

A. 比赛开始之前，队的领队或教练员应向裁判员或记录员列出首发阵容名单。

B. 在裁判员吹哨开始比赛时，每队必须有 1 名守门员和 4 名运动员在场上。

5.4　比赛的开始和每局的开始

A. 比赛开始之前，裁判员应查看比赛计时员、记录员、记罚计时员及监门员是否已经就位。

B. 比赛应在预定的时间以在中心争球点争球的方式开始。下半场、每次射中球门之后，突然死亡法的决胜局都以同样的方式开球。

C. 比赛不能因仪式、展览、抗议、赠送礼品等原因推迟，除非事先经过赛会组织者批准。

D. 主队应挑选开赛时防守哪个球门。

E. 两队在开始比赛时应防守距自己队员席远端的球门。

F. 只有着比赛服装的运动员以及领队、教练、训练员（共 5 名非比赛人员）可以在队员席内。

G. 比赛期间，领队、教练和训练员应严格位于队员席的长度范围之内。违反这个规定，应受队小罚。

5.5　比赛通则

5.5.1　争球

A. 争球时，两队都应在场上列出正确的人数就位准备争球。所有的争球，客队应首先在场上列好比赛阵容。

B. 争球的运动员应正面向对方的端区，彼此相距约一杆远的距离，杆刃放在地面上。所有其他运动员必须距争球运动员至少 3 米远并在己方一侧。

C. 争球运动员必须把杆刃平放在地上。

D. 无论在什么地方争球，运动员都不得用自己的身体或球杆与对方运动员身体做任何接触，直到争球结束比赛进行时。裁判员应对违反这条规则而做身体接触的运动员判小罚。

注：“争球”的开始是指在裁判员指定了争球地点并将球已掷下时。一旦某队已经就位，裁判员应在 5 秒钟内掷球开始比赛。

E. 如果争球运动员在裁判员指令时还不立刻做好争球姿势，裁判员可以命令他退出争球，由该队另一名场上运动员替他争球。

F. 攻队在攻区内造成比赛停止，应在中心开球点争球。

注：包括在没受到守队干扰的情况下，攻队运动员把球射到门网背后造成的比赛停止。

G. 双方犯规造成的比赛停止，在双方犯规或比赛停止的地点争球，除非《规则》另有规定。

H. 当比赛停止出现在端区争球点与端线界墙之间时，应在比赛停止一侧的端区争球点争球，除非《规则》另有规定。

I. 当球从裁判员身上直接弹入球门时，应判无效，应在该端区争球点争球。

J. 在比赛停止期间攻队的替补队员进入到攻区内双方队员聚集的地方，该次争球应移到中心争球点进行。

注：这款规定的目的是防止比赛停止后队员的聚集和可能发生的吵架。

K. 由于《规则》内没有明确规定的原因造成的比赛停止，应在比赛停止的地点争球。

5.5.2　暂停

A. 暂停应由队长或副队长在比赛停止时提出。暂停后以争球方式恢复比赛。

B. 暂停时间为 1 分钟，每队每半场可以请求一次暂停。在比赛中的任何时候裁判员都可以叫暂停。

C. 当暂停时，两队都可以回到运动员席处去。

D. 在加时赛中不允许叫暂停。

5.5.3　整理服装和装备

A. 比赛不能由于整理衣服、装备、轮滑鞋或球杆的原因而停止，也不能因此而延误比赛。违反此规定应判小罚。

B. 运动员有责任保持服装和装备处于合适状态，如果需要整理时，应离开场地由别人替补上场，以不影响比赛的继续进行。

注：如果运动员在比赛中头盔掉了，他必须马上拾起头盔戴好系牢，或者立刻回到队员席。违反这条规定应以“不合适的装备”判小罚。

注：然而，得到裁判员允许的守门员可以整理或修理服装、装备、轮滑鞋。在得到裁判员允许时，守门员还可以更换他的面罩，但不允许用时间来修理或固定面罩。

5.5.4　运动员的替换

A. 在比赛进行中，任何时候每队不得在场上超过 4 名运动员和 1 名守门员。

B. 任何时候都可以从运动员席上替换运动员，被替换的运动员应先到达距运动员席 3 米以内，替补运动员方可进场。

C. 守门员可以被其他运动员替换，但替换运动员不享有守门员的特权。

D. 如果守门员离开球门区去运动员席进行替换，在替他的运动员进场前他必须到达距运动员席 3 米的范围内。

E. 受罚结束的运动员若被替换，他必须通过赛场内回到自己的运动员席方可被替换。

F. 如果换人的队控制球，而替换的人过早入场，裁判员应立刻停止比赛，在中心开球点或端区争球点争球（在哪争球以对非犯规队有利为原则）。如果非法替换的队当时没有控制球，裁判员应判该队小罚。

G. 在比赛停止期间进行运动员替换，将要执行争球的裁判员将先回到争球时应站的位置。不执行争球的裁判员将留出 5 秒钟的时间，允许客队更换运动员。这 5 秒钟结束之后，不执行争球的裁判员将举起手臂，示意客队不允许再更换运动员；裁判员仍然举着手臂，持续 5 秒钟的时间，让主队更换运动员；5 秒钟结束后裁判员放下手臂，表示主队也不可以再替换运动员。此时执行争球的裁判员吹哨，并在5秒钟内掷球开始比赛。如果某队在给他们规定的时间之后换人，裁判员应将该运动员们送回运动员席，此后如该队再有违反这个程序的犯规，裁判员应判该队队小罚。

注：一次换人包括换1到4个运动员。一旦某队使用了给他规定的时间换人，他就不能再进行额外的换人。

H. 每次比赛停止每队只允许进行一次换人。

5.5.5 守门员

A. 每队在场上只允许有一名守门员。

B. 任何替补守门员进场比赛都不允许有准备活动时间。

5.5.6 受伤的运动员

A. 比赛中当有运动员（守门员除外）受伤或被迫离开场地时，他可以退出比赛被另外的运动员替补，但两队不能离开场地而应继续比赛。

B. 如果守门员受伤或得病，他应立刻准备重新开始比赛，或立刻被替补守门员替换，裁判员不能因他受伤或得病而浪费时间来等待他恢复比赛。替补守门员没有准备活动时间。

C. 替补守门员应遵守对守门员的所有规定并享有守门员的特权。

D. 当对正式的守门员进行替换后，这名正式的守门员在此后的第一次比赛停止前不得再进场比赛。

E. 当运动员因受伤不能继续比赛也不能回到运动员席时，在该队得到控制球权以前，比赛不能停止。如果该队在他受伤时就控制球，除非该队有良好的得分的机会，否则比赛应立刻停止。

F. 运动员（守门员除外）受伤明显很严重导致比赛停止，他在恢复比赛的争球以前不得再参加比赛。

注：运动员明显地受重伤时裁判员可以立即停止比赛而不管谁在控制球。

5.5.7 球必须保持运动

A. 在所有时间里球必须保持运动。

B. 在没有对方阻截的情况下，控制球队在自己的守区球门后运球一次后就必须向对方球门方向前进。除非该队场上人数缺少。

C. 第一次违反这个规定，应停止比赛，在犯规队球门附近的争球点争球，并警告犯规队队长或副队长或该队。在同一半场中同一队第二次违反这个规定，应判该犯规运动员以小罚。

D. 运动员在没有受到对方挤贴时，故意将球向界墙挤住，应判小罚。

E. 违反这个规定，应在距该犯规队球门最近的争球点争球。

5.5.8 踢球

A. 在任何区域内均可踢球，但攻队运动员踢球入门应判无效。

5.5.9 球出界或无法比赛

A. 当球飞出场地端线或边线界墙，或球打中赛场上面除界墙、防护玻璃或防护网以外的障碍物时，应在球被射或被弹的地点争球，除非规则另有规定。

B. 当球困在球门网外侧而无法比赛时，或双方运动员故意挤住球，或其他原因无法比赛时，裁判员应停止比赛并在邻近的争球点争球。如果裁判员认为比赛停止是由攻队运动员造成的，应在攻队球门邻近的争球点或中线争球点争球。

注：包括攻队运动员在没有对方运动员干扰的情况下把球射到守队球门网后面造成的比赛停止。

C. 守队或攻队可以在3秒钟之内把球打离球门网而继续比赛，如果球在球门网上超过3秒钟，应停止比赛，在最近的争球点争球，如果是攻队造成的，在中圈争球点争球。

D. 如果球掉到界墙上边，可以用手或球杆打下来继续比赛。

5.5.10　看不见球或非法球

A. 因运动员争夺球或运动员意外地摔倒在球上，裁判员看不见球时，应立刻停止比赛，在距比赛停止地点最近的争球点争球。

B. 在比赛进行中场上出现两个球时，可用合法的球比赛到控制球一方完成比赛。如果裁判员认为合法的球受到了干扰，应立刻停止比赛。

5.5.11　射中和协助

A. 攻队运动员用球杆将球射进两球门柱之间、横梁以下，并完全越过球门线，即为射中球门。

B. 把球合法地射入对方门内得分者，应记入记录表。

C. 当有运动员射中球门时，对在攻区内给他传球导致进球的运动员应确定为协助者。

D. 守队运动员以任何方式将球碰入球门，判为射中，攻队最后触球运动员为射中者，不判协助者。

E. 攻队运动员射的球，触及同队运动员的任何部分弹入门内，判为射中球门，被球触及的运动员为射中者。

F. 运动员将球合法地打入对方球门区时，这个球应是自由的，可以被另外的攻队运动员获得，由此而射中球门应为合法。

G. 如果球被踢入、扔入或其他用球杆以外的东西故意导入门内，不算射中。

H. 如果攻队运动员踢球从任何运动员身上弹入门内，进球无效。

I. 球碰到裁判员身上直接弹入门内，不算射中。

J. 攻队队员用高于球门横梁的球杆击球入门，进球无效。如果守队队员这样击球入自己门，进球有效。

K. 当守门员在球门区内时，运动员对其冲撞和进行身体接触，根据裁判员的判断，干扰了守门员的正常防守，那么在接触之前或之后的进球都判无效，并对该运动员判大罚加严重违例。

L. 任何规则规定以外的进球都无效。

6　处　罚

6.1　处罚的定义

6.1.1　处罚的类别

* 小罚
* 队小罚
* 大罚

* 违例
* 严重违例
* 停赛
* 罚点球

6.1.2　小罚

A. 运动员（守门员除外）受到小罚时，应离场受罚 2 分钟。在这个时间内不允许替补。双方同时犯规时除外（规则 6.2.3）。

B. 守门员犯规受小罚，不到受罚席去，而由一名犯规时在场上的运动员代替他去受罚。这名运动员由犯规队的领队或教练通过场上队长指定并不得改变。

C. 如果受伤的运动员被判一个小罚，受罚队应派一名替补运动员到受罚席去代替受罚。代替受罚的运动员必须是从受罚席上进入比赛，违反此规定应判队小罚。因受伤而由其他运动员代替他受罚的运动员，在他受罚期满前也不能参加比赛。

D.“队小罚”是指受罚队的一名运动员应离场受罚 2 分钟。如果可以识别造成犯规的运动员，由该队员受罚，如果不能识别造成犯规的运动员，受罚队的领队或教练可通过场上队长指定队内任何一名犯规时在场上的运动员去受罚。

6.1.3　大罚

A. 任何运动员，包括守门员，受到大罚处罚时，应退场到更衣室，所受的 5 分钟大罚由其他替补队员代替他受罚。

B. 任何队员或守门员被判大罚时还应被判一个严重违例。

C. 当双方运动员在同一次比赛停止同时各被判同样时间的处罚（包括大罚和取消比赛资格）时，双方同样数目的替补运动员即进场代替他们比赛。这种处罚不属于暂缓处罚的范围。

D. 当双方同时犯规被判大罚或取消比赛资格立即替补的规定适用时，但又有被判时间不同的处罚时，引起总受罚时间不同的处罚应由受罚运动员按正常方式并首先受罚，引起总受罚时间不同的处罚应执行 6.1.2 小罚和 6.2.2 暂缓处罚的规定。任何代替引起总受罚时间不同的处罚而去受罚的人必须是犯规队当时在场上的运动员。

6.1.4　违例

A. 运动员（守门员除外）受到违例处罚时，应离场受罚 10 分钟，但允许另有运动员立即上场替补。受违例处罚完了的运动员，须在受罚席等到比赛停止时再上场。

B. 守门员受到违例处罚时，由犯规当时在场上的其他同伴代替他去受罚，这名运动员由该队领队或教练通过场上队长去指定。

C. 一名运动员同时被判一个小罚和一个违例处罚时，受罚队应立即派一名替补运动员到受罚席受小罚，并不得改变。违例处罚将从小罚结束时开始。

6.1.5　严重违例

A. 受“严重违例”处罚的运动员，将被停止参加该场剩余时间的比赛，并离开退场到更衣室，但允许另有运动员立即替补。对他的处罚要报告给中国轮滑协会以便采取进一步的处罚（见 8.2A 款）。如果对该犯规运动员还有其他时间处罚的话，该队领队或教练通过场上队长去指定一名犯规当时在场上的其他同伴代替他去受时间的处罚。

B. 守门员犯规受严重违例处罚，由该队的一名运动员或替补守门员上场代替他比赛。

如果是运动员应允许其 10 分钟时间穿戴全部守门员的装备。

C. 受严重违例处罚的运动员，无论何时被判罚，在记录表上都要给该运动员记 10 分钟。

注：对严重违例犯规的跟踪处理由赛会组委会负责，中国轮滑协会批准。

6.1.6 取消比赛资格

A. 受取消比赛资格处罚的运动员不准在比赛的剩余时间里参赛，应立即退场至更衣室。该队应立即派一名运动员到受罚席受 5 分钟的处罚。不管对方射中球门与否，该处罚不能自动解除。

B. 守门员犯规受取消比赛资格处罚，由该队的一名运动员或替补守门员上场代替他比赛。如果是运动员应允许其穿戴全部守门员的装备，可给 10 分钟时间穿戴守门员装备。但根据各单独条款所判的处罚仍要执行，包括取消比赛资格。这些处罚由犯规队的领队或教练通过场上队长指定一名犯规当时在场上的运动员去代替他受罚。

C. 对所有取消比赛资格的处罚，不论何时被判罚，或按规定增加了什么处罚，对每个犯规运动员应记录 5 分钟。

6.1.7 附加处罚

A. 任何队员或守门员在同一场比赛中第三次被判罚，应再增判一个违例的处罚。小罚、双方同时犯规的处罚，以及被缓判因被射中球门而取消的处罚都包括在内。

注：该运动员将应由一名替补运动员为他受小罚，而他本人要受全部 12 分钟的处罚。

B. 任何受到附加违例处罚的队员在该场比赛又受到处罚时，应受到开除该场比赛的处罚。

C. 任何运动员在一场比赛中第三次被判杆上犯规，对该运动员还应加判开除该场比赛的处罚，使其被罚退出该场比赛。一名替补运动员将替他受被判的处罚。杆上犯规包括：用杆击打、高杆、横杆推阻、杆柄杵人、杆刃刺人。

注：开除该场比赛的处罚是该犯规队员退场到更衣室，不能参加该场剩余时间的比赛。由同队其他队员代替他到受罚席受第三次被判的处罚。

D. 任何队员或守门员在一场比赛中受到第二次违例处罚时，还应对他加判严重违例的处罚。

6.1.8 罚点球

A. 遇有犯规判罚点球时，要按下列方式进行：

注：判罚点球的 5 项条件是：

被犯规的队员必须控制球

运球越过中线

除守门员外没有其他对方队员需要越过

必须是被从背后的犯规所影响

失去了合理的得分机会。

- 除了执行罚球的运动员以外，罚点球时其他运动员要全部回到运动员席去。
- 在判罚点球时，受罚队的守门员已下场由另一名运动员替补，可允许其在罚点球之前回到场上。
- 裁判员应通过宣告员宣布由裁判员指定的或罚球队选派的执行罚点球运动员的

姓名。

● 当判罚点球是根据非法加入比赛、投扔球杆、从背后犯规时，裁判员应指定由被犯规涉及的运动员执行罚球。当判罚点球是根据球门区内压球、从球门区内拿起球时，应由非犯规队队长从犯规队当时在场上的运动员中选派一名运动员执行罚球。

● 如果由于受伤的原因被裁判员指定的运动员在合理的时间内不能执行罚球时，应由该队队长从犯规当时在场上的运动员中选派一名运动员执行罚球。

● 这个由该队队长选择的运动员应报告给裁判员并不得改变。

● 如果判罚点球被犯规涉及的运动员在同一次比赛中也犯了规，不论在判罚之前或之后，他应先执行罚球而后去受罚。

● 裁判员将球放在中心开球点上，罚球运动员根据裁判员的哨音开始去攻对方的球门。

● 守门员在裁判员吹响哨前必须留在球门区内。罚球运动员控制球后必须保持球向对方球门线方向前进，并一次射门结束罚球。如果守门员在罚球运动员触球前离开球门区，而该队员又没有罚中球门，应让该运动员重新罚球。

● 任何性质的反弹回的球再射门都无效，球一旦越过球门线罚球就算结束。守门员可以用任何方式阻止射门，但不得投扔球杆或其他物件，违者判射中一球。

注：球从守门员身上反弹入门，进球有效。

B. 如果罚球时对方运动员（守门员除外）对罚球运动员进行干扰，不管进球与否都判射中一球。罚点球所占的时间不包括在规定的比赛时间或决胜局的时间内。

C. 罚点球射中球门时，应在开球点上争球，未射中球门时，应在罚球区域内的端区争球点上争球。

D. 如果招致判罚点球的犯规只够判小罚，则不管罚球射中与否，小罚免予处罚。

E. 如果这个招致判罚点球的犯规达到判大罚或取消比赛资格的程度，这样的处罚仍应执行。

F. 如果裁判员示意犯规缓判时比赛结束，但造成判罚点球的犯规是发生在实际比赛时间内，应照常判罚点球并立即执行。

6.2　处罚的管理

6.2.1　处罚情况的管理

A. 当某队场上人数只剩 3 人（包括守门员）时，此时再对该队的处罚不应使其人数再减少，这时的处罚就变为暂缓处罚。

B. 当某队由于一个或一个以上小罚或队小罚而引起“人数缺少”时，对方射中球门，则上述那些处罚中第一个受罚运动员应自动结束受罚。

注：“人数缺少”是指该队在被射中球门时，在场上的运动员数目少于对方的数目。自动结束受罚的运动员应是引起“人数缺少”的那一个（第一个）。双方犯规同时被判的小罚没有引起哪一方“人数缺少”，尽管运动员席内各有受罚运动员，但场上人数没有受到影响，因此，对双方同时犯规所判的处罚时间不会因有射中球门而缩短。这条规定也适用于罚点球得分时。

C. 当某运动员同时受一个大罚和一个小罚时，应先受大罚，除非根据规则 6.2.2 的规定小罚应先受罚。

注：这也适用于同一个运动员受两个处罚（见6.2.2款C的注）。

6.2.2 暂缓处罚

A. 如果某队已有两名运动员正在受罚，又有第三名运动员被判罚，他的受罚时间要在前两名受罚运动员之一的受罚时间结束时开始计算。但第三个运动员一经被判罚，他应立刻到受罚席去，在他的受罚时间开始之前可由另一名运动员替补他上场比赛。

B. 某队同时有3名运动员在受罚席受罚，根据暂缓处罚的规定，有一名运动员替补第三名犯规运动员上场时，在比赛停止前，谁也不能返回场内。如果比赛停止了，受罚期满了的运动员都可以返回场内。然而，由于受罚结束，该队已有权在场上超过4名运动员时，记罚计时员可以允许其按照受罚结束的顺序返回场内。

C. 在出现暂缓处罚时，裁判员应提醒记罚计时员，受罚运动员受罚结束只有在比赛停止时才能让其上场。若同一队的两名受罚运动员受罚时间同时结束，队长应向裁判员指定哪一名先进场，裁判员应通知记罚计时员。当同队的两个运动员同时被判犯规，一个是大罚，一个是小罚，记罚计时员应将小罚作为第一个处罚记录。

注：这也适用于两个处罚判给同队的不同的运动员。

D. 某队已经场上人数缺少，裁判员又对该队进行犯规缓判，此时对方射中球门，原来引起人数缺少的受罚运动员应自动结束受罚，对现在缓判的运动员应正常判罚，场上仍人数缺少。

6.2.3 双方同时犯规的处罚

A. 当双方运动员同时犯规各被判同样时间的处罚（小罚或大罚），不会引起两队人数缺少（例如4打4或3打3）。当他们被判罚，这些受罚运动员就应到受罚席去，双方队可以立即对这些运动员替补。

B. 这些受罚运动员应罚满他们的全部受罚时间，并坐到他们受罚时间结束后的第一次比赛停止。

C. 如果某队在此前已有一名运动员受罚，那么这些双方同时犯规的处罚不改变场上的人数。

6.3 处罚的判定

A. 控制球队运动员犯规应判小罚、大罚或取消比赛资格时应立即停止比赛，处罚犯规运动员。争球应在犯规队守区的争球点。

B. 非控制球队运动员犯规应判小罚、大罚、违例，或取消比赛资格时，裁判员应举起右臂表示暂缓判罚，待控制球队完成比赛或失掉球权，裁判员吹哨立即停止比赛，处罚犯规运动员。争球应在犯规队守区的争球点。

C. 如果缓判的是小罚，非犯规队射中球门，这个小罚将不予处罚，但大罚和取消比赛资格仍按正常方式处罚，而不管射中球门与否（处罚应由记录员记录）。

注：这款中的“控制球队完成比赛”是指球必须被对方运动员或守门员控制或掌握，或者球被双方挤住，而不是指球从守门员处、球门或界墙弹离，或偶然接触了对方运动员的身体或装备。

D. 如果裁判员已示意缓判，在他鸣哨前，非犯规队由于自己运动员的动作使球进入自己的球门，则进球有效，裁判员表示缓判的犯规照常处罚。

E. 某队由于一个或几个小罚、队小罚而人数缺少，裁判员又对该队示意小罚的缓判，在他鸣哨前非犯规队射中球门，缓判的小罚应处罚，但正在受罚的小罚中的第一个应自动结束受罚（6.2.1 B）。

F. 无论在裁判员鸣哨之前还是之后，该犯规运动员在同一次比赛中又犯了规，他应连续受所有这些犯规的处罚。如果某运动员被缓判一个小罚，但在裁判员吹哨前对方射中球门，该小罚将不予处罚，但这个犯规应记录在该运动员的犯规总数里。如果缓判的是大罚，应正常处罚。

6.4 处罚的执行

6.4.1 常规

A. 任何队员或守门员在比赛进行或停止时犯规，都应像在比赛进行中一样对其进行处罚。

B. 除非受罚时间结束，或半场或全场比赛结束，受罚运动员不能离开受罚席，也不能因任何其他原因离开受罚席。加时赛是比赛的一部分，任何受罚时间未结束的运动员必须继续受罚。所有受罚运动员必须在受罚席内坐到他们的受罚时间结束。

C. 当受罚运动员的受罚时间结束，或因该队被射中球门而结束受罚，在他被替补前他必须先回到场上去。

D. 当双方同样数目的运动员同时犯规各被判同样数目的小罚时，这些受罚运动员应在受罚席坐到他们受罚时间结束后的第一次比赛停止。当他们一被判罚，双方同样数目的替补运动员即进场代替他们比赛。这种处罚不属于6.3 暂缓处罚的范围。

E. 当双方同样数目的运动员同时犯规各被判同样时间的处罚时，这些受罚运动员应在受罚席坐到他们受罚时间结束后的第一次比赛停止。当他们一被判罚，双方同样数目的替补运动员即进场代替他们比赛。这些处罚不属于暂缓处罚的范围。规则 6.2.2 或6.1.4。

6.4.2 抗议

A. 对处罚的抱怨不属于“规则解释”的问题，任何队长、副队长和其他运动员对判罚进行抱怨的行为应被判违例。

B. 任何队长、副队长或运动员离开运动员席来抗议或以任何目的来干涉裁判员的行为必须判违例。

6.4.3 非法装备

A. 队员，包括守门员在比赛中使用不符合规则 3.2.2 规定的球杆应被判小罚。

B. 任何队员穿着不符合规则 3.2.3 规定的轮滑鞋上场比赛，应被判小罚。在他没有更换或修理轮滑鞋使其符合规定前不得再上场参加比赛。

C. 任何队员穿戴不符合规则 3.2.4 规定的护具参加比赛应被判小罚。

D. 守门员使用或穿戴非法装备应被判小罚。

E. 比赛进行中守门员的头盔脱落，裁判员应立刻停止比赛，不予处罚，除非裁判员认为守门员是故意使头盔脱落以造成比赛停止，这种情况在不构成判罚点球的条件下应对其判小罚。守门员的其他装备脱落时不应停止比赛。

F. 当裁判员对使用不符合规则 3.2.7 规定有关保护装备的运动员一次警告之后，再犯时应对其判小罚。

6.4.4 争球

A. 对在争球时做引起双方身体接触的动作的队员应判小罚。

B. 对某队在同一次争球中第二次违犯规则 5.5.1 款规定的队员应按延误比赛判小罚。

6.4.5 整理服装和装备

A. 对违犯规则 5.5.3 款规定调整服装和装备的队员应按延误比赛判小罚。

注：如果运动员在比赛进行中头盔掉了，他必须马上拾起头盔戴好系牢，或者立刻回到队员席被替换。如果他参加了比赛，应立刻停止比赛，判该队员小罚。

注：然而，得到裁判员允许的守门员可以整理或修理服装、装备、鞋和滑轮。在得到裁判员允许时，守门员还可以更换他的面罩，但不允许用时间来修理或固定面罩。

6.4.6 运动员的替换

A. 对违犯规则 5.5.4 款中任何规定的队员应判队小罚，由该犯规的队员去受罚。

B. 在换人的过程中，无论是进场的运动员还是离场的运动员故意用球杆、轮滑鞋、手打了球，或与对方运动员进行身体接触，而离场或进场的运动员实际还在场地内时，应按“场上多人”判该队小罚。然而，如果进场或离场的运动员是意外的被球打中，不应对其判罚，比赛也不应停止。

C. 如果在比赛的最后 2 分钟或加时赛中，守队有意进行非法替换（场上多人），应由非犯规队罚点球，而不执行队小罚。

6.4.7 守门员犯规的处罚

A. 守门员以任何方式越过中线参加了比赛，应判小罚。

B. 当守门员的身体完全离开了守门员的特权区域，或球在球门线后时守门员的身体完全离开了球门区，故意摔倒压球，握球，将球抓或搂向身体，或将球向界墙挤住，应对其判小罚。

C. 当没有对方队员在附近时，守门员用手握球超过 3 秒钟，应被判小罚。

D. 守门员不能以任何方式故意握球使裁判员认为其目的是造成比赛停止的行为，也不能故意将球放到护腿里或球门网上面，不能有在球门前或其附近堆积障碍物等裁判员认为可以阻挡球入门的行为。

注：本款规定的目的是保持比赛顺利进行，守门员的任何行为造成比赛不必要的停止，不必警告，必须判罚。

注：守门员向前方投扔球被对方运动员获得，裁判员应允许比赛继续进行。如果是被同队队员获得，应停止比赛进行争球。允许守门员用手给自己的同伴传球，但必须是向自己特权区域的外面（两侧）或球 门侧面球门线以后。

E. 守门员故意将球放到球门网上面造成比赛停止，应被判小罚。

F. 当守门员离开了他的球门区附近参加了争执，应判严重违例。

注：对守门员的处罚，无论由谁代替他受罚或谁替换他，在记录表上都记在守门员名下。

6.4.8 移动球门

A. 运动员（包括守门员）故意将球门移动离开它的正常位置，应按延误比赛判小罚。

B. 如果上款的情况出现在全场比赛的最后 2 分钟或加时赛，应判罚点球。

6.4.9 侮辱比赛工作人员和其他不良行为

A. 根据裁判员的判断，对侮辱比赛工作人员和其他不良行为的运动员可以判小罚或违例。

注：执行这条规则的时候，在许多情况下，裁判员对判“小罚”“违例”或“队小罚”可予以选择。原则上对出现在靠近运动员席或运动员席中脱离了比赛的运动员身上，影响了没参加比赛的人或运动员的这类犯规，应判“队小罚”。

注：对在场上的运动员可判小罚或违例。对在场上的队员或受罚席里受罚的队员，容易确定是谁犯规的，应对其判“违例”。

B. 对在裁判员到达捡球地点时故意将球击开的运动员，应判违例。

C. 对无论何时用球杆或其他装备猛敲界墙或球门的运动员判违例。

D. 运动员受罚后不立即前往受罚席应被判违例。一个运动员卷入打架或吵架被拆散并被罚时，没有立即去受罚席，或坚持及企图继续打架或吵架，或反抗裁判员执行他们的职责，应判严重违例。

E. 经裁判员一次警告后，任何坚持错误（包括用威胁、辱骂的语言或手势或类似的动作）、企图激怒对方使其犯规而受罚的行为的运动员应判严重违例。

F. 任何代表队领队、教练、训练员以及相关人员发生无论何种类型的不良行为犯规，应判将其从比赛场馆中驱逐出去，他的行为应报告给中国轮滑协会。

G. 如果任何领队、教练或训练员被裁判员命令离开运动员席，他也不能坐在他的运动员席附近，不得以任何方式指导或企图指导他的队的比赛。

H. 如果某队的运动员对任何人或任何裁判员使用肮脏的、不尊敬的以及骂人的语言，应判违例。

I. 比赛进行或停止时，任何运动员、领队、教练或训练员在运动员席或受罚席及附近向场内投扔任何东西，应判严重违例。

J. 任何运动员、领队、教练或训练员以任何方式干扰比赛工作人员，包括裁判员、计时员或监门员执行其工作职责时，应判严重违例。

注：根据这条规则裁判员如果认为有正当理由，可对其进一步处罚。

K. 当裁判员在进行报告或与比赛工作人员，包括计时员、记罚计时员、记录员或宣告员商讨事情时，任何运动员进入裁判区应判违例，但如果他是为了到受罚席去受罚时除外。

L. 任何队员或队的官员对裁判员的判定进行争论或有不符合运动员道德的行为，应对其判队小罚。对坚持争论的队员或守门员应判违例，对更进一步争论的队员或守门员应判严重违例。如果队的官员在被判队小罚后坚持争论，应判严重违例。裁判员在判违例或严重违例之前不是必须先判小罚，但他可以在最初时判这些处罚中的任何一种。

注：如果已经因不良行为被判罚的队员坚持他的行为，应判他特别严重违反纪律。可以他扰乱比赛秩序或把比赛带入争吵判罚他。

6.4.10　企图伤人

A. 运动员以任何方式企图伤害对方运动员、裁判员、领队、教练或训练员，应判取消比赛资格，并将情况报告给中国轮滑协会以便进一步处理。受罚运动员在 5 分钟以后允许被替补。

6.4.11　球杆折断

A. 运动员或守门员球杆损坏后，立即丢下坏杆可以参加比赛，违者应判小罚。

B. 运动员或守门员球杆折断不能接受从球场任何处投扔到场地上的球杆，而必须是从他的运动员席处取得球杆。根据本条规则非法取得球杆的运动员或守门员将被判小罚。对向场地内投扔球杆的运动员应判小罚加严重违例。如果不能确认是哪个运动员，应对该队判队小罚。

C. 守门员也不能使用坏杆继续比赛。

注：坏杆是指裁判员认为不适合在正常比赛中使用的球杆。

6.4.12 非法冲撞

A. 运动员助跑或跳起冲撞对方或袭击对方，根据裁判员的判断，可判小罚或大罚加严重违例。

B. 当守门员在球门区内时，运动员对其冲撞应判大罚加严重违例。根据裁判员的判断，如果冲撞的运动员是对正常防守的守门员进行身体接触和干扰，那么在接触之前或之后的进球都判无效。

注：当守门员在球门区外时，对方运动员对其进行不必要的接触，应按干扰或非法冲撞判罚（小罚或大罚加严重违例）。

6.4.13 向界墙撞人

A. 运动员用身体冲撞、横杆推阻、肘顶、非法冲撞或绊的方法使对方猛烈摔到界墙上，应判小罚或者裁判员视其猛烈程度判大罚加严重违例。

注：对运球的运动员做不必要的接触使其被摔到界墙上应按“向界墙撞人”判罚，对没有接触到界墙的情况应按“非法冲撞”判罚。

注：使沿界墙运球、努力从非常狭小的空当中通过的运动员“翻车”，不算向界墙撞人，但如果对方不是运球者则被认为是向界墙撞人、非法冲撞或干扰犯规，如果是用臂或球杆造成的应按抱人、钩人处罚。

6.4.14 横杆推阻

A. 运动员用横杆推阻对方，应判小罚，或者根据裁判员的判断，可判大罚加严重违例。

B. 运动员用横杆推阻对方在球门区内的守门员应判大罚加严重违例。

C. 运动员用横杆推阻使对方受伤，应判大罚加严重违例。

注：“横杆推阻”是指用双手握全部离开地面的球杆做推阻动作。

6.4.15 故意伤害对方

A. 运动员以任何方式故意伤害对方应判取消比赛资格。

B. 从判取消比赛资格时开始，经过 5 分钟的比赛时间后方可对被判罚的运动员进行替补。

C. 运动员踢或企图踢对方运动员身体的任何部分或轮滑鞋，应判取消比赛资格。

注：所有这些情况应报告给中国轮滑协会。

6.4.16 延误比赛

A. 不允许运动员或守门员用故意射或打球出界的方式延误比赛。对将球扔出界外的运动员或守门员，裁判员应立即判小罚而不必经过警告。

B. 当裁判员警告队长或副队长，要求他们纠正场上人数和开始比赛，而他们没有执行裁判员的要求，并以增加替补运动员或任何其他方式延误比赛，应判该队队小罚。

6.4.17　肘顶人和膝顶人

A. 对用肘或膝顶对方的运动员，应判小罚，或者根据裁判员的判断，可判大罚加严重违例。

B. 对用肘或膝顶人致使对方受伤的运动员，应判大罚加严重违例。

6.4.18　摔倒压球

A. 运动员（守门员除外）故意摔倒在球上或把球搂住，应判小罚。

注：如果由于防守运动员跪下阻挡射球而球射到他的下面，或打进他的服装或装备里，不应处罚。但是任何用手使球无法比赛时，应立刻判罚。

B. 球在球门区内时，守队运动员（守门员除外）不得摔倒在球上或抱球，或把球搂住、握住。违反了这个规则，比赛应立刻停止，并判罚点球。如果此时守门员因被替换而不在场上，不应判罚点球，而是直接判射中得分。

6.4.19　打架

A. 打架的定义是运动员用拳击打对方并实际接触了对方。

注：推、搡、抓、拽是可以判罚的犯规，但根据这个定义可以不认为是打架。

B. 对首先开始打架的运动员判大罚加严重违例。

C. 被打的运动员还击或企图还击应判小罚，如果这些运动员继续进行打架，裁判员可视情况判大罚或双重小罚。

注：这条规则给裁判员提供了很宽的处罚范围，使他能对程度明显不同的参加者的处罚有所区别，无论在斗殴中是开始的还是继续斗殴的，裁判员对上述权力应确切执行。

注：裁判员应利用规则的每一条款去制止吵架，并执行6.4.9款来达此目的，但双方同时被判大罚时除外。

D. 对参与离开比赛场地的打架或与场外的运动员打架者，应判严重违例。

E. 对第一个介入打架的场上运动员或守门员应判严重违例。

注：运用6.4.19E时必须得有一名队员被判大罚加严重违例。

F. 对故意摘掉头盔去参与打架，在其应判的处罚外再加判特别严重违例。

注：如果被判该处罚的运动员所在的队下一场轮空，这个处罚可以延至该队的下下场比赛执行。

注：受罚队应派一名运动员到受罚席，该队应场上人数缺少一个大罚的时间。

G. 参与打架的运动员如果手上戴戒指或缠了胶带，以获得优势或致对方受伤，应判取消比赛资格。

H. 任何运动员因打架被判大罚加严重违例，将自动被取消他该场比赛的剩余时间和参加该队下一场比赛的资格，除非规则另有规定。

6.4.20　用手运球

A. 运动员（守门员除外）故意合闭手或手套握球，应停止比赛并判小罚。

B. 任何运动员（守门员除外）在比赛进行中用手拿起地面上的球，应判小罚。

C. 允许运动员用张开的手停或击腾空球，或用手沿地面推球，比赛可不停止，除非根据裁判员的判断他是故意将球导给同队的运动员，这种情况下应停止比赛，在犯规地点争球。

D. 允许守门员用手向场地的侧面传或滚球，但不允许向对方的球门方向传、扔、滚球。守门员可以按照附图标注的区域给自己的队员用手传球，裁判员不应判手传球停止比赛。

E. 队员在攻区内手传球，应在中心争球点争球。在守区内手传球，应在传球起点一侧的端区争球点争球。

注：这款规定也是为了保证比赛的连续性，裁判员不应停止比赛，除非他认为传球给同队运动员是故意的。不得用手击球直接或间接入门，只要最后打球是用手，无论是从哪弹入门内都无效。唯一的例外是用手打球的人如果是守队队员，球入门内应判有效。

6.4.21　高杆

A. 禁止运动员将球杆刃举过肩部的正常高度。

B. 不准举杆过肩击腾空球，发生这种情况时应鸣哨，在犯规地点争球，但下列情况除外：

a. 守队运动员这样击球后球为对方获得，比赛应继续进行；

b. 守队运动员这样击球入自己的球门，应判进球有效。

C. 如果挥舞高于肩部的球杆打靠近对方运动员的球时，应按高杆判小罚。

例外：对这款规定例外的情况：当运动员在头上将球杆从一手换到另一手时，可以击球，但以对其他运动员没有危险为条件。

注：在大力击球动作的开始和结束时球杆刃可以高于肩的水平。

注：判高杆处罚时不必是接触着对方才判，但必须是对方运动员距离非常近时才能判。

D. 如果运动员将球杆刃举过对方肩部的正常高度时与对方接触或恫吓对方，应判小罚，或者根据裁判员的判断，也可判大罚加严重违例。如果造成对方受伤，应判大罚加严重违例。

E. 如果运动员握杆的任何部分高于肩部，伤及了对方运动员的头或脸部，应判大罚加严重违例。

F. 场上人数多于对方的队的运动员举杆过肩击球而使比赛停止，争球应在犯规队守区争球点进行。

6.4.22　抱人

A. 用手、腿、脚或球杆，或任何其他方式抱对方运动员，应判小罚，或者根据裁判员的判断，可判大罚加严重违例。

B. 抱人动作的后果致使对方受伤，应判大罚加严重违例。

6.4.23　钩人

A. 用球杆的无论哪端钩人，阻碍或试图阻碍对方运动员前进，应判小罚，或者根据裁判员的判断，可判大罚加严重违例。

B. 由于钩人致使对方受伤的运动员应判大罚加严重违例。

注：当运动员阻截其他人时，只是球杆对球杆的接触，这样的动作不算是钩人或抱人，他可以将对方的球杆压转下来。

6.4.24　干扰

A. 对干扰或阻碍对方非控制球运动员的前进，或有意打落对方手中的球杆，或阻碍对方拾起球杆，或向对方运球者打、射任何掉落的或折断的球杆、非法的球或其他物件，使其分散注意力的运动员应判小罚，或者根据裁判员的判断，可判大罚加严重违例。

注：最后触球的运动员（守门员除外）应被认为是控制球的运动员。在执行本《规则》时，裁判员应确定干扰的引起者——经常是攻队运动员的动作引起干扰，因为守队运动员有权防守他的区域或紧逼进攻运动员。不允许控制球的一方为掩护带球运动员而有意阻扰对方。

B. 比赛进行中如果运动员席或受罚席上的运动员用球杆或身体干扰球或运动员，应判小罚加严重违例。

C. 除了球已在球门区内时以外，任何运动员用身体或球杆与对方球门区内的守门员发生直接接触，干扰或妨碍了守门员的行动，应判小罚。

D. 球不在球门区内时，不允许攻队运动员站在球门区线上或球门区内，或将球杆放在球门区内，若出现这种情况时射中球门应判无效，在中心争球点争球。

E. 正当进攻运动员由于受守队运动员的身体干扰而在球门区内时，此时射中球门应判有效。

F. 如果当某队守门员离场时，该队任何非法上场的人，包括领队、教练或训练员，用身体或球杆或其他物件对球或对方运动员进行干扰，裁判员应立刻判非犯规队射中得分。

注：对非控制球的运动员进行不必要的接触都应按干扰处罚。

注：裁判员应特别注意以下三种类型应判为干扰的犯规：

1. 守队在自己的端区控制球时，该队其他运动员排列阻截干扰对方来抢球的人以掩护运球运动员。

2. 争球运动员争球后，在对方运动员没控制球时对其进行干扰。

3. 运球运动员在留传后，用身体接触对方进行干扰。

注：所有攻方和守方运动员都企图和可以在门前占据位置，由此而发生偶然的接触不应认为是干扰或不必要的粗暴。然而，如果某运动员跑向并接触了对方，或使用身体冲撞，裁判员根据判断，可对其按干扰、非法冲撞或不必要的粗暴判小罚。

6.4.25 观众干扰

A. 如果观众将运动员抱住或干扰了运动员，裁判员应吹哨停止比赛，如受干扰的队正在控制球，应允许该队完成比赛后吹哨。争球应在比赛停止的地点进行。

注：运动员与观众吵架，无论当时对其处罚与否，裁判员应向主办单位报告情况以便给予可能的纪律制裁。

如果观众向场上投扔物件而干扰了比赛，裁判员应停止比赛，并在比赛停止的地点争球。

6.4.26 从背后冲撞

A. 运动员在场地的任何地方从背后推、身体冲撞或打击对方运动员，应判大罚加严重违例。

B. 运动员从对方运动员背后用高杆、横杆推阻、身体冲撞、打击或推等任何方式，使对方运动员摔到界墙或球门上，使该运动员无法保护或防护自己，对此应判取消比赛资格。

注：当运动员受到从背后以任何方式来的冲撞时，裁判员不能以其他处罚来代替此条规定的处罚，这条规则必须严格地得到执行。

6.4.27　离开运动员席或受罚席

A. 除非每局结束或受罚时间结束，任何运动员不得离开受罚席。

B. 不论比赛是停止还是进行，运动员在他的受罚期满之前离开受罚席，应加判小罚，在原受罚期满后立刻执行。

C. 如果受罚运动员在他受罚期满前离开受罚席，记罚计时员应记下时间并在下次比赛停止时通知裁判员。运动员受罚未结束而回到场上是由于记罚计时员的错误时，不应对其判罚，他只需罚满未罚完的时间。

D. 受罚运动员在受罚未结束前离开受罚席（不管是谁的错误），非法进入场地，当他在场上时该队射中球门，应判无效，对所有应判的处罚仍应执行。

E. 任何时候运动员不得离开运动员席或受罚席去加入吵架。吵架之前替换运动员是允许的，但替换的运动员不得加入吵架。

F. 对在场上吵架期间第一个离开队员席或受罚席的队员应判双重小罚加严重违例。

G. 如果双方运动员同时离开队员席，应识别出两队各自的第一个离开的队员，判他们双重小罚。根据这条规则对任何离开队员席的运动员都可以判严重违例，再加上他们可能招致的其他处罚。

H. 受罚运动员在比赛停止期间离开受罚席并加入吵架，应判小罚加严重违例，在原受罚期满后立刻执行。

I. 如果有运动员从运动员席上非法加入比赛，在他在场上时该队射中球门应判无效，对所有应判的处罚仍应执行。

6.4.28　攻击工作人员

A. 任何运动员触及或抱裁判员或比赛工作人员，或用手或球杆绊，或用身体冲撞裁判员或比赛工作人员，应判取消比赛资格。对此处罚可按规定进行替补。

B. 任何领队、教练或训练员抱或打比赛工作人员，应判取消比赛资格。

6.4.29　猥亵性语言或手势

A. 运动员、领队、教练、训练员如有下列行为应被判严重违例：

◆ 在场上或赛场的任何地方对任何人使用猥亵性语言或手势，包括丑化比赛和种族歧视的评论。

◆ 对裁判员的判决进行争论或表示不敬。

◆ 败坏比赛的声誉。

注：所有比赛工作人员和队的工作人员都有责任向中国轮滑协会送交报告，写明有关运动员、教练或其他队的官员使用猥亵性语言或手势的详细情况，中国轮滑协会应对其进行进一步的处罚。

6.4.30　用杆击打

A. 运动员用球杆击打对方，以阻碍或企图阻碍对方运动员的行进，裁判员可视情况判小罚或大罚加严重违例。任何运动员追赶对方运球运动员时球杆与对方身体的接触将被认为是用球杆打人。

B. 运动员用球杆击打对方致使对方受伤者，应判大罚加严重违例。

注：运动员向对方挥舞球杆（无论在距离之内还是之外），不管触及对方与否，或者运动员借口打球而乱舞球杆，以此恐吓对方，都应按“用球杆击打”处罚。

C. 运动员在与另一个运动员吵架时挥舞球杆触及了对方，应判取消比赛资格。这将被认为是故意去伤害对方。

D. 任何非控制球的运动员不能用球杆与对方守门员接触，否则即被认为是用杆击打犯规而被判罚。

注：除非规则另有规定外，裁判员应对违反本条规则的队员正常处罚，并把违反这条规则的情况向中国轮滑协会报告。

6.4.31　用杆刃刺人和用杆柄杵人

A. 运动员用杆刃刺人或企图用杆刃刺人，用杆柄杵人或企图用杆柄杵人，应判双重小罚。

B. 用杆刃刺人或用杆柄杵人致使对方受伤者应判取消比赛资格。这应象 6.4.15 故意企图伤害对方一样对待。

注：用杆刃刺人是指用一手或两手握杆，用杆刃的尖去刺对方。用杆柄杵人是指用一手或两手握杆，用杆柄后端头去刺对方。

注：“企图用杆刃刺人”包括所有做出来的刺人动作，不管实际接触对方与否。

6.4.32　投扔球杆

A. 任何队员或非比赛人员，从队员席或受罚席向场上投扔球杆或其他物品，应判队小罚加严重违例。如果不能确定是哪个运动员，只对该队判队小罚。

B. 任何场上运动员，在任何区域里投扔球杆、球杆的损坏部分，或其他物品，应判大罚加严重违例。如果这个行为被判罚点球时除外。

C. 如果对方的守门员已离场（例如被合法替换），攻队队员没有其他对方队员需越过时遭到投扔球杆或物品的干扰，失去对空门的得分机会时，应判射中一球。

注：如果运动员向场地边上扔打坏的球杆而又没有越过界墙，没有干扰比赛和对方运动员，不应判罚。裁判员应将运动员向场外投扔球杆或坏杆的事件向中国轮滑协会报告，以便采取纪律处罚。

6.4.33　绊人

A. 用球杆、膝、足、臂、手或肘去绊对方运动员或使对方摔倒时，应判小罚，或者根据裁判员的判断，可判大罚加严重违例。

注：裁判员如确认某运动员是为了钩挡球而夺得了球时，因此绊倒了对方运球运动员，应不予处罚。

B. 用球杆、膝、足、臂、手或肘去绊对方运动员并使对方摔倒而受伤，应判大罚加严重违例。

6.4.34　粗暴

A. 任何运动员有粗暴行为，应判小罚，或者根据裁判员的判断，可判大罚加严重违例。

B. 如因粗暴犯规的结果使对方运动员受伤时，应判该粗暴运动员大罚加严重违例。

注：这不包括双方去追球而有身体接触的运动员，或挤压对方使其丢球，或接触了对方的头，只要是设法得球，可不认为是粗暴。然而，这不适用于那些非控制球的运动员使

自己的身体抛向对方以此得球。

注：当对方运动员与控制球运动员有不必要的接触都应判为不必要的粗暴。

6.4.35　判罚点球和射中

A. 攻队控制球的运动员正处在他与对方守门员之间没有阻碍者的情况下，受到对方非法加入比赛的运动员的干扰，应判罚点球。

B. 如果对方守门员已离场，攻队运动员进攻没人防守的球门时被非法加入比赛的人干扰，应判射中一球。

C. 如果对方守门员已离场，攻队控制球运动员没有对方运动员需越过，受到对方运动员投扔的球杆或坏杆的干扰，或受到从后边来的犯规的侵犯，阻碍了他对空门的清楚的射门，应判射中一球。

D. 比赛进行中队员（守门员除外）将球门区内的球用手拿起来，应立刻停止比赛，判罚点球。

E. 比赛进行中球在球门区内时，守队队员（守门员除外）摔倒在球上，握住球，或将球搂到身体下，应立刻停止比赛，判罚点球。

注：对这条规则的解释是当球在球门区内时判罚点球，当球在球门区外时应判小罚。

F. 如果队员（包括守门员）故意移动球门以阻止对方突破队员的得分机会，或对方队员的理想得分机会时，对该队应判罚点球。如果此时守门员已被其他队员替换而不在场上，应判射中一球。

G. 球在守区时，守队的运动员，包括守门员，故意向球投扔球杆或坏杆或其他物件，应允许攻队完成比赛，如果攻队未射中球门，应判由非犯规队罚点球，由裁判员指定被犯规涉及的运动员执行罚球。

H. 控制球的运动员在攻区内，除守门员外没有其他运动员需越过时，因遭到从后面来的绊或其他侵犯而失去合适的射门机会，应判罚点球。在攻队没有失掉控制球以前不要停止比赛。

注：这款规定是为了恢复在攻区内由于背后犯规而失掉的合理得分机会。“控制球”是指用球杆运球。如果在运球过程中球被另一运动员或他的装备接触或打到球门柱上弹离，这个运动员不再被认为是控制球。

I. 如果守队守门员已下场（被合法替换下场），攻队控制球队员与球门之间没有防守运动员，受到绊或其他犯规而失掉打空门的机会时，应立刻停止比赛，判射中一球。

第四章　纪律行动和抗议

7 纪　律

7.1 常　规

中国轮滑协会将通过事故报告得到有关锦标赛发生的纪律制裁情况。

交给中国轮滑协会的事故报告应是下列内容：

a）中国轮滑协会应及时调查受到取消比赛资格处罚的运动员，并有全部权利给予进一步的处罚。

b）受到取消比赛资格处罚的运动员应被取消锦标赛的余下比赛，或等待中国轮滑协会进行全部调查之后。中国轮滑协会有权利修改或调整取消比赛资格的期限。

8 制　裁

8.1　取消比赛

A. 取消比赛应根据下列原因：

● 在比赛开始时（裁判员吹哨开始比赛）某队没有派 4 名运动员和 1 名守门员穿着全部服装和装备在场上。

● 某队队长递交了不能参加某场比赛的书面报告并被赛会监督接受同意。在这种情况下对方队无须着装备和出现在赛场上，但仍算该队获胜。

● 在比赛进行中某队由于受伤或有病无法派 4 名运动员和 1 名守门员去继续比赛。

● 由于运动员受到处罚，该队不能在场上列出应有人数继续比赛。

● 当裁判员通过某队的领队、教练命令该队开始比赛时，该队没有在 5 分钟内回到场上开始比赛，应取消这场比赛，并将该事件向中国轮滑协会报告，以便给予进一步处理。

● 当两个队都在场上时，裁判员命令比赛开始，某队由于任何原因拒绝比赛，裁判员应警告队长，并限该队在 15 秒钟内开始或恢复比赛，如果 15 秒钟结束，该队仍拒绝比赛，裁判员应判该队一个队小罚，由领队或教练通过队长指定一名运动员受罚。如果同一事件重复继续，裁判员应宣布比赛取消，并将该事件向中国轮滑协会报告，以便给予进一步处理。

注：在这里拒绝开始比赛是非常严重的犯规。一般来说，我们的规则规定队伍应在 2 分钟之内恢复比赛，他们这样做了，也应该判教练一个大罚加严重违例。此外，如果拒绝比赛出现在全场最后 2 分钟或加时赛中，还应判罚点球。如果队伍没有在 2 分钟之内恢复比赛，或者第二次拒绝开始比赛，比赛应立刻被取消。对队伍和教练的进一步处罚措施将在书面报告交给中国轮滑协会之后由中国轮滑协会决定。这也适用于那些被判退场而坚持不退场的运动员或队的官员，不只是针对全队因抗议而拒绝开始比赛的情况。

B. 当出现取消比赛的事情后，得分及统计应按如下计算：

● 被取消比赛的队该场比赛得 0 分（负），对方队得 2 分（获该场比赛胜利），进球数判为 1 比 0。被取消比赛资格的队（负队）如果可以继续参加循环赛时，将为该场比赛被处罚 2 分，将从该队在循环赛中的积分中减去 2 分。

● 胜队的队长被判射中一球（这个球不能算给其他人），不判协助者。

● 无论哪个队的守门员都不统计被射、救球和失球数。

C. 一个队在一次比赛中只允许被取消比赛一场，不影响该队继续参赛的资格。如果该队被取消比赛第二场，将被取消参加余下场次的比赛资格。如果在循环赛结束以后的比赛中出现取消比赛的情况，无论是在争夺奖牌的比赛还是排名次的比赛，一次即取消该队所有余下比赛的资格。

D. 在出现某队被从比赛中开除的事件时，需改变下列统计：

1）被开除队的所有统计将被取消，包括队的得分、所有进球、协助、救球、失球、受罚时间及其他有关统计。

2）所有与被开除队比赛过的队的成绩和统计也要取消，视为没有与该队比赛过。

注：被开除队的所有被判罚时间也取消时，比赛监督或组委会对运动员的处罚将不取消。

注：主办单位应发出通报，通报被开除队的情况。

8.2 停　赛

A. 任何队员被判大罚加严重违例将自动被取消参加该场比赛的余下时间，并自动停止参加该队的下一场比赛，除非规则另有规定。

B. 如果在裁判员警告之后，运动员，教练，领队坚持继续其特别严重违例的行为，将被停赛一年或更长，由中国轮滑协会决定。

C. 在比赛开始以后，未经裁判员允许，任何教练，训练员，领队擅自进入比赛场，将被判严重违例，立刻被驱逐出场地，并被停止参加该队下一场比赛的资格。任何运动员抱或打裁判员将被取消参加锦标赛所有余下比赛的资格。

D. 任何领队、教练、训练员抱或打裁判员将被驱逐回更衣室，由中国轮滑协会决定进一步的处罚措施。

9 抗　议

9.1 抗　议

A. 场上队长如果正式向裁判员提出抗议，裁判员应立刻通知对方队的队长。其他人无权向裁判员抗议。一旦裁判员对比赛中出现的事情做了判定，这个判定是不可改变的，除非中国轮滑协会或仲裁委员会收到了正式的书面抗议及1000元人民币的抗议费，在这种情况下，中国轮滑协会或仲裁委员会将进行调查，如果支持抗议，抗议费将退回抗议一方，如果不支持抗议的内容，抗议费将没收。

B. 如果提出行政抗议（如很坏的场地条件、运动员的护具、运动员的资格等），只有在比赛开始前向裁判员提出才有效。裁判员将告知双方队长，比赛将在有抗议的情况下进行。所有的抗议必须是书面的并附有抗议费，在比赛结束前一个半小时得到中国轮滑协会的确认。如果在比赛开始前有足够的时间解决抗议的问题，此事将由中国轮滑协会直接解决。

C. 每个参赛单位都有权对锦标赛中出现的事件（武断地或其他）提出抗议。该抗议必须是书面的，并在事件结束后3小时内交给中国轮滑协会或其代表才有效。

D. 所有对裁判员判决的申诉（如A所述），必须是书面的，并在事件结束后3小时内交给中国轮滑协会执行委员会的成员，并附1000元申诉费。

9.2 上　诉

A. 对执行委员会决定的上诉应递交给中国轮滑协会代表大会。

10 循环赛决定名次的方法

10.1 循环赛的得分和打破平局而决定名次的方法

A. 在决定循环赛的名次时，两队如果比成平局，就保留平局的状态，得分按照下列方法计算：

胜队得 2 分

平局每队得 1 分

负队得 0 分

被取消比赛的队得 –2 分。

B. 循环赛的名次是按照循环赛中的积分多少排列，积分多者名次列前。如果两队或两队以上积分相同，按照下述方法决定名次：

C. 积分相同的队伍相互之间比赛胜者名次列前。

D. 如果积分仍然相同，在全部（或小组内）比赛中失球最少的队名次列前。

E. 如果仍然不能分出名次，在双方均比赛过的队中均获胜的场次中失球最少的队名次列前。

F. 如果仍然不能分出名次，在双方均比赛过的队中均失败的场次中进球最多的队名次列前。

G. 如果在采用了上述方法之后仍不能分出名次，则按照规则 1.3 E 的方法进行点球比赛来决定名次。

附录A 25m×50m场地图（图7-2）

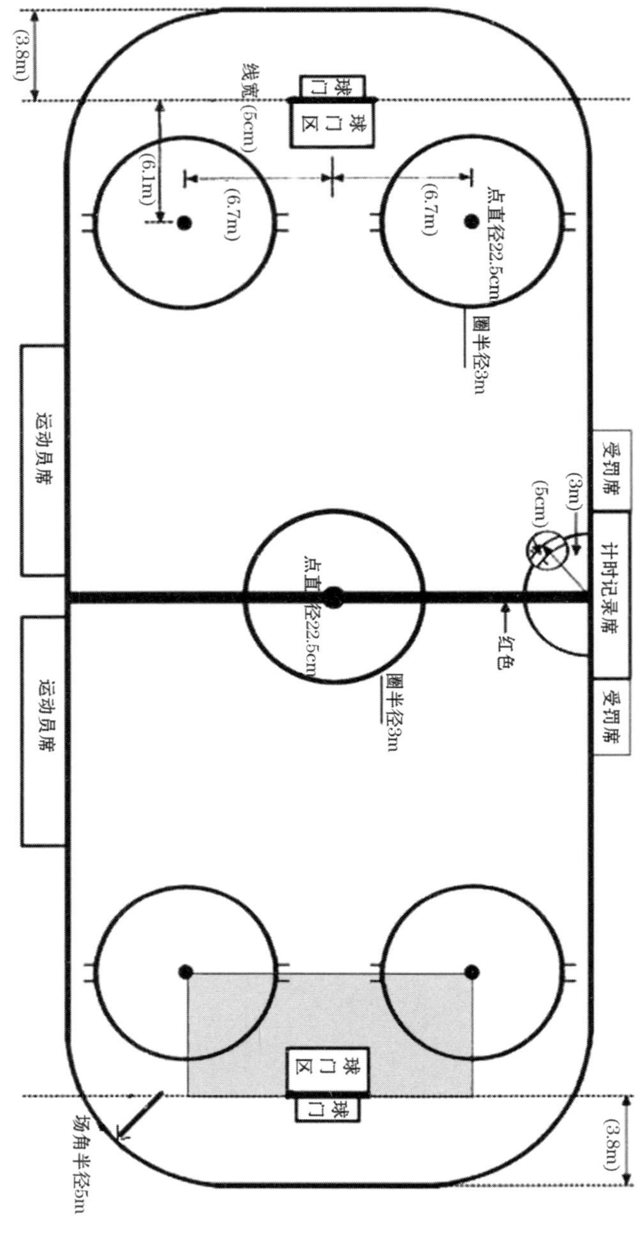

各种规格场地的场角半径和球门线至界墙距离

场地尺寸	60m×30m	50m×25m	40m×20m
场地四角的半径	6m	5m	4m
球门线至端线界墙的距离	4. 6m	3. 8m	3m

球门区尺寸图（图7-3-1）

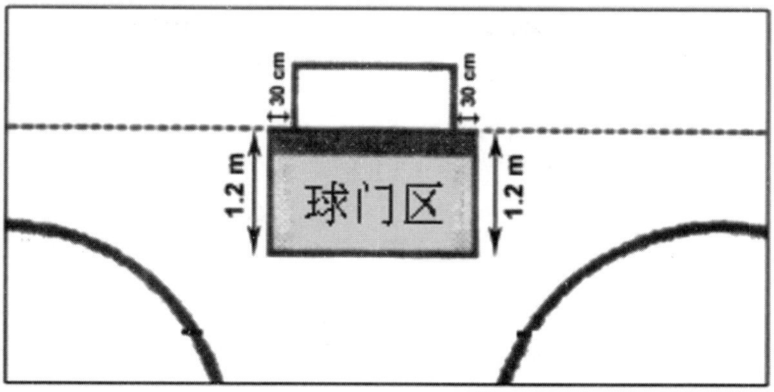

守门员合法手传球的区域（图7-3-2）

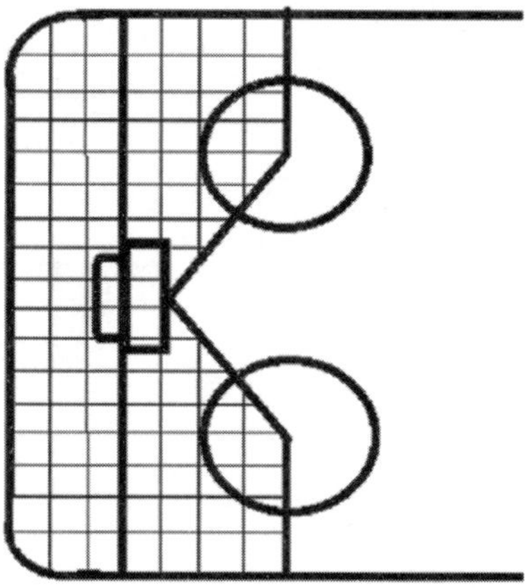

球门图（图7－3－3）

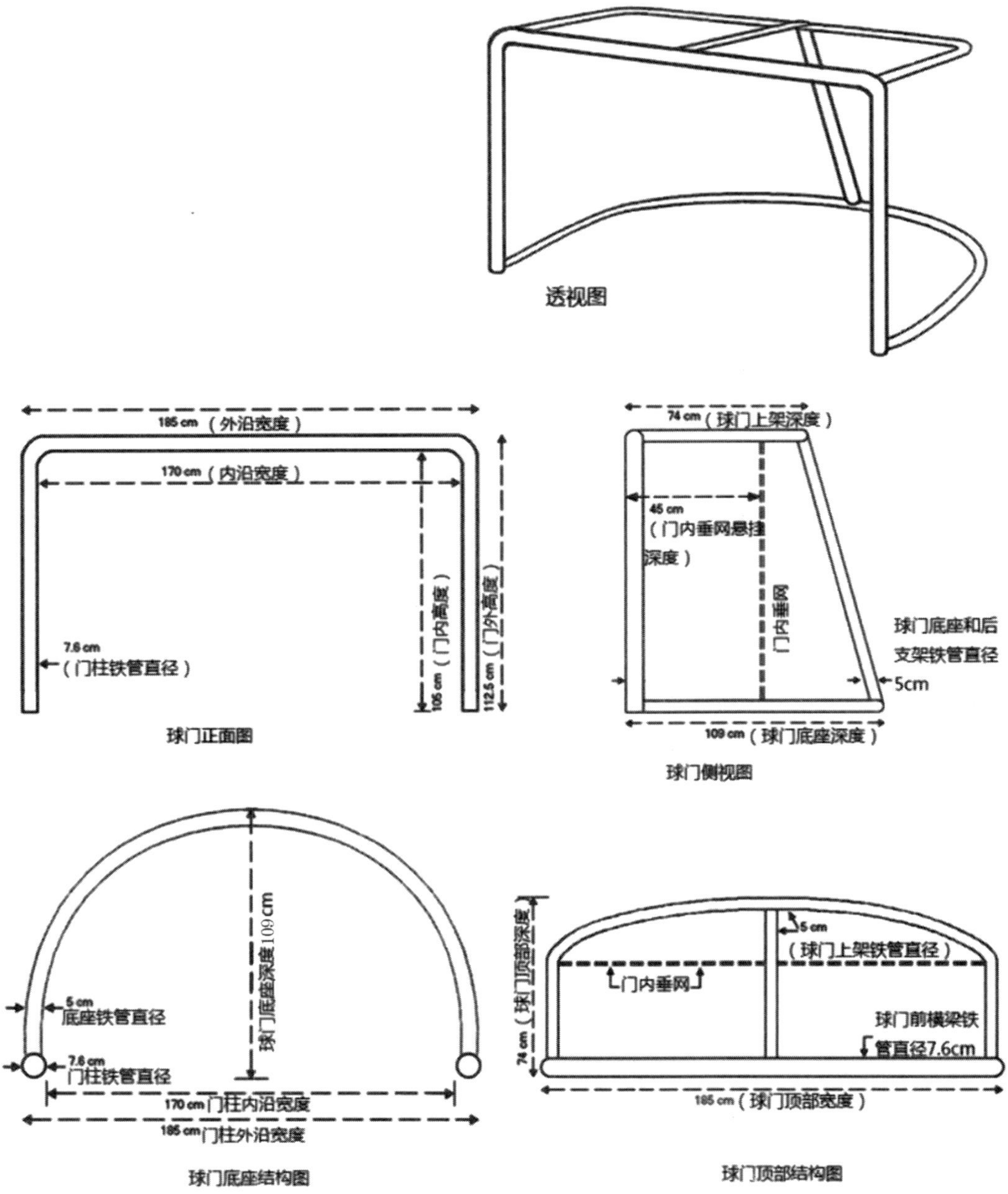
透视图
185 cm（外沿宽度）
170 cm（内沿宽度）
7.6 cm
（门柱铁管直径）
105 cm（门内高度）
112.5 cm（门外高度）
球门正面图
74 cm（球门上架深度）
45 cm
（门内垂网悬挂
深度）
门内垂网
球门底座和后
支架铁管直径
5cm
109 cm（球门底座深度）
球门侧视图
球门底座深度109 cm
5 cm
底座铁管直径
7.6 cm
门柱铁管直径
170 cm 门柱内沿宽度
185 cm 门柱外沿宽度
球门底座结构图
74 cm（球门顶部深度）
5 cm
（球门上架铁管直径）
门内垂网
球门前横梁铁
管直径7.6cm
185 cm（球门顶部宽度）
球门顶部结构图

附录 B　裁判员手势图（图 7－4）

 **向界墙撞人** 一手握拳，在胸前击打另一手的掌心	 **身体冲撞** 不握哨的手置于对侧肩前，然后再向侧伸出·	 **杆柄杵人** 两臂在胸前平屈，上臂手掌心向下，下臂握拳，下面的臂左右移动	 **非法冲撞** 两手握拳，在胸前向前转动	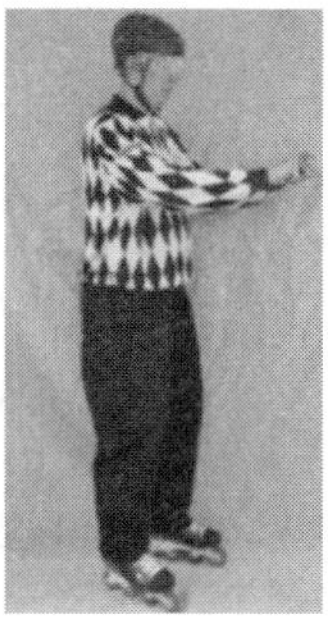 **横杆推阻** 两手握拳相距约半米，在胸前向前伸出
 **从背后冲撞** 两手掌张开向前，从身体做向前推的动作	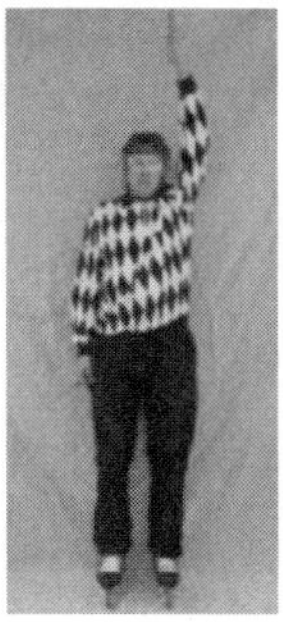 **暂缓判罚** 一手张开，手指并拢，臂向上伸直	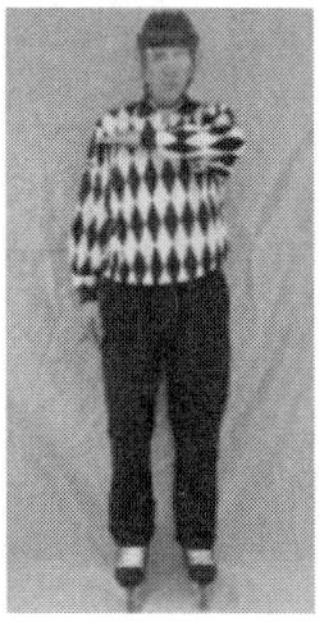 **延误比赛** 非握哨的手手掌张开横置于胸前，然后再伸直	 **肘顶人** 用一手拍另一臂的肘部	 **粗暴** 一手握拳，向体侧伸直手臂

 **射中球门** 用非握哨的手指向球门	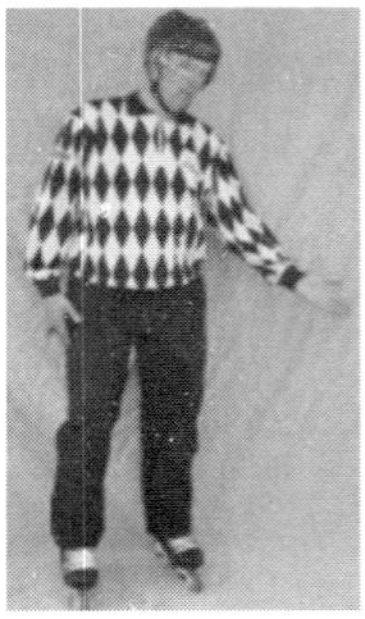 **手传球** 非握哨的手手掌张开。从体侧做向前推的动作	 **违例** 双手叉腰	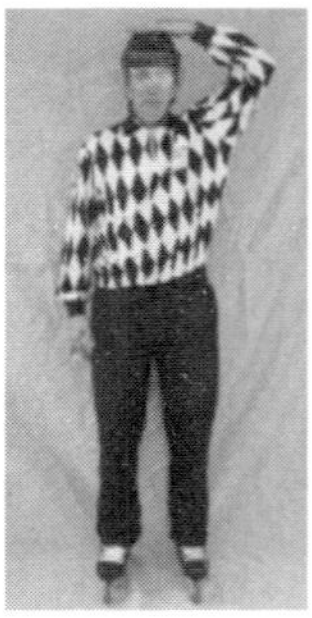 **取消比赛资格** 非握哨的手轻拍头顶部	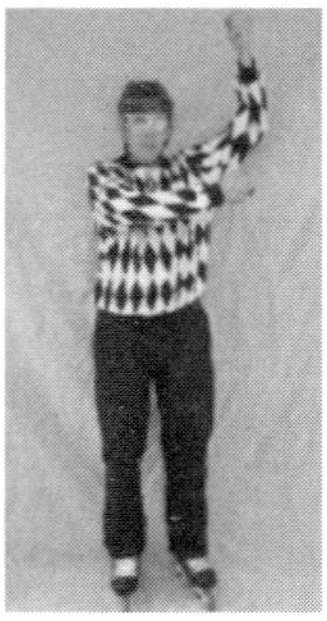 **高杆** 双手握拳，在脸侧前呈上下举起
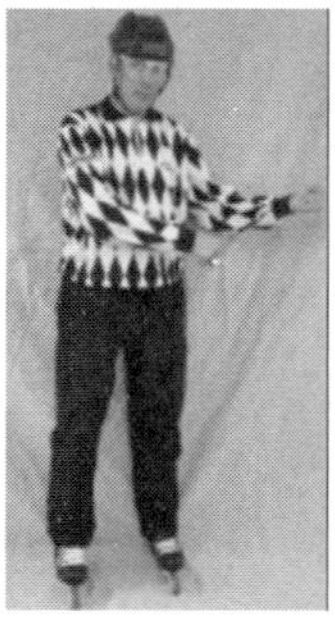 **钩人** 双手握拳呈前后，在腰侧前从前往后拉	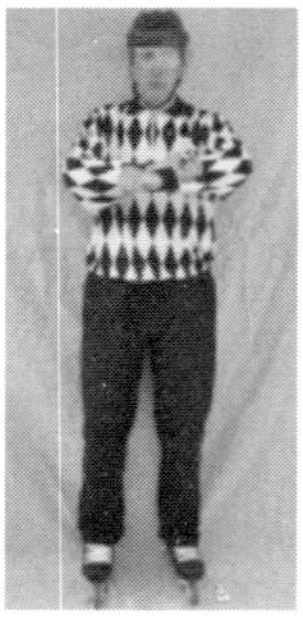 **抱人** 一手在胸前握另一手的手腕	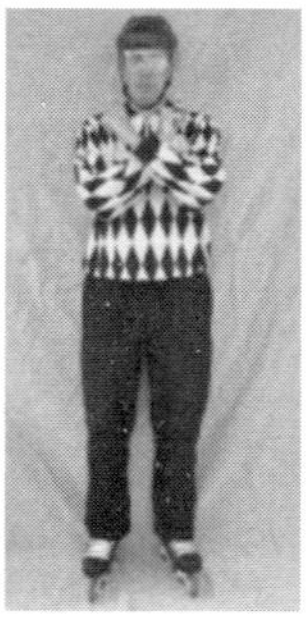 干扰 双手握拳在胸前交叉	 **膝顶人** 双脚都着地的情况下非握哨的手轻拍一腿的膝部	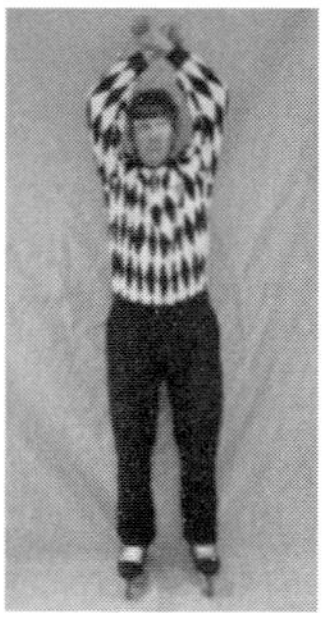 **判罚点球** 双手握拳在头上交叉
 **暂停** 在胸前用双手掌形成“T”字形	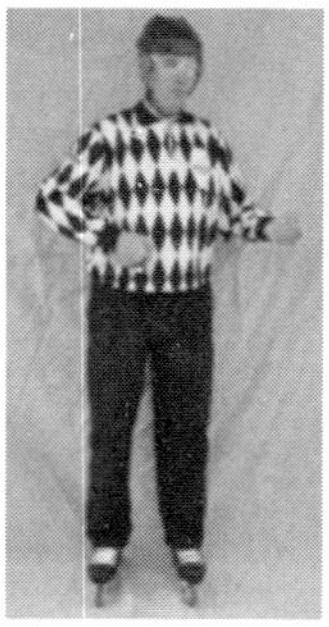 **杆刃刺人** 双手向前做猛刺动作	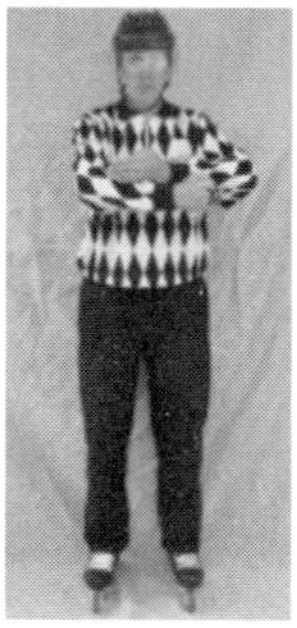 **用杆击打** 用非握哨的手砍握哨手的前臂	 **绊人** 双脚都着地的情况下非握哨的手砍向膝部	 **不良行为** 在胸前用双手掌形成“T”字形

好球、非犯规、非进球

双手掌张开，双臂向体侧平伸出

第三节 单排轮滑球的裁判方法

单排轮滑球在场内采用两人裁判制，在场外还有计时员、记录员、记罚员、宣告员。各岗位的裁判职责在竞赛规则的第五章的第 32 至 37 条中。但目前在世界比赛中有时不设监门员岗位，而宣告员岗位虽然在《规则》中没有，但在实际比赛中都设这个岗位，是一个必不可少的角色。

一、裁判员赛前、赛中、赛后的具体职责

两名裁判员的职责、权力和义务完全相同，两人共同负责主持全场比赛。

两名裁判员之间必须密切配合，团结协作。

两名裁判员赛前应研究工作的分工和判罚的尺度，在比赛中应尽量掌握统一的判罚尺度。

裁判员应全面控制全部比赛，在比赛前、比赛中、比赛后，场上和场下，领导全部比赛工作人员和全部运动员，任何有争议的事件裁判员的决定是最终的决定。

（一）比赛开始前

裁判员应在两队准备活动前进入场地。裁判员应命令两队按照规定的比赛开始时间和每局开始时间进入场地。裁判员在赛前准备活动期间应对所有队员进行目测检查，防止有人缺少规则中强制的装备，裁判员应确认所需的装备已准备好。在比赛开始前，裁判员应检查比赛计时员、记罚计时员、记录员和监门员是否已经就位，计时和音响装置是否处于良好的工作状态。

（二）比赛进行中

对违反规则的情况进行判罚，并向记录员报告所判犯规的原因及如何处罚。对有关进球的情况做最后决定。如果必要，在做最后决定前可与监门员商讨。裁判员应向记录员报告所有进球的射中者和协助者。裁判员应报告比赛中球门灯亮了而不判射中的原因，以及每次非法射中的情况。按照《规则》的规定停止比赛并进行争球。

（三）比赛结束后

在半场或全场结束、所有队员都进入更衣室后再离开场地。每场比赛结束后，裁判员应检查比赛记录表并在上面签字，然后交还给记录员。在比赛结束后，裁判员应立即向协会的权力机构报告有关判严重违例、取消比赛资格事件的详细情况。

二、两人裁判制的工作方法

（一）争球时裁判员的位置

1. 上下半场开球时裁判员的位置

上半场在中心开球点开球时，任命裁判员时名字在前的裁判员位于中圈内，面对记录席执行争球，另一名裁判员位于他的正对面靠近界墙的位置。下半场在中心开球点争球时，换由另一名裁判员执行开球（图7－5）。

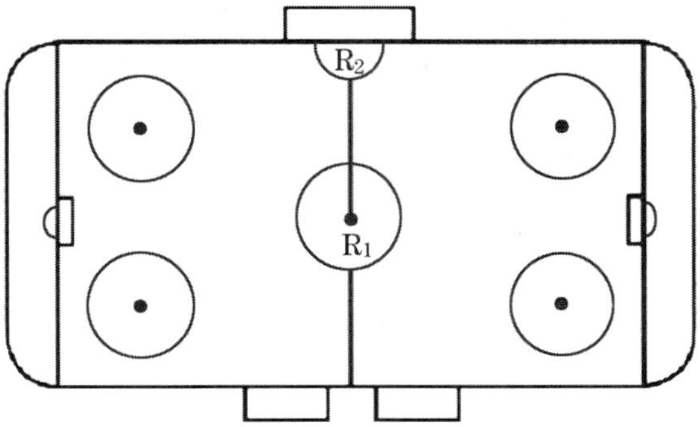

图7－5　上下半场开球时裁判员的位置

（注：R代表裁判员。）

2. 比赛停止在中心争球点争球时裁判员的位置

其他原因停止比赛需在中心争球点争球时，一名裁判员位于中圈内，面对运动员席执行争球，另一名裁判员位于他的正对面靠近界墙的位置（图7－6）。

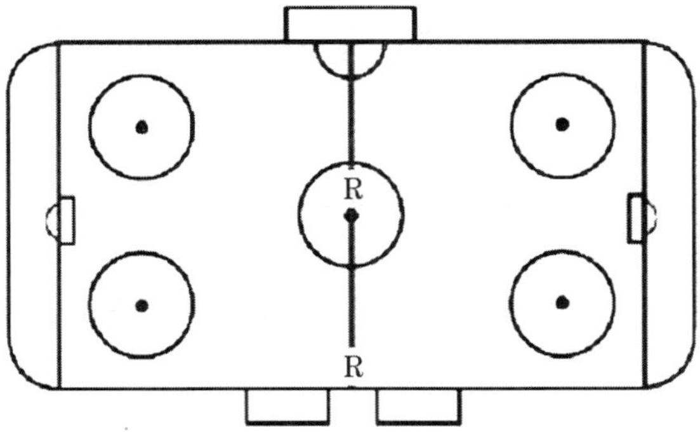

图7－6　其他在中心争球点争球时裁判员的位置

3. 端区争球点争球时裁判员的位置

在端区争球点争球时，一名裁判员在端区争球点处执行争球，另一名裁判员位于他的斜对面靠近中线的位置。两人呈斜对角站位（图7－7）。

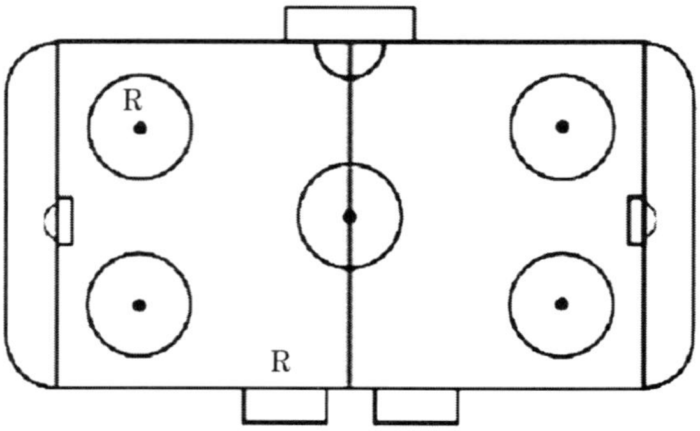

图7－7 端区争球点争球时裁判员的位置

（二）比赛进行中两名裁判员的位置和移动

1. 开球后的位置

在中心开球点争球后，不执行争球的裁判员应随球移动，去向某一侧端区；争球的裁判员在掷完球后，倒滑退向界墙，然后根据另一裁判员的位置确定自己的相应位置（图7－8）。

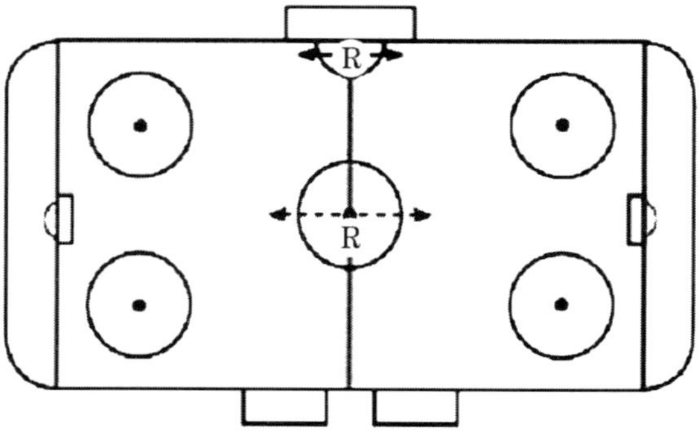

图7－8 中心点开球后裁判员的位置

2. 比赛进行中的位置

比赛进行中，两名裁判员应总是处于对角线的位置，并必须把所有运动员都包括在自己的视野内（图7－9、图7－10）。

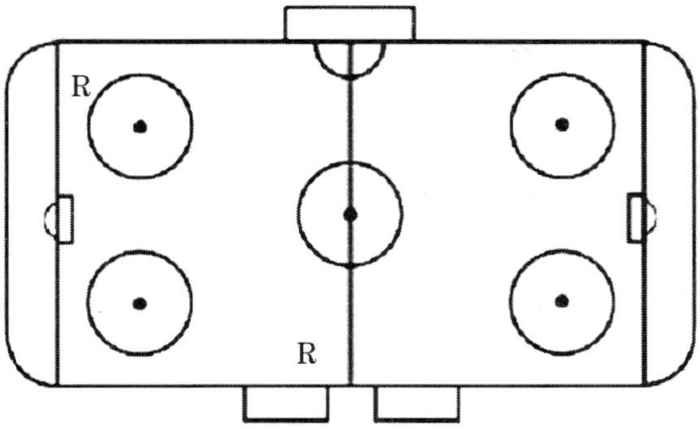

图7－9　比赛在端区进行时裁判员的位置

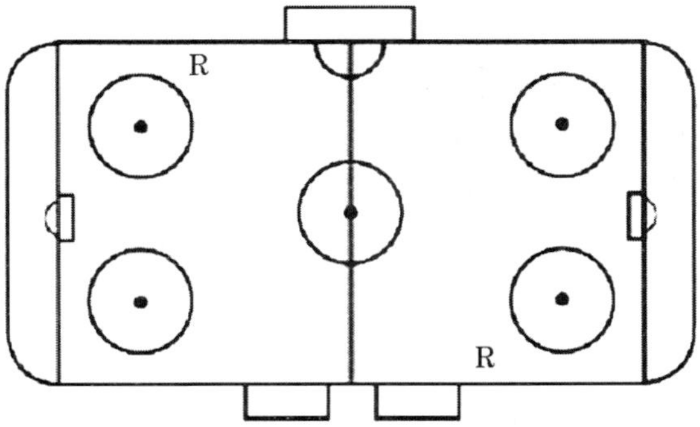

图7－10　比赛在中线附近区域进行时裁判员的位置

3. 比赛进行中端区裁判员的位置和移动

比赛在端区进行时，裁判员的位置是否合适非常重要，他既要保持所有运动员都在自己的视野之内，又要尽量靠近球门，以便能清楚地看到进球的情况。

在端区底部裁判员的位置和移动称为活塞制。活塞制的三个点是：HB－基本位置，位于球门线以前至争球圈限制线之间靠近界墙的位置；ATN－近门位置，即尽量靠近球门的侧面；HP－半活塞位置，就是在上述两个位置之间的位置。裁判员在这三个位置之间的移动主要根据球和运动员的位置而变化，要既能看清进球和球门前后的所有情况，又要不妨碍运动员的比赛进行。通常情况下一旦裁判员下到底位，就要尽可能靠近球门，以保证看清进球的全部情况，并在进球或进球无效、守门员压住球、其他应该停止比赛的情况出现时能在正确的位置上及时地做出反映和判决（图7－11）。

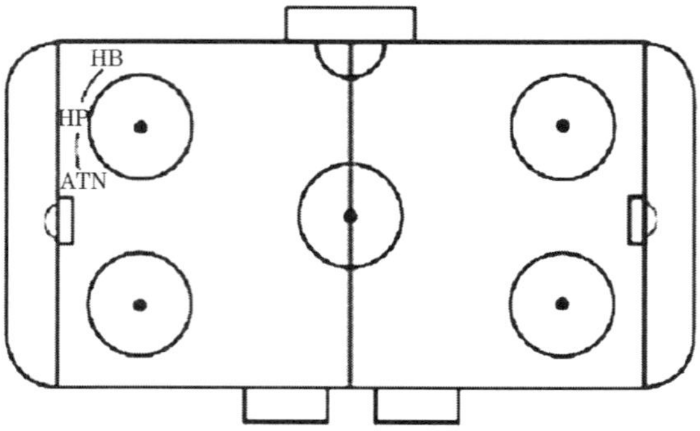

图7－11　比赛进行中端区裁判员的位置和移动

4. 球向另一端区移动时裁判员的路线和位置

当球向另一端区移动时，位于靠近中线的裁判员应首先随球移动。他应尽可能领先于球移动，如果有先于球进入攻区的攻队队员，他应保持在攻队队员前面进入到球门线附近。后面的裁判员应在所有运动员都移向另一端区时随最后的运动员移动，当所有运动员都进入另一端区后，他再移动到中线前与前面的裁判员成对角线的位置（图7－12）。

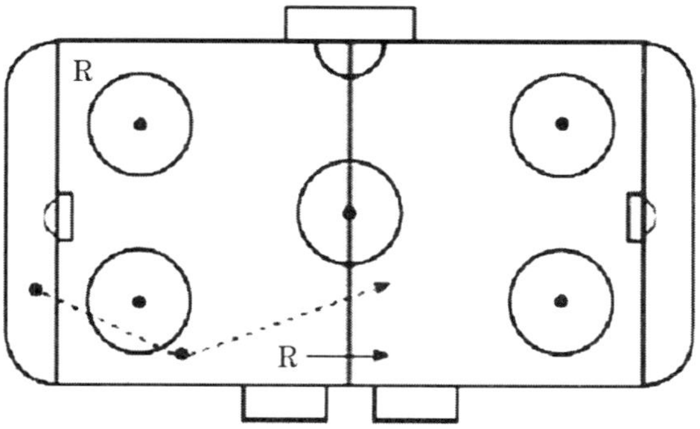

图7－12　球向另一端区移动时裁判员的路线和位置

（三）比赛进行中两名裁判员的位置和路线小结

1. 两名裁判员任何时候都处于对角线的位置，两人的视野能始终把所有队员包围在内，看到场上发生的所有事情。

2. 裁判员应尽量避免过于靠近界墙滑行，没有必要时也不要到场地中间去，应尽量在自己的主要活动区域（图7－13）。

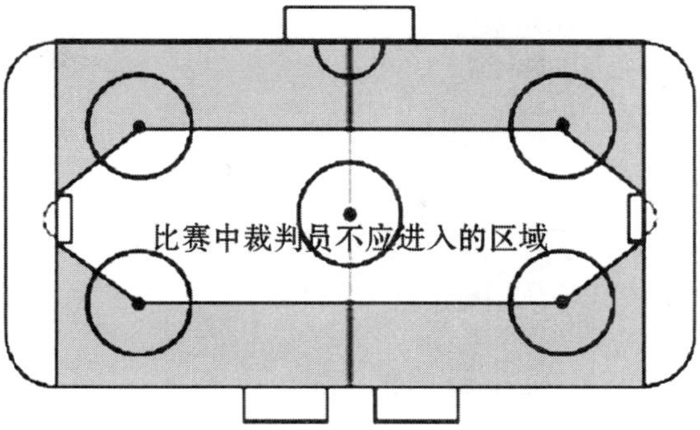

图7－13　比赛进行中裁判员不应进入的区域

3. 在比赛中裁判员主要根据球的位置和移动方向来确定自己的位置和移动路线，既不影响比赛的进行，又要能够观察到所有的比赛情况，所以要对球的移动进行预判断，要不断提高判断能力和经验。

4. 有时比赛在某一端区内进行时，守方一名队员却在另一端区的球门附近活动，此时位于那个端区的裁判员应也留在那个端区内，密切注意该名队员或双方的队员，同时也注意观察另一端区比赛的情况（图7－14）。

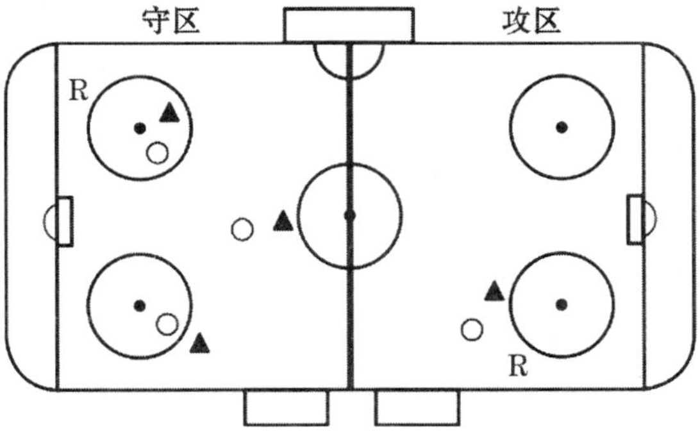

图7－14　特殊情况时裁判员的位置

（四）裁判员宣判的程序

1. 宣判犯规的程序

两名裁判员有同等的权利，任一裁判员都可在场内任何地点对犯规队员进行判罚。

（1）一般处罚

当控制球队队员犯规或双方队员犯规时，裁判员应立即鸣哨停止比赛，先用手指向犯规队员，并做出犯规类别的手势，再示意犯规队员到受罚席，然后到记录席去报告。

另一裁判员负责捡球并执行争球，并要注意场上是否出现其他的犯规。

（2）犯规的缓判

非控制球队的队员犯规时，裁判员应首先用握哨的手指向犯规队员，同时举起另一手示意缓判，并要迅速默记犯规队员的号码和犯规类别。当球被犯规队夺得或其他原因停止比赛时，立即鸣哨进行判罚，并按照判罚的程序做出手势和到记录席报告。

2. 判射中球门和射中无效的程序

射中球门时，位于球门附近的裁判员立即鸣哨，一手臂伸直指向球门示意得分。然后滑到记录席去报告。另一裁判员负责捡球并执行重新争球。

如果球非法进入球门，位于球门附近的裁判员立即鸣哨，做出进球无效的手势，然后到记录席报告判定射中无效的原因并通过广播宣布。

3. 判罚点球的程序

因犯规判罚点球时，裁判员鸣哨后，用手指向犯规队员，做出犯规类别的手势和判罚点球的手势，在向记录席报告后，按照规则第 6.1.8 条的规定执行罚点球。

（五）执行换人的程序

1. 在端区内停止比赛后执行换人的程序

比赛在端区因守门员压住球、双方挤死球、球出界等原因停止时，由位于该端区底线处的裁判员执行争球，另一名裁判员应滑到双方队员席前，等待 5 秒钟，允许双方队换人，5 秒钟后，举起一只手臂，表示客队不可以再换人；举手臂 5 秒钟后放下手臂，表示主队也不可以再换人，然后他滑到他应站的位置。执行争球的裁判员看到他放下手臂后应鸣哨提示运动员将要掷球，并在鸣哨后 5 秒钟内争球完毕。

如果某队在规定的时间后仍要换人，按照规则第 13 条规定执行，即阻止该队换人并警告一次，如果该队再出现违反该替换程序的犯规，判该队队小罚。

2. 射中球门后执行换人的程序

射中球门时，位于球门附近的裁判员立即鸣哨判定射中球门，到记录席去报告完毕后，滑到双方队员席前，举起一只手臂，表示客队不可以再换人，当手臂放下时表示双方都不可以再换人，然后转身面对执行争球的裁判员站好，此时另一名裁判员即可执行争球（图 7-6）。通常由于在他报告射中球门时双方已经换人完毕准备执行争球，此时他只须滑到双方队员席前举一下手即可放下，然后转身站位准备争球。

3. 判罚犯规后执行换人的程序

当某裁判员鸣哨宣判犯规并到记录席进行报告后，由他滑到双方队员席前执行换人的程序，即停顿 5 秒钟后举起手臂，举 5 秒钟后放下，然后根据争球的地点滑到他应站的位置。在这种情况下由于他报告犯规时双方可能已经换人完毕准备执行争球，此时他只须滑到双方队员席前根据情况举一下手即可放下，然后滑到相应位置站位准备争球。

（六）手　势

手势是裁判员执行规则的表达方法，是两名裁判员彼此之间用以互相联系，并向运动员和观众说明比赛进行情况和比赛停止原因的手段。因此，每个裁判员都应明白和熟悉每个手势的意义，并能正确和熟练地运用这些手势。裁判员做手势时应当果断、及时、准确、大方。

单排轮滑球裁判的判罚手势见《规则》中的裁判手势图（图 7-4）。

在比赛进行中有时两名裁判员之间也有一些互相配合的手势，如在中心争球点争球后球向哪一个方向发展不好确定时，裁判员之间可以用手势指示自己或对方应去的方向；再如射中球门后，不是判射中球门的裁判员可以用手势指向射中或协助的队员，以帮助另一裁判员确定射中或协助的队员号码。

一个很重要、需要注意的要点是：当场上出现一些轻微的冲撞或某种身体接触或某队员摔倒的情况时，如果你认为他不构成犯规，你不要做任何手势或表示，因为你认为不是犯规的情况，而另一名裁判员从另外的角度看可能是犯规，所以如果你做了好球的手势而另一名裁判员判了犯规，会引起不必要的麻烦。

第四节 场外裁判员的工作方法

一、计时员工作方法和要求

（一）工作内容及流程

1. 比赛前

（1）赛前准时到达赛场，检查计时装备是否能正常工作，并做好开始计时的准备。

（2）确认本场比赛队的名称，按主客队顺序将队名输入到计时板上，然后准备好备用表和纸、笔。

（3）按规定时间通知两队上场练习，并计两队的练习时间。

（4）按规定时间通知两队停止练习，并准备比赛开始的计时。

（5）当裁判员在中心开球点主持争球，在球接触地面的瞬间开动计时表开始比赛的计时。

2. 比赛中

（1）在比赛进行中当听到裁判员的吹哨时，立即按停比赛计时表；当裁判员执行争球，在球接触地面的瞬间再开动计时表继续比赛的计时。

（2）当比赛的停止是由于某队被射中球门时，除停表外，应用笔记下表上显示的时间，以备记录员查用；当宣告员宣布得分后，立即给得分队加上 1 分。

（3）如果比赛的停止是由于某队犯规，除停表外，应用笔记下表上显示的时间和犯规队员的号码及应受罚的时间，当宣告员一宣布该犯规时，立即将犯规队员的号码和应受罚的时间输送到计时板上显示出来。

（4）如果比赛的停止是由于双方队员同时犯规，除停表外，应用笔记下表上显示的时间和双方犯规队员的号码及应受罚的时间，并迅速按照规则的规定计算有无相互抵消的犯规，把相互抵消的犯规在记录纸上划掉，当宣告员一宣布该犯规时，立即将没有抵消的犯规队员的号码和应受罚的时间输送到计时板上显示出来。

（5）当犯规受罚的队员受罚结束返回场上时，及时将计时板上显示的该队员的号码关掉。

（6）当有应受暂缓处罚的队员时，也将他（或他们）的号码按照受罚的顺序输送到计时板上显示出来。

3. 局间休息时

（1）当上半场比赛结束时，开动计时表进行局间 5 分钟休息的计时。

（2）在下半场比赛开始前 2 分钟通知比赛两队队员和裁判员上场。

4. 比赛后

（1）全部比赛结束后，将比分在计时板上保留一段时间，如有升胜队国旗的仪式，应保留至升旗仪式的结束，如没有升旗的仪式，应保留 30 秒至 2 分钟。建议保留至大部分观众退场后再关闭计时板。

（2）关闭计时板，并按规定将计时设备安顿好。

（3）当比赛结束后，应主动与记录员核对或接受记录员对进球或犯规时间的核对。

（二）工作要求

1. 凡到达赛场，一要准时，二要带好工作用品，如备用表、秩序册、纸、笔等。

2. 对计时设备必须十分熟悉和了解，充分掌握其性能和特点，对可能出现的问题要有准备和应对措施。对场地负责屏幕电脑的人要认识并知道如何联系和找到他。

3. 对《规则》中关于双方同时犯规的规定要非常熟悉并掌握，对如何抵消犯规和哪些犯规应上表、哪些犯规不上表，必须立即做出正确反应并执行。

4. 对犯规队员的号码和受罚时间的上表要做到准确快速，每次出现犯规要确实弄准号码，不要打错，又要快速，一定要在场内裁判争球前上表完毕。

5. 工作中注意力要高度集中，每次开表、停表后都必须看一下表，如出现失误能立即纠正，如出现机器故障要首先开备用表，及时通知裁判长，再想解决措施。

6. 与宣告员、记录员、记罚员赛前商量好配合的方法，做到配合熟练、默契。

二、记录员工作方法和要求

（一）工作内容及流程

1. 比赛前

（1）赛前准时到达赛场，检查记录用品是否齐全。

（2）当两队在场上练习时请裁判员去找两队领队或教练核对名单并签字（先客队后主队），对没有标明队长和副队长号码的队应请其标明。

（3）了解本场比赛裁判员及场外裁判员名单，并填写到记录表上。将有关比赛的信息，如比赛日期、时间、地点等填写到记录表上。

2. 比赛中

（1）比赛开始时，记录比赛开始时间和双方上场守门员号码。比赛进行中如有某队替换守门员应及时记录替换的时间和号码。

（2）比赛进行中，根据裁判员的判定，记录进球的时间、进球队员的号码、协助队员的号码。

（3）比赛进行中，根据裁判员的判定，将犯规队员的号码、判罚时间、受罚时间、

犯规名称、受罚开始时间记录下来。

（4）比赛进行中，当犯规队员受罚结束上场参加比赛，将他受罚结束的时间记录下来。

（5）比赛进行中，根据裁判员的判定，将每个判定的点球、判定的时间、执行罚球队员的号码、罚球的结果记录下来。

（6）比赛进行中，如有某队请求暂停，应予记录。

3. 比赛结束后

（1）迅速地将比分和犯规时间的累计做好，迅速找双方队长签字，然后去找裁判员签字。

（2）将比赛结束时间及其他记录表上应填写的内容填写完整，然后将比赛记录表保管起来或按规定交给有关的人保管。

（二）工作要求

1. 赛前的工作要主动和抓紧，提前填写和打印比赛记录表。

2. 比赛记录表要保管好，比赛中先用未经教练签字的备用表记，然后有时间时再工整、干净地抄写到正式的表上。赛前要准备好笔、草纸、涂改液等用品。

3. 每半场开始时观察和记录双方守门员的号码和其是否进行了替换，包括注意比赛中守门员是否进行替换，必须记好，不得遗漏。

4. 比赛中当裁判员报告、宣告员宣布射中和协助队员号码及犯规队员号码时，要注意听准确、记准确，不得有误，如没听清楚要立即问，以免记错。

5. 记录员的责任之一是帮助和保证电脑操作员进行正确的记录，要注意随时进行核对，保证记录的准确性和一致性。

三、记罚员的工作方法和要求

（一）工作内容及流程

1. 比赛前

（1）按时到场，检查自己岗位的设备情况，准备好记录纸、笔和备用秒表等。

（2）两名记罚员之间及与计时员之间商量有关相互配合的方法和注意事项。

（3）必须熟悉计时钟上队员受罚计时的显示和计算方法，必须熟悉备用秒表的使用方法。

2. 比赛中

（1）注意观察比赛，当有裁判员判定犯规时，要根据裁判员的报告和宣告员的宣告，准确了解应受罚队员的号码和应受罚的时间，据此在记录纸上记录下受罚开始时间、受罚号码、应受罚时间等。

（2）当受罚队员滑向受罚席时，提前将受罚席门打开，将受罚队员让进受罚席，并安排好坐的位置。然后核对其号码及计时钟上显示的号码和时间，无误后开始认真记罚。

（3）有队员受罚时，经常观察计时钟上的受罚时间，如果受罚队员询问尚需受罚的时间，应予以告之。

（4）受罚队员将要结束受罚时，让受罚队员提前做好准备，当还剩最后 1 秒时将门打开，让受罚队员进场。关好门的同时通知宣告员受罚队员已上场参加比赛。

（5）如果出现双方队员同时受罚，应将双方受罚的队员都记录下来，对双方同时犯规受罚并同时结束，但不可立即上场的队员，要特别注意，他们应是在受罚时间结束后的第一次比赛停止时才可上场。

（6）如果出现多名队员受罚，应让他们按照受罚时间结束的先后顺序就座。出现这种情况时，记罚员必须十分清楚每个队员的受罚时间和应该上场的时间。

（7）如果出现暂缓处罚的情况，对来到受罚席但不能马上开始受罚的队员要特别注意，在记录他的受罚时间时要予以特别强调，保证他受罚时间的正确。

3. 比赛后

整理好工作用品和座椅等。

（二）工作要求

1. 必须十分熟悉规则，对有关犯规受罚的规定和处理方法要非常清楚，对可能出现的各种复杂情况都能正确处理，因此必须认真学习规则。

2. 工作中必须认真负责，没有犯规时很轻松，但有犯规时绝不能出现错误。

3. 当出现受罚人数较多情况时，不慌不乱，按照事先预定的方法及时处理，把对比赛的影响减到最小。

四、宣告员工作方法和要求

（一）工作内容及流程

1. 比赛前

（1）赛前准时到达赛场，检查宣告设备是否工作正常及工作用品是否齐全。

（2）通过宣告，组织双方队按规定时间进行练习和结束练习。在运动员准备活动期间可宣告介绍双方运动员和比赛相关知识及情况。

（3）通过宣告，组织比赛的开始仪式及介绍裁判员。

2. 比赛中

（1）当比赛过程中出现某一队的队员犯规，根据裁判员的报告宣告犯规受罚队员的号码、犯规类别及受罚时间，同时也可提醒、协助记录员记下本次犯规。

（2）当某队的某队员受罚结束时，应适时、准确地向裁判员和观众宣告该运动员的受罚结束，在这个过程中宣告员应与记罚员互相配合，使受罚运动员上场时间与宣告员的宣告一致。

（3）当场上某队射中一球时，根据裁判员的报告宣告射中队员号码、协助队员号码、比分，如有自动解除受罚的队员应宣告其受罚的结束。

（4）根据需要播报裁判员的决定和大会的通知等。

3. 比赛后

（1）组织比赛的结束仪式，宣告最终比赛结果。

（2）收好宣告员所用的广播器材。

（二）工作要求

1. 宣告员必须在赛前了解双方队，主客队的确定，熟悉双方运动员名单、号码、位置。

2. 赛前应与计时员、记录员、记罚员等协调配合工作方法，以免配合不好时出错。

3. 赛前提前对音响装置、麦克风等进行调整、适应和熟悉，并进行试播，确保音质洪亮、音量准确适宜。

4. 在比赛中要注意观察比赛，对出现的犯规、进球应在裁判员来报告前就有一定的了解，当裁判员一报告，即能马上准确地宣告出去。

思考题：

1. 单循环赛的定义是什么？如何进行单循环赛的排名？

2. 请说明分组的原则和分组的方法。

3. 竞赛规程一般都包含哪些内容？

4. 请列出15个以上裁判手势图中有的犯规名称。如果面试，并请做出判罚该犯规的手势。

5. 请说出裁判员在比赛进行中的职责。

6. 请说明裁判员手势的作用。

7. 请概括出各场外裁判员岗位工作要求的共同点。

8. 请论述单排轮滑球竞赛的作用和意义。

附录　单排轮滑球专业英语词汇对照表

A ①（alternate captain）副队长
　②（assist）协助
abuse of officials 侮辱裁判员
actual playing time 实际比赛时间
adjustment of equipment 整理装备
advance the puck 朝前运球或传球
alternate captain 副队长
assist 协助
assisted goal 有协助的进球
attacking zone 攻区
attempt to injure 企图伤人
awarded goal 判射中一球
back check 在本队守区内阻截
back cross over 倒滑压步
back diagonal pass 斜线后传
backhand pass 反手传球
backhand shot 反手射门
back pass 向后传球
backward skating 倒滑
back turn to forward skating 倒滑变正滑
batting 用手或球杆击空中球
bench penalty 队小罚
bench minor penalty 队小罚
blade 球杆刃
blind pass 盲目传球
block shot 阻挡射门
blocker mitt（守门员）挡球手套
blocker save 用挡手救球
boards 界墙
board checking 界墙挤贴，向界墙冲撞
boarding 向界墙冲撞犯规
board pass 界墙反弹传球

body－check 身体冲撞，身体阻截
body save（守门员）用身体挡球
box formation 方形防守阵型
brace the stick 压杆
break away 突破，摆脱
breakout 控制球出守区进攻
broken stick 球杆折断
butt－ending 用杆柄杵人犯规
butterfly drop 蝶式跪挡
butterfly style（守门员）蝶式站立姿势
c.（center）中锋
C（captain）队长
cage 球门
captain 队长
captain on the ice 场上队长
carom 从边线界墙或其他表面反弹的球
carry 运球，带球
catcher（守门员）抓球手套
catching 用手抓空中球
catching glove（守门员）抓球手套
catching mitt（守门员）抓球手套
centre 中锋
centre circle 中圈
centre face－off 中心争球点争球
centre face－off spot 中心争球点
centre ice spot 中心开球点
centre line 中线
change ends 交换场地
change players 换人
charging 非法冲撞犯规
charging from behind 从背后冲撞犯规
check 阻截
chest protector 护胸
circling approach 迂回接近
CIRILH（Comite International de Roller Inline Hockey）国际单排轮滑球委员会
clearing the puck 将球打出守区
clipping 扑倒绊人犯规
cover 在本方守区内盯人
cradling 用杆刃的弧度扣住球运球

crashing the net 攻队多人冲向对方球门打乱对方防守
crease 球门区
crossbar 球门横梁
cross checking 横杆推阻犯规
crossover 压步
cross over turn 压步转弯
cross over start 压步起跑
cross surface pass 横传
cupping 用手握球的动作
cut down the shooting angle 封挡射门角度
cut forward 向前切入
cut in 切入
D（defence）后卫
defending zone 守区
deflection 反弹球，将球导向
deke 虚晃
delayed penalty 暂缓处罚
delayed whistle 缓判
delay the game 延误比赛
deliberate injury 故意伤人
digging 努力抢墙边的球
dig in the corner 界墙角抢球
diving 假摔
diving poke check 鱼跃戳球阻截
division of surface 场地的划分
dragging 拖拽停止法
dribble 运球，带球
drive 蹬地、侧蹬动作
drive leg 蹬地腿
drop pass 留球，留传
drop the puck（裁判员）掷球
elbowing 用肘顶人犯规
empty net 空门
end boards 端线界墙
end zone 端区
end zone face – off spot 端区争球点
F（forward）前锋
face musk 面罩
face – off 争球

face – off circle 争球圈
face the puck 争球
fake 虚晃
fake in 向内虚晃
fake outside 向外虚晃
fake shot 假射门，虚射
fall on puck 摔倒压球
fast shot 快射
fast starting 急速起跑
feed 喂球，传球给同伴射门
fence 界墙，围栏
FIRS.（federation international de roller sports）国际轮滑联合会
fisticuff 打架
five hole 第 5 个洞（指守门员两腿之间球杆刃以上的部位）
flat pass 平传球
flip backhand shot 反手挑射
flip pass 挑传
flip shot 挑射
flip through 挑传过人
floater 藏在攻队后卫身后伺机突破的人
follow through 射球后球杆顺势上摆的动作
forecheck 在攻区内阻截
forehand pass 正手传球
forehand shot 正手射门
forward 前锋
forward – backward dribble 前后拨球
forward turn to back skating 正滑变倒滑
forward skating 正滑
freezing the puck（用球杆或鞋）把球挤住
full split（守门员）全劈叉挡球
full strength 全员在场上，无人受罚
G ①（goalkeeper）守门员
  ②（goals）射中次数
Ga（goal against）被射中次数
game misconduct 严重违例
game report 比赛报告
game timekeeper 比赛计时员
garbage goal 门前混乱中的进球，幸运球
gate（出入球场的）小门

give（接球时）缓冲
give and go 给同伴传球后滑向球门并准备接回传球
glove 手套
glove save（守门员）用抓手救球
goal ①球门
　　②射中
goal crease 球门区
goalie 守门员
goal judge 监门员
goalkeeper 守门员
goalkeeper's equipment 守门员装备
goalkeeper's penalty 对守门员处罚
goalkeeper's stick 守门员球杆
goal light 球门灯
goal line 球门线
goal net 球门网
goal not allowed 射中无效
goal post 球门柱
goaltender 守门员
gross misconduct 严重不良行为
handling puck 用手控制球
hard pass 劲传
hard shot 劲射
hat trick 一人在一场比赛中射中三个球
headgear 头盔
heel 轮滑鞋后跟，球杆刃后跟
helmet 头盔
high stick 高杆
high sticking 高杆犯规
hip pad 护臀
hockey stop 冰球急停
holding 抱人犯规
hold the puck 手握球
holding a stick 握对方球杆犯规
hooking 钩人犯规
illegal substitution 非法替换
IHTC（In – Line Hockey Technial Committee）（国际）单排轮滑球技术委员会
individual positioning 个人位置
interference 干扰

interference by spectator 观众干扰
kicking a player 踢人犯规
kicked goal 故意踢进球门的球
kick save（守门员）踢挡救球
kick the puck 踢球
killing penalties 以少打多
kneeing 用膝顶人犯规
knob 杆柄的端头
LD（left defence）左后卫
lead pass 传球给在自己前面的同伴
leading the receiver 传球提前量
left defence 左后卫
left wing 左前锋
leg guard 护腿
leg pads 守门员护腿
lie 球杆柄与球杆刃之间的角度
lift pass 传腾空球
lose possession of the puck 丢失球权
LW（left wing）左前锋
major 大罚
major penalty 大罚
match penalty 取消比赛资格判罚
minor 小罚
minor officials 场外裁判员
minor penalty 小罚
misconduct 违例
misconduct penalty 违例犯规
move the goal 移动球门，球门移动
non – offending team 非犯规队
offending team 犯规队
off – rink officials 场外裁判员
officials 裁判员、官员
officiating 裁判方法、裁判工作
on – surface official 场上裁判员
one – on – one 一打一
open net 空门
open player 没有被对方防守的队员
open surface 空当，对方无人防守的空间
out of bounds 出界

outside 出界
overtime 加时赛，决胜期
pads 护具，（守门员）护腿
pad save 守门员用护腿救球
pass 传球
pass out 在对方门后或场角传向门前同伴的球
penalized player 受罚队员
penalty 处罚
penalty bench 受罚席
penalty box 受罚席
penalty killers 以少打多的队员
penalty killing 以少打多
penalty shot 罚点球
penalty time 受罚时间
penalty timekeeper 记罚计时员
period 局
pick up a rebound 接反弹球
player advantage 人数优势，四打三
player's bench 队员席
player short 人数缺少
player's in uniform 上场队员
player's seat 队员席
playing captain 场上队长
poke check 戳球阻截
possession 控制球
power play 以多打少
power shot 劲射
power slide 转身单脚侧停技术
profile 轮子不齐，不能全部着地
propel the puck 运球
protection cup 护身罩
protective dribble 身体掩护运球
protective equipment 护具
protector 护具，护裆
puck 球
puck carrier 运球者
puck control 控制球
puck handling 运球，控制球
puck out of sight 球出视线外，看不见球

pure shooter 射门专家，优秀射手
pulling the goalkeeper 撤换守门员
push pass 推传，控制力量的传球
quick break 快攻
RD（right defence）右后卫
rear foot stop 后脚急停
rebound 反弹，界墙或守门员身上弹回的球
receive 接球
red light 红灯
red line 红线
reface the puck 重新争球
Ref. 裁判员的缩写
referee 裁判员
referee's crease 裁判区
refusing to start play 拒绝开始比赛
return pass 回传球
right defence 右后卫
RW（right wing）右前锋
right wing 右前锋
rink 轮滑球场
save（守门员）救球
scooting 在有限的区域短冲的滑行动作
scorer ①记录员
②射门得分者
screen 队员阻挡守门员的视线
scorer position 射门位置
serve penalty 受罚
shadowing 紧逼防守某一特殊队员的行动
sheft 杆柄
sharp turn 急转弯
shinguard 护腿
shoot 射门
shooting angle 射门角度
shoot – out 加时赛后决定胜负的罚点球
short – hand 人数缺少
shot on goal 射向球门的球，有效射门
side boards 边线界墙
side start 侧起跑
side – to – side dribble 左右拨球

skate a turn 转弯滑行
skate deflaction 用轮滑鞋反弹球
skate save 守门员用轮滑鞋救球
slap pass 击传
slap shot 击射
slashing 用杆击打犯规
slot 球门区前两个争球圈之间的区域
slow whistle 缓判
smother 守门员摔倒压球造比赛停止的策略
snap pass 弹传
snap shot 弹射
snow plow 滑雪犁式停法
solo 没有同伴协助的匆忙行为
spearing 用杆刃刺人犯规
split 守门员劈腿救球的动作
splitting the defense 运球者越过两名防守队员
spot pass 向同伴去接球的无人地点传球
starts and stops 起跑急停练习
starting line - up 开始比赛的阵容
stick 球杆
stick blade 球杆刃
stick check 球杆阻截
stickhandling 运球技术，杆上功夫
stick lie 球杆柄与球杆刃之间的角度
stick save（守门员）用球杆挡球
stop 急停，停球
stoppage of play 停止比赛
stopper（守门员的）挡球手套
stopping with both foot 双脚急停
stop and start drill 起跑急停练习
stop - turn - start 停、转、起跑练习
substitute 替补，替补队员
substitute goalkeeper 替补守门员
sudden death 突然死亡法
sweep check 扫球阻截
sweep pass 平传球
swing 迂回
T - Stop T 形停止
team official 队的官员

telegraphing 传球前看接球同伴或设法把你的意图传达给他
three on two 三打二
throw a stick 投扔球杆
tight – turn 急转弯
tip in 垫射
tip in drill 门前补射、垫射练习
tipping the puck 垫射、补射
toe 杆刃尖
toe save 守门员用伸出去的鞋尖救球
trail 跟进
trailer 跟进队员
trailing 赛后的拉伸练习
tripping 绊人犯规
two foot stop 双脚急停
two on one 二打一
two on two 二打二
uncovered 无人防守的
unnecessary roughness 不必要的粗暴
unplayable 无法继续比赛
V – Start V 字起跑
weight transfer 身体重心移动
winger 边锋
world skate 世界轮滑联合会
wraparound ①涮帮：沿界墙劲射球入攻区，通过墙角到达另一侧墙角给同伴接球
②掖门
wrist shot 腕射
zone clear 清区：将球从一个端区射入另一个端区